财富新特征

——2017青岛·中国财富论坛

王波明 | 主编
张燕冬 | 执行主编

人民出版社

目　录

序

引　论

第一章
全球经济新变局与财富管理新竞合

第二章
资产布局的全球视野

第三章
金融创新与风险防控

第四章
金融科技与财富管理新途

第五章
金融回归实体经济

第六章
监管新政对资管业务的影响及应对

第七章
家族企业股权保护和财富传承

第八章
资本挑战时代的股权投资方向

第九章
战略转型下的保险改革创新

第十章
保险示范区的探索与实践

第十一章

金融聚集区差异化发展之道

第十二章

金融科技助推财富管理新变革

第十三章

健康产业，未来财富驱动力

第十四章
特色小镇的实践与产业多元化

序

山东处于战略转变关键时期 迈入“四个新阶段”

龚　正*

摘要：山东正处在由大到强战略性转变的关键时期，经济社会发展站在了新起点，进入新阶段，体现为四个新：新定位；新发展；新开始；新愿景。

首先，我代表山东省人民政府，代表9900多万山东人民，对2017青岛·中国财富论坛的召开，表示热烈的祝贺，对各位嘉宾的到来，表示诚挚的欢迎，对大家长期以来给予山东发展的关心支持，表示衷心的感谢。

山东，是中国东部沿海的经济大省，文化大省，人口大省，北接京津冀，南连长三角，陆域面积15.78万平方公里，常住人口接近一亿人。党的十八大以来，在以习近平同志为核心的党中央坚强领导下，山

* 龚正，时任山东省委副书记，山东省人民政府省长。

东牢牢把握走在前列的目标定位，积极践行新发展理念，统筹推进稳增长、促改革、调结构、惠民生、防风险各项工作，经济社会保持平稳健康发展。

当前，山东正处在由大到强战略性转变的关键时期，经济社会发展站在了新起点，进入新阶段，体现为四个“新”。

一是新定位。党中央、国务院对山东工作高度重视，十分关心，习近平总书记要求我们，在全面建成小康社会进程中，走在前列。这是做好山东工作的根本遵循和行动指南，李克强总理希望山东在保持中国经济持续中高速增长上，要继续挑大梁。在推进新旧动能接续转换上要继续勇攻坚，在解决重点民生问题上，要始终做表率。

二是新发展。2016 年，全省地区生产总值达到 6.7 万亿元人民币，按当年汇率计算，约为 1 万亿美元，人均超过一万美元。今年以来，经济运行总体平稳，稳中有进，进中向好，特别是经济效益明显回升，供给质量明显提高。

三是新开始。去年我们实现了产业结构由 231 到 321 的历史性转变。今年以来，工业增速进出口的增长，现代服务业的发展，都在加快。三四产业加速融合，农业六产方兴未艾，蓬勃发展。

四是新愿景。现在正在召开的山东省第十一次党代会，为山东未来发展，勾画了美好图画，为实现山东创新发展、持续发展、领先发展，奋力开创经济文化强省建设新局面，作出了全面的部署安排。在经济强省建设上，要以提高发展质量和效益为中心，以推进供给侧结构性改革为主线，把加快新旧动能转换作为统领经济发展的重大工程，聚焦聚力以“四新”促“四化”，通过发展新技术、新产业、新业态、新模式，实现产业智慧化、智慧产业化、跨界融合化、品牌高端化，推动经济保持中高速增长，产业迈上中高端水平。这一过程当中，离不开金融业的有力支撑，同时，也为金融业的发展提供了新的机遇。

青岛·中国财富论坛自 2014 年设立以来，已经举办了四届，四年来，论坛在国内外金融及财富管理业界产生了积极的反响。逐步成长为中国财富管理行业发展的风向标，也是青岛市财富管理金融综合改革试验区开放合作的重要平台，对推动我省金融业持续健康平稳发展和提高对外开放水平，发挥了重要的作用。

下一步，希望大家共同利用好这一平台，进一步加强彼此的交流合作，我们真诚欢迎各位朋友，积极参与到山东新旧动能转换的这一重大工程上来，踊跃参与财富管理试验区建设，实现互利共赢，我们将致力于建设精简高效的政务生态，富有活力的创新创业生态，彰显魅力的自然生态，诚信法治的社会生态，打造审批事项少，办事效率高，服务质量优的一流的营商环境，尽心竭力地为国内外投资者、创业者提供政策服务环境，三位一体的有力支持。

最后，衷心祝愿各位嘉宾在山东，在青岛度过美好时光，预祝本次论坛取得圆满成功。

推动青岛财富管理中心建设，把握引领金融改革方向重点

王书坚*

摘要：财富管理要面向广大群众；财富管理必须加强与实体经济的对接；财富管理要打造青岛品牌；财富管理要稳健运行、优化环境。

山东是经济大省，在中国经济版图中占有重要地位。2016 年生产总值达 1 万亿美元，居全国第 3 位，人均生产总值超过 1 万美元。今年一季度，生产总值增长 7.7%；1—4 月份规模以上工业增加值增长 7.5%，固定资产投资增长 9.6%，社会消费品零售总额增长 9.8%，经济稳中有进、进中向好的态势十分明显。

作为现代经济的核心，金融在支撑和保障经济发展中发挥了重要作用。2016 年全省金融业增加值 3385.2 亿元，占 GDP 比重达 5.1%，金融业已成为国民经济支柱产业。截至今年 5 月末，全省本外币存贷款余额分别为 89855 亿元、68476 亿元，分别居全国第 6、第 4 位；实现直接融资 2366 亿元，上市公司、“新三板”和区域股权市场挂牌企业分别达到 276 家、615 家和 2596 家。实现保费收入 1474 亿元，增长 26.2%。

---

* 王书坚，时任山东省人民政府副省长。

对金融改革，山东省委、省政府高度重视，2013 年金改 22 条颁布以来，采取了一系列有力度、影响大的改革措施，很多改革走在全国前列。青岛财富管理金融综合改革试验区是全国唯一以财富管理为特色的国家级金融改革试验区，是山东金融改革发展成果的重要展示窗口，自 2014 年正式获批以来，已有两批 60 项创新试点政策落地实施，相关机构引进、载体建设、人才汇集等工作成果丰硕，3 月份在全球金融中心的排名已升至第 38 位。

青岛・中国财富论坛的举办，对于指导推动青岛财富管理中心建设，准确把握和引领金融改革的方向、重点，具有重要意义。

财富管理要面向广大人民群众

改革开放以来，随着经济社会快速发展，城乡居民收入持续增长。山东人民尤其以勤劳节俭著称，储蓄率远高于世界平均水平，2016 年达到 35.1%。这些资金汇集起来规模庞大，保值增值需求旺盛。这些都在客观上决定了中国的财富管理必须面向广大人民群众。

习近平总书记指出，“实现好、维护好、发展好最广大人民根本利益，让改革发展成果更多更公平惠及人民”。我们发展财富管理就要坚持多层次、普惠式，既面向高端客户，也服务普罗大众，通过创新政策措施，进行合理有效的组合投资、集合理财、专业管理，满足各个阶层、各类人群多样化的投资需求和风险偏好，使人民群众得到更大实惠，共享经济增长成果。

财富管理必须加强与实体经济的对接

财富管理要根植于实体经济这片沃土，结出产融结合之花。如果

“脱实向虚”，不仅会导致实体经济萎靡，而且滋生以钱炒钱、过度投机的倾向，还会埋下风险隐患。

山东是实体经济大省，工业体系齐全，农业底子厚实，基础设施完善，市场环境优良，是各方面投资兴业的沃土，也为财富管理提供了广阔空间。下一步，山东将把加快新旧动能转换作为统领全省经济发展的重大工程，以“创新能力跨越提高、传统产业改造提升、基础设施硬件支撑、发展环境软件升级”四大方面为重点，筛选储备了600个项目，总投资达4.7万亿元。山东省还将设立新旧动能转换基金，充分发挥财政资金的杠杆撬动作用，吸引金融和社会资本支持新旧动能转换重大项目。

财富管理要充分发挥金融服务“增活力、强支撑、保安全”三大作用，撬动新旧动能转换，释放巨大潜力。我们欢迎各类财富管理机构积极参与，在基础设施、科技、文化、旅游、养老、医疗等领域与我们加强合作，发现商机，实现共赢。

财富管理要打造青岛品牌

在中国发展财富管理刚刚起步，需要探索实践的方面很多。青岛财富管理实验区建设要借鉴国际现有经验，发挥自身优势，进行特色创新。

其一，根植港口物流。青岛是国际知名良港，物流及由此带来的资金流十分可观，财富管理的需求和空间十分巨大。

其二，服务海洋经济。青岛以海洋科技为代表的科技创新在全国居于前列，大量的新技术、新产品、新业态和新模式需要资金支持。投资高资本、高技术密集型的蓝色海洋经济，及以此为基础的创新创业财富，将获得丰厚回报。

其三，拓展国际视野。青岛是“一带一路”综合枢纽城市，面临

“一带一路”重大战略加快推进的历史机遇，境外优质金融资源将加速向青岛聚集，跨市场跨境金融产品创新交易越来越活跃。

青岛市也要依托国家级金融改革实验区的金字招牌，围绕综合经营与综合监管、财富管理信息保护、财富管理税收制度、跨境财富管理等关键环节，积极先行先试，多创造可复制、可推广的经验，打造财富管理高端品牌形象。

财富管理要稳健运行、优化环境

有效防范风险是金融发展的永恒主题。大力发展财富管理一定要牢固树立风险意识，并贯穿于财富管理发展的全过程。

各级政府，要探索构建财富管理监管体制，做好前端评估、监测预警、风险隔离，防患于未然，维护好金融稳定。同时要注重优化金融生态环境，严惩失信违约行为，严厉打击非法集资、金融诈骗等活动，为财富管理机构、市场、服务、人才等汇集青岛创造良好条件。

当前山东正处在由大到强战略性转变的关键时期，正在召开的省十一次党代会必将进一步动员全省干部群众，紧密团结在以习近平同志为核心的党中央周围，奋力开创经济文化强省建设新局面。这不仅为推动全省经济社会及金融改革发展，也为青岛财富管理实验区建设迎来了新的历史机遇。

我们真诚欢迎有实力、高水平的境内外金融机构、投资机构和中介服务机构投身山东，参与财富管理试验区建设，不断开拓金融合作新领域，实现互利共赢。我们相信，在各位的关心支持下，山东金融业发展特别是青岛财富管理试验区建设一定会不负众望，取得新的更大成绩。

引　论

中国未来生产率提高、经济增速稳定靠的是创造性破坏机制

蔡　昉*

摘要：中国经济的供给侧和需求侧因素都在发生变化，金融发展和财富管理需要适应这个变化。从供给侧看，我们可以看到中国未来劳动生产率的提高，从而经济增长速度的稳定，靠的是一个创造性破坏的新机制。而中国消费需求的一个重大源泉或潜力，则来自于规模不断扩大、收入不断提高的中等收入群体。

从严格意义上说，我不是研究财富管理的，也不是研究金融的。去年出席论坛，我主要从经济发展和民生改善的两个角度，谈了金融发展和财富管理发展的引导方向，其实今年我还想谈同样的两个问题，但是我把这两个主题定义为：一是从供给侧研究中国经济发展的一个新问题，它应该成为我们金融发展的一个引导方向，或者说金融发展和实体经济的一个结合点；二是把它叫做需求侧或者民生改善的一个新方向，它也应该成为财富管理发展的一个增长点。

第一个问题，实际上就是说中国经济未来是靠什么来推动。明年是中国改革开放 40 年，即年届四十不惑，四十不惑的意思是说，我们今

* 蔡昉，时任中国社会科学院副院长。

天在总结改革开放的时候，应该比 30 年、20 年、10 年知道更多的信息，有更少的困惑，更多的明白。那么明白的含义是什么呢？就是说我们过去 40 年经济高速增长，是靠什么推动的？当然靠改革开放，这是一个大背景。因为当你解决了一系列的体制问题，清除了人力资本、物质资本的积累障碍，或者配置障碍的情况下，经济增长表现会改善。但是，为什么只有中国能够在 40 年里实现 9.7%、9.8%的高速经济增长？我想它应该有一些独特的东西要回答。因为没有其他的国家能够在这么长的时间内实现这么高的经济增长。

这个额外的经济增长来源是什么？很多学者有过总结，说中国的高速增长就是靠物质资本和劳动力的积累，是积累型的，是投入驱动型的，从表面上看确是如此，但是如果它仅仅是投入驱动型的，是粗放型的增长，很难想象能够在 40 年的时间里保持下来。因此，在做进一步研究的时候，学者们发现，中国高速经济增长，至少有一半的因素来自于全要素生产率的提高，也就是说我们 9.8%的增长速度有一半可能是来自于物质资本和劳动力的投入驱动型的，我们把它叫做传统的经济发展方式。但是至少在过去 40 年里，有一半的因素来自于生产率的提高，这大概是近些年人们总结的一些新的结果。

因此，我们要思考投入驱动的这部分经济增长动力和生产率驱动的这部分经济增长动力，在未来会是什么样的。首先我们知道，在 2010 年的时候，进行了一次人口普查。通过这次普查，我们得到一个重要数据，中国劳动年龄人口，就是可以作为劳动力的这部分人口，15—59 岁，到 2010 年达到峰值，峰值的意思是在那之后就要从正增长变成了负增长，所以 2010 年就成为了中国的一个转折点。这个转折点的含义，就是人口红利达到了峰值，从此以后转入负的红利。大家仍在争论，说中国的人口红利是正在消失呢，还是已经消失？我认为它已经消失，而且在迅速地消失。如果把有利于经济增长的人口因素放在一个生产函数里面，我们就可以发现，以 2010 年为界，此前这个因素是正贡献，符号是正的，2010 年之后符号就变成负的，显然不是即将消失或逐渐消失，而是已经显示或迅速消失。这是一个因素。很自然，劳动力短缺了，过快的资本替代劳动导致资本回报率下降，所以做企业的人都会说，过去只要能够融到资，得到投资者的支持，我做什么都能赚到钱。现在是，我们不差钱，但是投资回报率不高，找什么项目都赚不到多少钱。这就是总体资本回报率下降，在所有行业中的一个基本表现。

传统的经济增长动力消失是必然的。观察全要素生产率，劳动力重新配置贡献的这部分也是在逐渐减弱。最近我把改革开放时期的劳动生产率做了一个分解，看它是由哪些因素构成的？我们发现劳动生产率的提高，在过去这些年里，有 56%的贡献来自于三个产业的贡献，也就是说第一产业、第二产业、第三产业劳动生产率的提高，整体上支撑了中国经济的 56%的劳动生产率的提高。但是接下来看，中国经济是由一产、二产、三产构成，三个产业加起来，它的劳动生产率只支撑了中国劳动生产率提高的 56%，还有 44%未被解释。其实，这部分来自于三个产业之间资源的重新配置，特别是劳动力的重新配置。也就是说，农民工过去在农村是剩余劳动力，有他没他对农业生产影响不大，因此他从劳动生产率极低的部门转向二产、三产劳动生产率更高的部门，总体劳动生产率讲提高了。所以这三个部门之间重新配置资源，构成了 44%。这种资源重新配置效率又分成两部分，一部分叫做静态的重新配置效率，也就是说劳动力从一开始发现哪些部门生产率更高，就从生产率低的部门转向那个部门，这种静态效应贡献比较少，大概是 5 个百分点，更多是来自于在整个改革开放期间，哪些产业劳动生产率提高最快，劳动力就追逐着流向了那些产业，这叫动态的转移效应，这部分贡献了 39 个百分点，合起来 44%，再加上三个产业贡献的 56%，100%解释了劳动生产率的提高。

但是这些因素，在今后同样也会减弱。我们先不看一产、二产、三产，它还会保持一定的劳动生产率的提高，但是速度不会像过去那么快。我们主要看这种资源重新配置的部分，未来它的动力必然会减弱。因为我们经过了40年的劳动力转移，农业中的劳动力比重已经大幅度下降。目前，大概是只有18%的劳动力在务农，这个数是我重新估算的，和国家统计局的略有差别，大概比那个数低了10个百分点。18%的人在务农，同时这18%的人的年龄基本上都在40岁以上。因此，他们再向外转移的可能性已经不太大了。而向外转移，就是从农村转向城市的每年新增的农民工的部分，来自于哪儿呢？来自于农村每年新毕业的高中生和初中生，也就是说是16—19岁的这部分人口。而这部分人口，在2014年达到了峰值，2014年之后是负增长，这部分人口出现负增长，劳动力转移速度就一定会大幅度下降。大家可以看到，农民工在过去这几年里没有什么增长，大概每年只增加几十万人而已，但是过去都是每年几百万人的增长。因此，劳动力转移速度放慢，资源重新配置对生产率的贡献会显著下降。刚才说小一半的劳动生产率提高是劳动力重新配置，这部分潜力下降之后，劳动生产率的速度也会下降。因此，当传统因素不支持原来的速度，劳动生产率也不支持经济增长速度的时候，经济增长速度就进入到了一个新常态，这并不是我们犯了什么错误，而是我们到了这样的发展阶段，经济增长速度要下行。

我们跟发达的经济体不一样。因为在发达经济体，经过长期的发展，已经把所有的潜力发挥殆尽了，所以保持在3%的速度是理所当然的，已经算是很不错了。但是在中国，我们还有很多体制性的障碍，在妨碍着生产要素的积累和配置。比如说户籍制度，农民工可以进城，可以打工，可以住下去，但是享受不到均等的基本公共服务，孩子受教育有问题，养老有问题，因此到了40岁以后，他随时都可能回到农村去。近几年有很多人都在说，说中国农民工是在倒流，愿意回乡创业，其实这都是错误的观察。农民工不断进城，因为没有取得城市户口，到了一定年龄他就回去，一直以来都是这样进行着周而复始的流动。但是过去是进城的人口大于回去的人口，所以我们得到了一个农民工进城量的不断增长，现在因为16—19岁的农村青年越来越少。同样的人回去，但是没有更多的人进城了，所以表现为一个农民工的倒流。这个问题通过改革，可以得到解决，能够赢得更多的生产要素供给和更好的配置效率。

同时我们也知道，在一个产业内部，甚至在一个行业内部，企业之间还有生产率的差距，而这个生产率差距的存在，就意味着生产率低的仍在生存。你生产率比我低，我就应该得到你的生产要素，我来以更高的生产率生产，全社会的生产率可以得到提高。因此，未来生产率的提高，或者说资源重新配置，更多要靠创造性的破坏，就是企业要有生、有死、有进、有退，因此未来的劳动生产率的提高，不是帕累托改进，不再是至少有一部分人得到改善，而不会伤害其他人的情景。未来劳动生产率的提高，一定是在创造性破坏中，因此有一部分企业会得到发展，还有一部分企业会被淘汰。这是第一个我们要看到的，从供给侧看，未来的经济增长，生产率的提高和过去不一样了。

第二个是需求侧问题，也就是人民生活的改善。在过去 40 年的时间里，我们是靠把穷人、把低收入者变成更高收入者的脱贫为主的改善方式。今后，人民生活水平的改善，越来越是一个稳定扩大中等收入群体的过程。我们说到中等收入群体的时候，有不同的表述，我们叫中等收入群体，国外有的叫中产阶级，还有就是一般社会学里说是一个中间层，因此定义中国有多少中等收入群体的人口，完全是一个定义的问题。这个定义有相对概念定义，就是说不管你的收入多高多低，中间那段人就是中等收入群体。在一个高度发达的社会，中间这部分人的收入，可能是人均一年 20 万美元，在一个穷国你也能找出一个中间群体说他是中等收入者，也许一年也就 2000 美元。

我们可以把相对标准和绝对标准结合起来，至少一个人的收入得超过多少，比如说超过按购买力平价计算每天 20 美元以上，作为基本标准，同时这个人又按相对标准处在中间那个位置。不久前中国社科院的社会学家做了一个研究，采用一个国际上常用的标准，就是拿一个国家人均收入的中位数做基准，收入中位数就是某个收入水平可以把中国人口分成高于该标准的一半和低于该标准的一半。占中位数收入的75%—200%这部分人口，一般被认为是中等收入群体。按照这个标准，中国目前的中等收入群体，大概是37%，也就是说5亿多人。可见，我们中国已经有一个庞大的中等收入群体了。而这一部分中等收入群体，在国外是企业家投资者非常看重的群体，而且是动态的，其收入的平均水平也是在不断提高的。

我们同时还可以从国家统计局的数字得到验证。国家统计局把中国家庭划为五等分，很显然，处在最低收入的20%，我们不认为是中等收入者，只是低收入者，而处在最高收入的20%，我们也不认为是中等收入者。处在中间这60%的人口，应该说是中等收入群体，我也推算了一下，按购买力平价算他们的收入每天都是几十美元。因此，这部分大概为8.1亿人口，也就是说中国很大一部分群体都已经变成了中等收入群体。这种情况与中国改革开放期间扶贫脱贫的巨大成就是相互印证的。

但是，这个中等收入群体还不够稳固，他们中的很多人得到的基本公共服务还不够充分。我举个例子，我们目前有2.7亿农民工，从农村进到城市就业和居住的有1.7亿农民工，而2016年农民工月平均工资已经达到3275元，按购买力平价折下来，每天大概能有30美元。根据国际上一般的标准，这个数字就意味着进城农民工也可以算作是中等收入群体了。但是我们也知道，农民工的就业是不稳定的，享受的社会保障是不健全的，基本公共服务获得也不充分。因此，这部分群体还有一个如何成为真正意义上中等收入群体的问题，即如何从人口意义上的中间层，转变成经济社会意义上的中等收入群体的过程。因为，一旦这个转化得以实现，他们就成为一个庞大的消费群体。

正如我刚才所讲的，中国经济的供给侧和需求侧因素都在发生变化，金融发展和财富管理需要适应这个变化。从供给侧，我们可以看到中国未来劳动生产率的提高，从而经济增长速度的稳定，靠的是一个创造性破坏的新机制。而中国消费需求的一个重大源泉或潜力，则来自于规模不断扩大、收入不断提高的中等收入群体。从这两个角度进行的分析，供大家在研讨金融发展和财富管理问题时作为参考。

发展大宗商品市场，促进财富管理健康发展

方星海*

摘要：我国大宗商品期货市场已经具备为财富管理配置资产的基本条件。一是我国大宗商品期货市场规模不断扩大，初步具备大类资产配置所需的市场容量；二是国内大宗商品期货价格的风险回报特点使其具备大类资产配置的价值；三是以大宗商品为基础资产的金融产品占整体资管产品的比重还很低。推动国内大宗商品期货市场的改革创新，促进财富管理行业和大宗商品市场的协同发展，重点需要做好：支持财富管理机构配置大宗商品资产，提升财富管理水平；继续完善期货品种体系建设，满足财富管理的多元化需求；加快推进期货市场对外开放，实现财富管理的全球化布局。

很高兴参加第三届青岛中国财富论坛。我谨代表中国证监会对本届论坛的成功召开表示热烈祝贺。

“洪范五福先言富，大学十章半理财”。这副对联充分表明了自古以来财富在社会生活中的重要作用。尽管传统意识形态的儒释道三家对财富都含有一定程度的轻视之意，但中国老百姓对财富的理解和追求却从

* 方星海，时任中国证券监督管理委员会副主席。

来是真切而强烈的。司马迁在《史记·货殖列传》中就写道：“夫千乘之王，万家之侯，百室之君，尚犹患贫，而况匹夫编户之民乎!”

改革开放后我国经济快速发展，居民家庭财富规模日益增长。根据波士顿咨询公司的报告，2016 年我国个人财富规模达 126 万亿人民币，成为仅次于美国的全球第二大财富国家。目前，这些财富大约 40%为银行储蓄和理财，40%在房地产市场，10%在股票市场和公募基金，另外 10%购买信托和其他产品。这么巨量的资金和财富，如何合理配置和有效管理，既关系到居民家庭财产安全，又关乎我国经济金融的稳定和健康发展，甚至关系到国际金融市场的波动，意义十分重大。财富管理涉及的领域很广，我这里专门讲讲大宗商品市场在财富管理中的作用。

一、大宗商品在资产配置中的地位

做好财富管理离不开现代资产配置模型的理论指导。20 世纪 50 年代，诺贝尔经济学奖得主马科维茨提出均值方差模型后，投资者得以分析如何合理配置资产，在风险一定时取得最大收益。机构投资者开始广泛使用资产配置概念，并逐步形成第一代的资产配置模式，将 60%的资产投资到股票市场，40%的资产投资到债券市场。

但由于股票、债券资产的相关性较高，这一组合在市场下行期间风险较大。而有关研究表明，大宗商品与股票、债券等资产价格相关性较低。20 世纪 80 年代，耶鲁大学基金会等机构开创了另类投资的先河，除了配置股票、债券外，还将部分资金配置到大宗商品、私募股权以及现金流更稳定的房地产和基础设施等领域，形成了机构投资者的第二代资产配置模式。

本世纪初，大宗商品进入所谓的“超级周期”，在资产配置中的重要性愈加凸显。2004 年，美林（Merrill Lynch）分析师进一步提出“美林投资时钟”理论，将大类资产分为股票、债券、大宗商品、现金四类，在经济周期的不同阶段重点配置不同资产。由于判断经济周期十分困难，为确保投资组合能适应各种经济环境，并在风险最小的情况下获取市场平均回报，桥水基金开发了风险平配（Risk Parity）的全天候策略，大致可简化为“30%的股票 +40%的长期债券 +15%的中期债券 +7.5%的黄金 +7.5%的大宗商品”。这一策略逐渐成为机构投资者的第三代资产配置模式。

目前，很多大型机构投资者都高度重视大宗商品资产配置。2004 年至 2012 年期间，大宗商品在机构投资者资产配置中的比重快速上升。根据美国投资公司协会（ICI）统计，商品型 ETF 资产管理规模从 2004 年的 13 亿美元增长至 2012 年的 1200 亿美元。商品型 ETF 占全部 ETF 资产管理规模的比例也从 2004 年的不到 1%上升到 2012 年的 10%左右。

二、大宗商品资产配置在我国的现状和作用

经过 20 多年的发展，我国大宗商品期货市场已经具备为财富管理配置资产的基本条件。

一是我国大宗商品期货市场规模不断扩大，初步具备大类资产配置所需的市场容量。我国大宗商品期货成交量已连续 7 年位居世界第一。2016 年，上海、大连和郑州三家商品期货交易所共成交商品期货约 41.19 亿张，同比增长 27.26%，约占全球商品期货与期权成交总量的近六成份额。同时，大宗商品期货市场在经历了多年的法制化、规范化发展进程后，目前市场主要参与力量已经开始朝机构化、专业化方向发展，越来越多产业客户开始通过大宗商品期货市场进行风险管理。

二是国内大宗商品期货价格的风险回报特点使其具备大类资产配置的价值。大类资产基于不同的风险、回报和流动性特点，可以分为现金、债券、股票、大宗商品和房地产五大类。由于资本项目可兑换还没

有完全实现等原因，我国金融市场与国际金融市场的联动性还不高。在这五类资产中，对于中国投资者而言，只有大宗商品具有更广泛的全球定价的特点，这就决定了其与国内其他大类资产具有天然的低相关性。从 2010 年本轮金融危机之后的 7 年数据来看，我国主要大宗商品中与股票指数月度收益率相关性最高的是沪锌，但相关系数仅为 0.35；其余大部分品种与股指的相关性大多在 0.10—0.25 之间；部分农产品，例如豆粕和棉花，和股指的相关性接近于 0。而相对于债券，大部分商品更是呈现较弱的负相关性。

三是以大宗商品为基础资产的金融产品占整体资管产品的比重还很低。从国内机构发布的金融产品来看，以大宗商品为基础资产的可投资资产管理产品很少，限制了居民资产配置商品的渠道。目前，国内银行和保险产品的配置方向主要集中在债券和货币类资产。在公募基金发行的产品中，主要以股票和债券为主，极少有国内商品指数基金。商品 ETF 产品中目前只有黄金标的，黄金 ETF 占整体 ETF 规模比例约 5%。另外，还有少部分正在申报的产品以连接期货市场为主，包括农产品 ETF、白银 ETF、有色金属 ETF 等产品。在私募基金资管产品中，基于商品的资管产品规模还很小。期货公司资管产品的规模为 2792 亿元，主要也以投资证券市场为主，其中，投资股票规模 1028 亿元，占比 37%；投资债券规模 249 亿元，占比 8.9%；投资证券基金规模 86 亿元，占比 3.1%；投资大宗商品期货规模只有 73 亿元，占比仅 2.6%。

大宗商品是产业经济不可或缺的原料，对于中国这样一个制造业和国际贸易大国，投资一定比例的大宗商品资产有助于把握对战略资源的控制权，即使在国际形势发生不利变化的情况下，也能确保战略资源的安全供给。目前我国战略资源储备主要依赖政府资金支出，更多地引导民间财富管理资金进入大宗商品市场，可以起到“藏战略储备于民”的作用，具有特殊的重要意义。

三、进一步发展我国大宗商品市场，更好满足财富管理需求

进一步推动国内大宗商品期货市场的改革创新，促进财富管理行业和大宗商品市场的协同发展，重点做好以下几方面工作：

第一，支持财富管理机构配置大宗商品资产，提升财富管理水平。我国证券期货经营机构已经开发出一些场外商品期权、远期等衍生工具，但整体规模较小，难以满足财富管理机构风险管理的需求。要提高证券期货经营机构的综合竞争力，稳妥发展场外衍生品市场，推动财富管理配置从标准化向个性化、多样化发展。

目前，商业银行、保险公司、养老基金等参与期货市场还有一些政策限制。要继续积极与有关部门研究推动取消有关政策限制，在风险可控的前提下研究推进商业银行、保险公司等其他金融机构有序利用期货市场进行资产配置。

第二，继续完善期货品种体系建设，满足财富管理的多元化需求。我国现有上市期货期权品种已达到 54 个，基本覆盖了农产品、金属、能源、化工、金融等国民经济主要领域，但一些战略性资源品种和商品指数等领域发展还有空白。要做好原油期货上市工作，持续开展天然气等期货品种的研究。在豆粕、白糖期权平稳运行的前提下，逐步扩大商品期权品种。

配置商品指数比配置一篮子商品的财务成本低，国际上机构投资者主要通过投资商品期货指数来进行资产配置。我国要继续培育有市场认可度和权威性的国内商品指数，大力发展以国内商品指数为标的的商品指数基金、商品指数 ETF 等投资产品，拓宽财富管理的资产配置渠道。

第三，加快推进期货市场对外开放，实现财富管理的全球化布局。国内期货市场部分合约的交易量在全球排名靠前，但尚未能掌握国际定

价权。加快我国期货市场对外开放，鼓励全球财富管理机构将其纳入配置范围，有利于提升国内期货市场的国际影响力。我们将从国际化程度较高的原油、铁矿石等品种开始，逐步引入境外投资者利用国内商品期货市场进行资产配置。提高交割效率，支持期货交易所在境外设立交割仓库和办事处，推动完善“保税交割”的相关政策。逐步推动国内大宗商品期货价格成为亚太甚至全球的基准价格，形成公开透明的“中国价格”。

我就讲这些，有不当之处，敬请大家批评指正。最后，祝青岛的财富管理和整个金融行业健康繁荣，祝本届财富管理论坛取得圆满成功！

中国经济转型对财富管理提出的新需求

梁　涛*

摘要：我国财富管理自身正在经历着深刻转型：一是财富管理的理念正在深刻变化；二是财富管理的范畴正在深刻变化；三是财富管理的政策正在深刻变化。而保险在财富管理中具有安全性、全周期、专业化的优势。保险业如何服务好财富管理的发展大势：一是在一生财务规划上着力；二是在兼顾保障与增值上着力；三是在对接金融与实体经济上着力。

大家好！非常高兴在仲夏时节来到美丽的海滨城市，参加2017青岛·中国财富论坛。财富管理与国家、社会和每个人都息息相关，古今中外对此探索研究颇多，如司马迁的《货殖列传》、亚当·斯密的《国富论》。青岛开改革风气之先，率先创立财富管理金融综合改革试验区，在探索财富发展新路径、创造财富管理新亮点、运用财富管理服务实体经济等方面取得了积极成效。在此，我谨代表中国保监会对历届论坛取得的成绩和本届论坛的召开表示热烈的祝贺！

习近平总书记指出，要增强人民群众的获得感。财富管理是老百姓非常关心和经常面对的现实问题，与人民群众的获得感、幸福感和稳定感直接相关。本届论坛以“财富发展的新全球化时代”为主题，顺应了

---

* 梁涛，时任中国保险监督管理委员会副主席。

当前财富发展趋势，也与我国财富管理现状十分契合。借此机会，我围绕论坛主题，从“外部形势、变化趋势、独特优势、发展大势”四个层面，谈谈一些看法：

第一个层面：就是财富管理面临的外部形势。财富管理作为广义上的金融服务，自然会受到宏观经济、社会发展、技术进步等外部因素的影响。

一是全球经济变局对财富管理提出了新挑战。从经济增长看，仍在深度调整中缓慢复苏，虽然国际货币基金组织将2017年全球经济增速上调至3.5%，但长周期下行趋势尚未改变，各国经济走势分化，向好基础仍不牢固。从贸易发展看，虽然全球化趋势仍在延续，跨境贸易和资金融通表现活跃，今年一季度全球货物贸易总额环比增长1.4%，但各国货币和贸易政策呈现分化，一些国家贸易保护主义抬头。从地缘政治看，全球政治和社会环境总体稳定，和平与发展仍是主旋律，但恐怖袭击等“黑天鹅”事件频发，影响经济金融市场起伏波动。从经济治理看，新兴经济体和发展中国家在全球经济治理格局中获得更多话语权，但治理秩序重构过程仍需磨合和适应。总体而言，全球经济的诸多变局对财富分配和资产配置都产生了重大影响，增加了财富管理的不确定性因素。

二是中国经济转型对财富管理提出了新需求。包括：经济总量增长带来新需求。2016年我国GDP达74万亿元，折算约11.2万亿美元，相当于全球第3—6位的日德英法四国之和。国际咨询公司预计，2017年底亚太地区私人财富总额将达42.3万亿美元，超过西欧地区的41.9万亿美元，并将于2019年超越北美，在2021年达到77.8万亿美元。中等收入群体扩大带来新需求。2016年我国人均GDP约8100美元，2020年将达1万美元左右，东部地区和大中城市等形成了一大批中等收入群体。有数据显示，我国中等收入群体已达数亿人，其财富与20世纪末相比增长了3倍多。财富结构调整带来新需求。国家推进供给侧结构性改革，将推动我国财富结构和财富管理重点领域发生新的变化。

比如，中央强调“金融要服务实体经济”，提出“房子是用来住的，不是用来炒的”，就会引导资金更多投向实体领域，就会弱化房子的投资属性、强化其居住属性。

三是信息技术变革对财富管理提出了新要求。互联网、大数据、人工智能、区块链等信息技术的发展，对财富管理带来了重大影响。比如：便利服务的要求。老百姓天天都在接触新兴技术，也希望通过新兴技术获得更加广泛的投资渠道，增加财富管理的便利性，降低成本。精准对接的要求。金融机构通过新兴技术，能够更加有效区分不同资产规模、不同风险偏好，进而实现精准的财富管理服务。防控风险的要求。技术变革同时也隐藏着风险隐患，而且这种风险更加隐蔽、更加复杂、更具有传染性和破坏力，对传统的金融监管带来挑战。如一些非法集资和诈骗案件呈现网络化趋势，信息安全事件日益增多，都给我们敲响了警钟。财富管理既要运用新兴技术，更要注重防控风险。

我国财富管理的市场是全球最具潜力和成长价值的市场，也是一个正在迅速发展变化的市场。面对新的外部形势，我国财富管理自身也在经历着深刻转型，这就是第二个层面：财富管理自身的变化趋势。

一是财富管理的理念正在深刻变化。随着人们财富积累、政策环境和思想观念的变化，财富管理在理念上也出现了三个明显变化：单一到综合，从个体的简单理财转变为综合性、家庭性的财富管理规划。小众到大众，从专注服务高净值客户群体，扩大到广大中等收入群体等，增强了普惠性。短期到长期，从倾向于短期理财，转变为涉及财富保全和代际传承，甚至对家庭财富进行中长期的规划管理。

二是财富管理的范畴正在深刻变化。从种类看，从金融资产延伸到其他资产。过去财富管理的标的主要是货币化资产，当前仍是以金融资产、房地产为主，但已经逐步扩大到文物字画等实物资产和知识产权等无形资产。从地域看，从境内延伸到全球。随着对外开放的扩大、“一带一路”建设的实施、人民币国际化进程的推进，金融资产、创新技术、专业人才在全球流动加快，我国财富管理也在全球范围内寻找价值洼地，进行资产配置，以有效分散和对冲风险，满足多元化需求。

三是财富管理的政策正在深刻变化。财富管理的供给方是金融机构，自然会受到金融监管政策导向的影响。当前主要体现在：一个是金融要服务实体经济，防止“脱实向虚”，防止自我循环、“金融空转”。另一个是要把防控金融风险放在更加重要的位置，理顺金融发展、金融创新与防控风险的关系，防止违法违规、盲目扩张、激进经营。近一段时期，保监会也在集中开展防风险、治乱象、补短板、服务实体经济等专项工作。随着金融监管的加强，将会推动财富管理规范有序发展。

商业保险兼具保障与储蓄投资属性，是财富管理的重要提供者和参与者。保险在风险保障、资产管理、跨周期财务安排等方面的特点，正好契合了新时期财富管理的全方位多层次需求。这就是第三个层面：保险在财富管理中具有的独特优势。

一是安全性的优势。这是财富管理的基本要求。保险是经营和管理风险的行业，更加注重稳健经营，有利于保障财富安全。体现为四个：保险的风险保障功能是其他金融产品所不具备的，也是区别于存款、理财、信托、基金等本质特征，它能够平抑财富的异常波动，如防止因灾害事故造成财富大起大落，因而是一种有效的财富管理方式。大多数具有储蓄投资性质的保险产品，往往含有一定的保证利率，对于消费者而言，财富波动的风险较小。我们坚持“保监会姓监”，在金融业中率先成立了消费者权益保护局，制订了全面系统的服务评价指标体系，保险业的偿付能力监管与银行的资本充足率监管类似，有效保护了保险消费者权益。

二是全周期的优势。体现为三个：终身财富管理。人身保险产品可以长达几十年甚至终身，为人们提供从摇篮到天堂的全生命周期财富管理计划，能够有效熨平经济周期波动的影响；家庭财富管理。保险可以为家庭成员提供教育、医疗、养老、财产保全、财富增值等综合性财富管理规划，保障一个家庭在遇到各种风险时都能平稳渡过，保持一定的生活质量；代际财富管理。不少人身保险产品享受税收优惠，可以实现财富的代际传承和无缝衔接，这在发达国家是常用的合法避税手段。

三是专业化的优势。近年来，在党中央国务院的正确领导下，保险业综合实力逐步增强，资产管理能力逐步提升。2016 年保费收入达 3.1 万亿元，为全社会提供风险保障 2373 万亿元，赔付 1.05 万亿元，为人民群众累积健康养老准备金 6.9 万亿元。目前共有保险公司 212 家，保险资产管理公司 22 家，保险业总资产 16 万亿元，资金运用余额 14.2 万亿元。保险公司已经成为资本市场重要的机构投资者，是企业年金和职业年金的重要参与者。保险产品的负债属性，决定了更倾向长期投资和价值投资，可以穿透经济周期、抵御通货膨胀，实现财富保值增值。

《国务院关于加快现代保险服务业发展的若干意见》提出，保险要成为政府、企业、居民风险管理和财富管理的基本手段，成为提高保障水平和保障质量的重要渠道。面对财富发展的新全球化时代，我们将推动行业坚持“保险业姓保”，不忘初心，积极作为，更好地发挥风险保障和财富管理功能。这就是第四个层面：保险业如何服务好财富管理的发展大势。

一是在一生财务规划上着力。更加注重基于整个生命周期来规划财富管理。首先是支持长期储蓄型业务发展，帮助消费者平衡好一生的财务收支，更好地发挥保险跨越生命周期的优势，真正让保险成为陪伴客户一生的财富管理工具。其次是细分人生不同阶段的财富管理需求，提供更具针对性的保险服务。比如，保险业探索推出的住房反向抵押养老保险产品，就是在保障老人居住权的同时，用房产增加现金流，改善老人生活品质。尽管这是一个小众市场，但意义重大。再者是对接财富积累、传承等不同需求，创新保险商业模式，提供差异化、精细化、场景化的产品服务。

二是在兼顾保障与增值上着力。围绕和引导人民群众需求，统筹保险产品和服务，增强保险消费者的获得感。一方面，对注重保障需求的消费者，为其提供更好的风险保障型产品，实现与其他金融产品的错位互补，丰富其财富管理方案。另一方面，针对注重保值增值的消费者，为其提供更具有储蓄投资性质的保险产品，降低消费者在利率下行时期的利率风险和再投资风险。

三是在对接金融与实体经济上着力。服务实体经济既是金融业的本质要求，也是财富管理资产配置的内在需要。我们将进一步疏通保险资金进入实体经济的渠道，推动保险业加大对“一带一路”、扶贫攻坚等国家重大战略和基础建设的支持力度，引导保险资金发挥长期投资优势，坚持价值投资、稳健投资原则，使金融体系的资金供需在期限结构上更加匹配。2017 年前 4 个月，保险业注册的债权、股权投资计划合计 1191 亿元，这方面今后还有很大潜力。

中国有着庞大的市场、众多的人口、中高速增长的经济、日益扩大的中等收入群体，财富管理发展前景广阔、空间巨大。保监会将一如既往地支持青岛财富管理金融综合改革试验区建设，支持青岛创新财富管理和风险管理，支持青岛探索保险业改革创新试点，推动财富管理在服务实体经济、全面建成小康社会中发挥更大更好作用。

纠正失衡　弥补短板　规范资产管理市场

李礼辉*

摘要：金融与实体经济失衡的根本原因，不是金融市场化过度，而是金融市场化改革不到位；不是金融监管过度，而是金融监管存在制度短板。我们要抓住重点，纠正失衡，弥补短板，标本兼治。第一，培育专业化的市场主体，风险约束是重中之重。第二，建立一致性金融监管框架，数据统一是重中之重。

金融与实体经济失衡，是当前备受瞩目的焦点。如何准确把握问题的症结，寻找解决问题的正确路径，是金融从业者和金融监管者共同的目标。

我们必须肯定，近20年是我国金融业发展最快的时期，金融机构快速增加，金融市场快速扩大，科技金融快速发展，金融为中国经济高速增长提供了强力支撑。这些年，资产管理业务同步发展。细分阶段，2013—2016年，我国资产管理市场加速扩张，年均增速高达42.25%。据不完全统计，2016年年末未剔除通道业务重复计算的资产管理规模达到114万亿元，其中证券公司、基金管理公司及其子公司、期货公

* 李礼辉，时任全国人大财经委委员、中国互联网金融协会区块链工作组组长，中国银行原行长。

司、私募基金管理机构的资产管理规模约 52 万亿元，信托业资产管理规模约 20 万亿元，保险业资产管理规模约 13 万亿元，银行理财规模约 29 万亿元。

快有快的好处，那就是金融业对国民经济的贡献度提高。2016 年，金融业对 GDP 的贡献度达 8.3%，比 2012 年提高 1.8 个百分点。但过快就可能带来一些坏处，那就是萝卜快了不洗泥，对发展中的问题未能及时解决，导致金融脱实向虚，削弱了金融服务实体经济的基本功能。一是金融资产过度扩张。跨机构、跨平台、跨市场的产品越来越多，长链条的通道业务越来越多，类金融机构和类金融业务越来越多。宏观上，放大了金融杠杆倍数，交叉性感染风险倍增，容易引发系统性金融风险。微观上，部分风险资产未纳入银行表内资产，造成资本充足率和风险拨备覆盖率虚高，容易引发风险集中；一些金融机构资产负债过度错配，流动性偏紧。二是金融产品收益率过度抬升。我国经济已越过高回报周期，多数行业的平均投资回报率降低，企业的平均资本回报率降低，因而无法承受过高的融资成本。此时金融产品短期收益率过高，势必吸引资金脱实入虚，削弱金融支持实体经济的功能。

在资产管理市场，已经形成一些比较典型的交易模式。

一是同业存单 + 同业理财 + 委托投资。银行通过发行同业存单、理财产品，从市场募集资金，投资于委托投资产品，赚取利差；委托投资管理人受托管理资金，投资于债券、股票、私募股权等资产，赚取手续费和差价；如果银行相互购买理财产品，或者委托投资再度投向同业存单、理财产品，就形成空转套利。

二是银行 + 产品嵌套 + 通道。多层嵌套产品一般将结构化信托、资产管理计划嵌套其中，主要形式包括银行借道信托发放信托贷款或转让信贷资产、银行委托投资以及定向通道业务等，通常以银行为主要的资金提供方，以信托、证券、保险、基金等金融机构作为通道。例如，在基金公司及其子公司专户的资金来源中，银行委托资金 9.15 万亿元，占 61.5%。通过"名股实债"等产品嵌套，银行可以躲避监管对贷款投向的限制，降低准入门槛，将资金投向资质不达标的房地产开发商，投向负债压力大的地方政府融资平台，用信用风险换回报，同时缓解资本充足率和拨备覆盖率要求。据波士顿咨询公司估算，资产管理市场中30%左右为通道业务。

三是类存款 + 资金池 + 类贷款。资金端是有预期收益率的类存款理财产品，资产端则投向类贷款的非标业务，滚动发售，期限错配，以短接长，以流动性风险换取超额收益。

深入观察，我们看到，多数资产管理业务并非违反法规、监管套利的不当交易，需要注意的是我国金融市场深层次的缺陷。第一，部分金融机构业务扩张与风险管理失衡。2012 年以来，我国经济增长由超高速调整为中高速，金融业总体发展速度也有所放缓，但中小金融机构继续高速扩张。2012—2016 年，大型商业银行的年均总资产增长率只有9.59%，而股份制商业银行、城市商业银行、农村及其他金融机构的年均总资产增长率分别高达 16.59%、22.98%、18.34%，保险业金融机构的年均总资产增长率为 19.74%。这几年，资产管理业务成为金融机构业务扩张的主动力，而资产管埋业务所对应的部分底层资产，实际风险程度高于一般信贷资产，却簿记为低风险的同业资产。而且，不少金融机构并不完全具备对这类资产进行穿透式风险管理的专业能力。第二，是资产方与负债方失衡。2016 年金融市场上可与负债成本及期限相匹配的资产太少，有人称之为“资产荒”，资产管理产品收益率下行，但仍然接近甚至超过实体经济的实际收益率，例如固定收益类信托产品的平均收益率为 6.85%，比 2015 年下降 178bp。2017 年资产似乎不“荒”了，但市场利率关系趋于失调，银行间市场资金成本接近甚至超过贷款基准利率，AAA 信用债利率接近甚至超过贷款基准利率。与此同时底层资产的风险度上升，信用风险累积，如果剔除风险成本，市场上收益适合的优质资产还是太少。2017 年 5 月，AAA 企业 1 年期中期票据发行利率高达 5.59%，比上年 12 月上升 81bp，债券发行利率平均上行 91bp。利率上行迫使越来越多的企业推迟或取消债券发行计划。1—

5 月，债券融资规模累计同比减少 3499 亿元。第三，是金融市场行为与金融监管导向失衡。通道多、链条长，不仅增加金融资源配置的中间环节，影响资源配置的效率，而且降低金融交易的透明度，影响金融监管的有效性。例如对跨市场、长链条的嵌套业务，金融监管就难以穿透监管。

有的专家将金融与实体经济失衡的原因归结为金融业的过度市场化，有的金融从业者认为当前的金融监管过于严厉。我并不认同这些观点。我认为，金融与实体经济失衡的根本原因，不是金融市场化过度，而是金融市场化改革不到位；不是金融监管过度，而是金融监管存在制度短板。

在资产管理领域，一是市场运行制度的建设和完善滞后于市场的扩张速度，尚未形成有效的风险约束机制；二是金融监管制度的建设和完善滞后于市场的多元化发展程度，尚未形成统一高效的金融监管体制。

第一，市场运行制度的主要缺陷是风险约束不力。

在资产管理市场，我们看到这样的画面：投资者要回报，找市场；企业避规管，找资金；银行要利差，找通道；非银金融机构要套利，加链条；类金融机构要突破，找出路。可以说，过度的商业利益驱动在一定程度上扭曲了市场格局，忽视资本约束，过度加通道、加杠杆、加差价，脱离了资产管理的本能，这是不可持续的。

一些金融机构的决策机制受制于资金的市场供求关系，放松风险约束。在负债端，有的拉高理财产品、同业存单的收益率以争夺市场、吸纳资金；在资产端，有的对信用风险、市场风险评估不实，把关不严，过多投资于信用风险较高的企业和项目，投资于市场风险较高的金融资产，资产品质下降，风险成本上升，风险调整后的投资回报率降低。

第二，金融监管制度的主要缺陷是一致性不足。

植根于实体经济的内在要求，我国已经形成多样化的金融机构体系、复杂的产品结构体系、信息化的交易体系、更加开放的金融市场，跨机构、跨平台、跨市场的金融产品和交叉性金融业务不断涌现，金融业综合经营已成趋势。这对现行的分业监管体制带来重大挑战。在资产管理市场，商业银行、证券公司、保险公司、基金公司、信托公司以及互联网金融平台都涉足其中。企业和居民需要集信贷、证券、保险、资产管理为一体的综合性金融解决方案。但在分业监管体制下，有些金融监管规章并非依据业务的基本属性统一制定，而是碎片化地嵌入银行、证券、保险的分业监管制度中，不同监管部门的规章有时宽严不一。一致性不足的监管规则和行动，容易产生监管缝隙，导致监管套利，不利于金融风险的监测和控制；也容易导致监管滞后，影响监管的时效。

在最近召开的中央金融工作会议上，习近平总书记提出做好金融工作的重要原则：一是回归本源，服从服务于经济社会发展；二是优化结构，完善金融市场、金融机构、金融产品体系；三是强化监管，提高防范化解金融风险的能力；四是市场导向，发挥市场在金融资源配置中的决定性作用。我们要认真执行和落实，抓住重点，纠正失衡，弥补短板，标本兼治。

第一，培育专业化的市场主体，风险约束是重中之重。

加强金融监管，目的是清理风险，压缩泡沫，防止发生系统性金融风险，充分发挥金融服务实体经济功能。操作中应正确把握方向与分寸。一、去杠杆不是不要杠杆，而是要求金融机构保持足够的资本充足率，保持足够的风险拨备覆盖率，同时把国有企业过高的负债率降下来。重点是按照资产的实际属性和风险状态计入风险资产并计算风险权重，防止将事实上的表内资产移到表外，防止将高风险资产记为低风险资产。二、清理通道不是不要通道，而是要求通道回归本源，纠正监管套利，恢复市场秩序和市场活力，引导资金脱虚入实。重点是清理那些用作监管套利、空转套利的通道，清理那些违反法律、违反监管规则的不当交易。资产管理要回归“受人之托，代人理财”的本源，对于资产管理的市场主体，当务之急是强化风险约束，强化市场纪律，提高专业化水平。更为重要的是，加快建设多层次资本市场，提供更多的优质资产，形成差异化、全序列的投资产品线，更好地匹配不同投资者的风险偏好和投资收益需求。金融市场应重塑规范，删繁就简，缩减不必要的中间环节，切实提高金融资源配置的效率，切实提高直接融资的比重。三、清理风险过程中要有效管控风险，努力减轻调整期的阵痛。注意维持市场流动性基本稳定，特别关注中小金融机构的支付能力，避免出现交叉性风险感染，避免出现支付危机，避免过度拉升市场融资价格。

银行是受信赖的理财渠道，但自身缺乏专业化、市场化的资产配置工具。一些专家建议采用 FOF（Fund of Fund，基金中的基金）、MOM（Manager of Manager，管理人的管理人基金）的投资模式，提升商业银行资产管理业务的品质。FOF、MOM 是国际市场上成功的模式，但对委托双方都有较高的专业要求。一是要选对基金管理人和基金经理，支付的管理费才能物有所值。无论是银行选择基金管理人，或是基金管理人选择基金经理，都要有长周期的跟踪、分析和评价，投资理念一致、投资风格稳定、投资回报达标应是“择偶”基本标准。在新兴市场中，FOF、MOM 模式有助于促进基金经理和基金管理人成长进步。二是要有专业水准的基金组合绩效归因分析，实现有效的绩效管理和风险敞口管理。委托方可以选择大盘股或小盘股，也可以选择长期限或短期限，还可以选择指定行业指定品种，但必须做到心中有数，实时把握投资信息。当基金投资范围扩大时，不同品种不同风格的基金绩效有可能相互抵销，整体投资收益率将趋近于市场基准，往往无法创造超额回报。而当基金投资范围过于集中时，在变动的金融市场中，投资回报率可能超预期上升，也可能超预期下跌。

第二，建立一致性金融监管框架，数据统一是重中之重。

金融监管框架改革的重点应是，通过调整优化机构布局、职能分配和工作流程，明确综合化金融监管的职责，做实金融监管统筹协调机制。中央决定设立国务院金融稳定发展委员会，这是加强金融监管协调、补齐监管短板的关键举措，有利于实现功能监管与机构监管的一致性，有利于实现跨机构、跨产品、跨平台、跨市场监管的一致性，避免监管真空与监管重复，形成监管合力，提高监管效率。对参与资产管理市场的银行、证券、保险、基金、信托等金融机构，私募投资基金、住房公积金、社会保障基金等机构投资者，信用评级等中介机构，以及互联网金融平台、类金融机构，都应该纳入监管范围，实行统一监管。

数据统一是金融监管统一的基础，没有跨机构、跨产品、跨平台、跨市场的数据库，要实现穿透式的金融监管谈何容易。以资产管理市场为例，目前资产管理产品的登记系统包括"中债登"的银行理财产品登记系统、基金业协会的私募基金备案登记系统、信托登记中心的备案系统、保险业资产管理备案系统等。金融监管各部门的信息统计标准、口径、方法存在差异，各自为战，既有统计重复，又有统计遗漏，更重要的是无法形成统一的金融数据库。

监管统一有待数据统一，数据统一才能监管统一。应该建立标准统一的金融统计制度，建立集中统一的金融数据库，建立互联共享的金融数据应用系统，形成能够支持金融业宏观审慎监管、微观审慎监管和综合监管的基础设施。要按照统一标准和口径，采集全周期、全覆盖、跨市场的数据信息，形成金融"一本账"。宏观上，能够动态监测和评估跨市场风险和系统性风险，实现宏观审慎监管目标。微观上，能够分别从金融机构、产品、客户等维度进行数据挖掘，穿透中间环节，观察金融交易行为，监测底层资产，判别金融机构、产品、客户的具体风险，实现微观审慎监管要求。证监会正在建设的资本市场大数据中心，应纳入统一的金融数据库。

信用视角下的财富

王忠民[*]

摘要：我们面临信用危机，但把危机变成以信用为基础的制度构架的时候，所有的监管会也随之改变。从以特殊性准入，全部转换到信用逻辑监管、信用行为监管，守信者永远可以畅通无阻，失信者彻底出局，甚至身败名裂，甚至在极端时期用极端的行为，让其成本更加多元化。如果我们做到这一步，才可以改变我们的金融信用生态，才可以让监管者、监管制度的制定者找到基准，让每一个金融参与者，无论供给方还是需求方，都可以站在一个公平、公开、公正的基准之上。

我现在的供职单位是全国社会保障基金理事会，是管理机构，也是基金机构，我们也受托管理整个山东一千亿的社会保障基金。所以我发言的题目与财富管理的实践者和投资者有着密切的关系。比较学术一点的题目是《信用视角下的财富》，比较通俗一点的语气是《以信用的名义看财富的加减乘除》。

信用只有发生行为才可以产生财富基准和财富效应。在中国人的自然人状态、法人状态、组织城市状态乃至国家状态下，到底我们通过信用积累了多少财富，损失了多少财富，把握了多少机会，丧失、失之交

---

* 王忠民，时任全国社会保障基金理事会副理事长。

臂多少机会？我们先来看一个最浅显的数据，大家都知道，目前是在去杠杆的经济政策环境下，整体国民经济的杠杆率是250%—300%。让我们从信用的角度来对这一数据进行解读，如果所有的杠杆使用者都是信用财富积累者的话，负债率就不会达到那么高，也无须负债率背后还会增强增信的担保抵押，或者给一个金融机构首先发放信用额度可以使用的数额，所有这些都不需要的时候，也就是说如果你的信用可以达到可免费使用其他的资产，发生交互的金融和经济关系的时候，那我们只能把过去的250%和300%算成我们信用的交易费用。GDP的250%—300%是一个什么数量级的概念？

我们可以从另一个视角去看信用，如果你不守信，一定会降低你的回报率，特别是你与人际之间的信用关系。我们会发现，在良好的信用法治环境和信用经济环境下，你的正信用可以让信用资本化、价值化，负信用就可以让它成本化，可以让它成本最大化。负信用成本最大化的一个逻辑就是，谁在经济活动之中违反了经济原则，侵犯了别人的信用，把自己的恶劣行为放在其中去欺诈、去逃避债务、去做其他的事情，要惩罚到什么程度？如果只罚他负信用收益的50%，那么肯定是罚少了，因为他还能获得正的回报，他下次会不会干呢？一定会的。如果你罚到了所有负信用收益率的100%，他一定觉得因为你罚的款只是我的机会成本，只有你罚了所有他的负收益之后，这个收益额才只是机会成本等量。如果我们要把社会当中的每一个人、每一个法人、每一个经济行为的负信用都消除，消除负信用的根本逻辑就是增加成本最大化，一直罚到他死，一直罚到他永远不可能有经济行为，罚到他出局，罚到他所有的成本最大化，才不会产生负信用。

如果我们让正信用积累化，正信用可以在每一个人、每一个法人、每一个组织体，无限积累，你说的话，你做的事情，你罚的每一笔款，你借的每一个东西，你上市的每一笔股权，你交易的每一笔费用，你无限交易的每一个行为都是正信用的时候，你的财富将会在这些维度当中和这些现行的逻辑关系当中无限积累，甚至你可以在创新当中为此服务，你就可以挣钱。逐渐形成这样一个漏斗状态，上面的 360 度可以丰富发展，下面的 360 度也可以丰富到他彻底出局。这样，每一个人，自然人，法人都不敢负信用，只有正信用，而正信用可以挣钱，负信用可以致死。我相信你们已经发现今天挣钱的唯一逻辑就是正信用。

下面，我们把信用放在几个社会场景当中去考量。今天，为什么所有的互联网或者新科技的公司在中国能够挣钱？它发现了一个信用场景，这个信用场景是在传统线下的和非互联网、非新科技经营的某种东西，他背后的场景是信用，不是最佳场景的时候，一定是交易成本高，生产成本高，总成本当中又加了一个信用成本，这个场景是一个总成本太大的维度。如果我用了一个新科技和新场景、新互联网去替代它的时候，就可以做到信用成本低，以至于我可以和你比较竞争力了。为什么电商发展了？首先是电商体来了，过去实体经济中的信用环境太差。为什么社交发展了？是因为微信通讯之前，我们的移动通讯收费太贵了。我们反复呼吁免收费用、单向收费，都没有任何作用。这时候，有替代品出现了，于是人们马上就接受了微信。

为什么所有中国的互联网公司，都会在做到第一生态场景的信用替代以后，获得成长发展，特别是成长之后，要转到做金融，是因为所有金融背后就是经营信用，结果经营信用的场景背后有严重的问题，只要以新经济去替代，就可以快速获得大量的流量，就可以快速地获得成长，可以用自己的信用场景替代原有的信用场景快速成长，所以阿里巴巴做了蚂蚁金服，其他所有互联网公司做了各种“宝”，无非是在支付信用替代延展到其他理财交易的所有的场景替代。

由于我们正信用发展，就可以挣钱，就可以快速挣钱，就可以把别人的信用和你的信用放在一个场景中，让大家的所有信用在这当中可以成长发展，就成为一种信用生态，就可以保证新的商业模式获得巨大成功，而这个成功是乘数级、几何级的快速发展。负信用能不能挣钱？负信用今天正在挣钱，关键是谁用什么方法去负信用挣钱？假设，有一家外国公司在中国经营了许久，也没有搞出什么名堂，结果突然发现一个问题，在中国找负信用太容易了！于是他就专门找，特别是上市公司的负信用太容易了，就用你公开的信息一查，肯定不对，他就说你作假。由于国外有卖空机制，把你卖空了，然后一暴露，股价几个跌停板，他就挣钱了，轻而易举，几乎百发百中——这个公司叫浑水公司。我估计大家听了这个假设，在底下都坐不住了。因为在我们这儿反负信用太容易了。如果只是在实体领域当中看信用，我们看到所有的金融，无非是总货币形态、支付形态、固定收益形态和权益形态，构建起某种无限交易的信用场景和信用产品。如果我们在这背后有问题，一定是信用出问题了，比如说在固定收益当中，我们说刚兑对不对？刚兑无非是信用逻辑当中不对称。我们说中国的 IPO 出问题了，整天喊 IPO 快了或慢了，那一定是 IPO 当中没有把每一个信用者的逻辑发挥到极致，才可以即使作假能上去，罚款了也没有事，或者还可能跑路了。

所以我们发现，过去农业在经济中占比很大，后来是工业社会，工业 GDP 占的比重增大，后来服务业来了，服务业占的比重增大，服务业当中金融很重要，金融的 GDP 如果全部是信用 GDP 的话，一定是真实的。但我们发现这背后有好多不真实性，有空转套利、有跑路、有欺诈，这就是我们金融领域的人在信用生态当中出现的问题，我们的制度构建和监管和每一个人的从业者的心态和成长路径，不是以信用的正路径，而是以信用的负路径去成长。所以我们呼吁，金融制度要回到以信用为基础。我们面临信用危机，但把危机变成以信用为基础的制度构架的时候，所有的监管会改变。从今天的以特殊性准入，以具体的产品、具体产品的具体价格与具体产品的市场主要份额多少为监管，全部转换到信用逻辑监管、信用行为监管，守信者永远可以畅通无阻，失信者彻底出局，甚至身败名裂，甚至在极端的时期用极端的行为，让其成本更加多元化。

如果我们做到这一步，才可以改变我们的金融信用生态，才可以让监管者、监管制度的制定者找到基准，才可以让每一个金融的参与者，不管是供给方还是需求方，都可以站在一个公平、公开、公正的基准之上。如果走向这一步，中国所有的金融工具和金融产品都可以蓬勃创新，快速发展。因为当我们以信用为基础去监管负信用的一切逻辑的时候，负信用无处可藏，负信用无机可生，负信用将在最短的时间在中国彻底消除，让信用蓬勃、多元、无限，我们一起迎接这个世界的到来。

经济长期增长面临两大挑战

Jason Furman*

摘要：经济长期增长面临着两大挑战。第一，人口增长有所放缓。中国推行的二胎政策，的确能够改变人口增长的整体状况，但其影响只能在2030年前后才会逐渐发挥作用。第二，生产率放缓。这是中美两国所共同面临的挑战。如果想获得强有力的经济新增长，必须要有影响力的生产率增长，同以往相比这将变得愈发艰难。

英语中有一个词汇叫做高端性问题，它表示如果遇到了这样的问题说明你很幸运。我觉得管理自己的财富，就是大家希望拥有的一个高端问题。我们召开一个专门会议来解决管理自己的财富这一高端问题，从某种意义上，意味着中国的财富积累已经具备了一定规模。接下来跟大家简单分享一下全球的经济格局，因为这是我们财富创造的背景。

中国在国际经济增长中做出了很多贡献。作为一个出口大国，中国也是高度依赖于全球经济发展的。过去十年，全球经济增长有将近一半来自于两个国家——美国和中国，所以在这里我想重点讲一讲美国如何来加强自己的经济发展，而中国在这方面又能做些什么。

在白宫给奥巴马总统做顾问的前两年中，我始终为从经济危机中复

* Jason Furman，美国白宫经济顾问委员会原主席。

苏而焦虑不安。接下来为奥巴马总统工作的六年中，我再度纠结于是不是又要陷入另一场危机。现在，我睡得比以前好多了，一方面是不在其位不谋其政，另一方面我们的短期风险的确已经有所下降。换句话说，未来长远的挑战已经清晰地展现在我们眼前。首先，与全球经济增长率有关。几年来，各国的财政部长每年都会在华盛顿聚集两次，宣布新的全球增长率，每次 IMF 进行宣布的时候，他们都会说“我们很失望”，经济增长再次放缓，我们做出了预测，又根据实际情况再次下调了预测值。2017 年 4 月，全球增长率已经稳定了，预计 2017 年全球增长会跟 2016 年基本持平。其次，是与经济发展有关。2011 年和 2012 年欧元区的危机，拖了全球经济发展的后腿。现在已经逐渐有所恢复，我们看到增长率逐步向稳。第三，还有其他一些原因。部分发展中国家和新兴经济体，曾经非常高速的增长已经有所放缓，但是这些发展中国家的增长也在 2015 年、2016 年期间基本稳定下来，我们看到中国的增长也遵循着同样的模式。

回顾过去一年全球经济的走向，哪些国家在增长，哪些国家在下降呢？美国和欧元区的经济增长比例微乎其微，必须眯着眼睛才能看到它增长了多少。日本宽松的货币政策已经初见成效，并且经济不再会受到早期的财政紧缩和税收增长的阻碍。中国经济的增长率近年来也在缓慢下降。2016 年整个经济形势基本稳定下来之后，发展中国家和新兴国家遭遇的比较大的挑战主要来自于大宗商品价格的上涨，包括油价和其他大宗商品，从低位反弹，这种情况可以让俄罗斯，从过去的衰退变成非常低的经济增长，也帮助了巴西的经济增长，巴西也是有本国政治不稳定的问题。

在这些现象的背后，我们看到经济实体的 GDP 的增长也有所下降，贸易的增长速度也有所放缓。大家看一下，这条橙色的线，反映的是我们在 2008 年、2009 年的经济状况，这样的贸易增长与整体 GDP 相比是更低的，这对于高度依赖于出口的经济体来说是一个挑战。出口增速放缓有很多原因，其中之一就是贸易自由化受到一定程度的影响。

2011—2017 年，我对美国经济和全球经济颇为担心，要去考虑美国经济存在哪些主要风险，欧元区危机进一步加深体现在哪些方面，中国经济对全球经济的影响，等等。

美国经济基本上是沿着预期的轨道来发展的。4.3%的失业率，通胀率不到 2%，这多少都给美联储减轻了一些压力，同时我也预计利率将会继续提高，资产负债表规模逐步下降，当然这也取决于之后的经济数据情况。全球经济复苏的趋势在欧洲也得以体现。几年之前，欧洲危机给全球经济带来了一些非常重大的问题，但是我们欣喜地看到，在爱尔兰和西太平洋地区都取得了喜人的进展。葡萄牙和意大利暂时还面临着一定的挑战，希腊的利率增长速度在上涨，德国和法国对本国经济进行了必要的结构性调整。2015 年，中国金融市场也产生了一系列震荡，通过对汇率的系统性调整，金融市场得到稳定，所以现在全球并不太担心中国面临的短期风险。像我之前提到的，提高大宗商品价格已经帮助巴西和俄罗斯终结了它们的经济衰退期，所以我对目前的全球经济状况并不担心，而保持长期的增长是我们急需面对的挑战。对经济增长来说最简单的方法就是财政刺激、货币刺激和信贷增长。美国经济在过去的八年中是呈现增长趋势的，失业率从 10%下降到 4.3%，我相信在未来的八年里这一数字会下降 4.5%，将变成负的失业率。中国经济增长态势趋于稳定，GDP 增长表现良好，信贷增长扩张非常快，投资、房地产等等都有快速增长。但是我们必须看到，这些都是短期的增长推动因素，对于经济长期增长来说，它并不是一个很有利的因素。长期增长主要来自供应而不是需求。供应则体现在两个方面：扩张的劳动率，增长的生产率。简言之，劳动力群体的情况和个人产能制约着供应的发展，制约着经济长期增长。由此，我们可以看到，经济长期增长面临着两大挑战。

第一，人口增长有所放缓。特别是在一些关键的年龄段，25—54 岁的人口增长率，美国是 2%，中国是 3%。很快的，这种增长也将成为负增长。与此同时，中国农村人口大量涌向城市，虽然增加了波动率的数量，但是未来其空间将比过去有所萎缩。这些都是事实，而且是我们无法改变的事实。中国推行的二胎政策，的确能够改变人口增长的整体状况，但其影响只能在2030年前后才会逐渐发挥作用，而人口增长放缓的现象在最近二十年中不会发生改变。不仅中国，很多新兴经济体都会面临同样的挑战。

第二，生产率放缓。这是中美两国所共同面临的挑战。从历史上来看，美国的生产率增长是2.3%，在过去五年里，放缓到了0.5%，中国的生产率增长是9%，现在是有一点放缓，到了7%。中美两国的具体情况有所不同：美国生产率放缓，是因为企业投资减少了；在资本和设备方面，中国企业能够获得更高等级的商业投资，但是创新的指标有所下降。如果想获得强有力的经济新增长，必须要有影响力的生产率的增长，同以往相比这将变得愈发艰难。

未来经济的命运，更多依赖于我们所做出的选择。选择什么呢？可以想办法使我们的劳动力增长更快，劳动力分配更有成效。美国得益于移民，有越来越多的人加入到劳动力大军中来。在中国，劳动力的流动更加灵活，但仍然有提升的空间。有形资本投资对美国来说是个问题，美国在道路、桥梁和铁路等基础设施方面的投入比较少，而中国则恰恰相反。它是在很高的层面上进行投资，很难去分配手里的大量资金，所以经济增长的推动已经转移到消费领域，而不仅仅是进行资本积累。创新，是经济增长中的一个重要因素。美国要进一步推进贸易自由化，改革税制，以及在研发上加大投资力度。而中国，则要继续遵循让市场扮演主导角色的改革承诺。此外，国有企业改革对于中国经济的增长也有着非常重要的意义。

我所阐述的上述观点，涉及美国为促进经济增长采取的一些措施以及中国在习主席领导下进行供给侧结构性改革这块正在做和应该做的事情。对于世界经济增长而言，更加重要的，在今天比起以往都更重要的一点，就是全球的合作。我们需要它去解决全球范围的问题。

比如气候变化。美国联邦政府已经退出了关于这个话题的讨论，这非常不幸。美国虽然退出，但是加州、纽约，还有我们这个国家所有的企业，都在为这个方向努力。我相信总有一天，联邦政府会再度参与进来。总有一天，中国在这方面将承担起更多的全球领导职责。

比如贸易。通过贸易投资联系的拓展来推动经济增长。目前，各国的一些经济行为已经变得越来越全球化了，其中最明显的就是企业税。一个国家要降低税率，那也会给其他国家带来压力。所以我们看到，全球各国间加强合作，可以有效的规避逃税行为。

最后，我要说的是，美国经济在未来也会出现衰退。我希望这个速度不要太快，目前尚未出现衰退的迹象，但已略显端倪。对于发达国家而言，加强在财政货币刺激方面的协调，是很有必要的。

感谢大家给我这样一个机会，可以来到这里分享观点。分配财富是非常重要的一个职能，可以促进经济增长，同时需要更多的经济增长使财富得到增长。非常感谢在这一过程中大家做出的努力。

第一章
全球经济新变局与财富管理新竞合

英国脱欧、美国退出TPP、特朗普高举“美国第一”大旗，全球化面临逆转，贸易保护主义和经济民族主义抬头，人们习以为常的全球贸易和投资格局将迎来新一轮充满不确定性的挑战。如何趋利避害，加强宏观政策框架弹性和应变能力，提升营商和投资环境吸引力，提升互联互通能力，在全球财富流动目标市场竞争与合作中占据有利位置？

增值税仍需要进一步规范化

许善达*

1993年设计新税制的时候，正是我们国家从计划经济开始改革的阶段。计划经济时期，我们政府和企业的分配上基本是学习苏联的那一套，政府集中的很多，企业连折旧费都要上缴，当时就是那个体制。设计新税制时，给我们定的就是要保持原来的法定税负不变。这个法定税负是比较高的，延续着计划经济传统，所以增值税当时定的是17%，实际上我们当时不能抵扣的税款很多，买机器设备的增值税不能扣除、营业税不能扣除，实际税率要跟欧洲标准规范比的话，我估计至少得30%。

随着改革的深入，我们不断进行调整，一方面加强征收管理，把税收流失的钱收回来，一方面降低实际的税负水平。途径不是降低增值税法定税率，而是按照增值税规范的方向增加抵扣税款的项目。2003年开始允许抵扣购进设备的增值税税款，虽然没有降低增值税税率，但是降低了实际的增值税税率。现在营改增，仍然在维持增值税税率不变的前提下增加抵扣税款的项目。从1993年到现在，一直是维持法定税率不变而增加抵扣税款项目来降低实际税负水平的过程。从前年开始出现了一种争论，即：宏观税负到了现在的水平，是合适、偏高，还是偏低呢？我们下一步应该如何走？专家们一直在打口水官司。去年7月份，

* 许善达，时任联办财经研究院院长，国家税务总局原副局长。

中央政治局做了一个非常重要的决策，就是要降低宏观税负，这场口水官司才不打了。大家注意，降低宏观税负的决策是 7 月份，5 月份实行营改增，也就是说在营改增减税以后，还要降低宏观税负，而我们的整个税收结构里，企业税收占到 80%多，所以降低宏观税负，主要就要降低企业的税负。现在要说争论的话，就是在哪个结构上降低，先降什么，后降什么，目前争论比较多的就是这个。

现在可以说达成基本共识的，一个就是劳动力成本，特别是社保缴费率是偏高的，目前大概是 40%，但是要降到多少，20%还是 30%，还是多少？这个没有定。另外，工薪阶层的个人所得税，最高到 45%，这个比美国都高，这个已经影响到我们很多优秀人才的发展，增加了企业的劳动力成本。这个现在也基本上达成共识，就是要适当往下降。当然，具体方案还是有关部门在研究，但是这个方向是确定无疑的。

现在还有一个争论，就是刚才讲的都是社保缴费，还有最近国务院决定减少了很多行政性收费，争论是什么呢？就是税还有没有需要降低的部分。有一些专家认为，税收不能再降了，只能降低这些收费，但是从现在的分类来看，税收还是有很多需要调整的，其中就包括进一步降低一些税的法定负担水平。比如说我们的增值税，营改增以后所有行业已经全面实行增值税了，但是跟欧洲包括亚洲的一些国家比如德国、韩国相比，我们的增值税还仍然没有完全的规范化。一个比较突出的矛盾就是，按照标准的规范化增值税，每个月你的销项税款减去进项税款，如果是正的政府要缴税，如果是负的政府要退税。我们现在是正的缴税，负的政府不退税作为留抵税款，以后什么时候有正的再对冲。这个留抵税款相当于企业预缴税款，目前数量相当大。今后将增值税进一步规范化，应该实行负的要退税。这种留抵税款对企业来说，一个是占压了企业的资金，企业要承担财务成本。一个是税收，企业预缴税款，一个企业可以在以后有销项税款时对冲，但是作为企业整体来说就必然有永远不能消除的预缴税款。我们现在的增值税本身还是有很多可以研究的，要进一步规范化来降低企业增值税负担水平。

中国要达到长期均衡增长还需十年结构调整

张燕生*

从全球范围来看，2017 年是全球经济企稳向好的一年。我们可以看全球各国经济、各国贸易、各国投资，包括中国经济企稳向好。中国经济是从 2009 年以来，第一次两个季度开始企稳上升，而不是逐季度下降。但是对此我们要有一个基本判断，就是全球经济和中国经济企稳向好，处于一个什么阶段。全球经济虽然企稳向好，但是要恢复到全球经济长期均衡水平，可能要到 2020 年和 2021 年。也就是说全球经济走出了这场泥潭，但要恢复长期水平，仍然需要 4—5 年。全球贸易和投资的情况怎么样呢？我们可以看到，全球的贸易投资也没有恢复到危机前。2015 年全球的投资增长了 38%，2016 年有一个回调，2017 年增长了 10%，但是全球投资要恢复到危机前的规模，可能要等到 2018—2019 年。所以我们就看到，无论全球还是中国经济，是一个企稳向好的态势，但是要恢复到一个长期的、正常的水平，可能还需要一个中期的调整期。而且在这个过程中，会不会发生一些重大的不确定事件，从现在看还是很难预测的。因为我们知道全球的不确定性，例如逆全球化、脱欧、美国退出 TPP 和巴黎协议等等。实际大家都在担心，在金融市场和其他领域，会不会出现像 20 世纪 20 年代、30 年代，或 70 年代、80 年代，曾经发生过的经济、政治、社会的动荡。因此，从这个角度

* 张燕生，时任国家发改委学术委员会研究员、中国国际经济交流中心首席研究员。

来讲，一个方面，我们说无论是世界还是中国企稳向好，但另外一个方面，对我们的财富发展和财富管理来讲，也就是说风险尤其是系统性风险，我觉得这个是我们始终要小心的。

就中国而言，实际上我们可以看到，中国的发展，也就是加入WTO以后，我们经历的是一个财富增长的黄金阶段。从2003年到2012年这10年，中国GDP的增量，按照汇率计算，是美国的1.44倍，按购买力平价，是1.88倍。我们就要总结一下，这一中国财富大发展时期，它主要的原因是什么？当时，推动加入WTO的时候，我们是说了三句话，第一句话就是融入世界，参与全球化，开放；第二个就是体制机制与国际通行规则接轨，改革；第三句话，狼来了，也就是说无论银行还是保险、还是证券，没有国际竞争力，将会被狼吃掉。我们可以看到财富大发展时期，是我们真正推动了一个高水平的开放、高标准的改革和高质量的发展。

通过世界银行2017年关于全球营商环境效率和营商环境便利化的报告，我们可以看到，中国还是处于第78位。也就是说，我们要想在全球经济大变局的条件下，赢得财富发展、财富管理的新格局，迫切需要推动我们营商环境的改革，投资环境的改革，创新环境的改革。这个方面在过去这么多年，积累了一些长期的矛盾，但是从亮点的角度来讲，中国经济无论财富发展还是财富管理，我们现在确实进入一个新的阶段，至少我们有三个亮点：第一个亮点，也就是我们的互联互通进入到新阶段，包括从机器人替代农民工的巨大需求，跨境电商的巨大需求，人工智能的巨大需求，正在改变我们财富发展的环境。第二是城市群的发展，比如说广东的粤港澳大湾区城市群，现在对标旧金山、纽约、东京湾区。第三就是创新，我们可以看到，在长三角地区，从2015年它的创新投入的钱，每年已经达到了3800亿，广东是2000亿，京津冀2000亿，也就是说我们可以看到东部沿海这三个板块，一年投入沿海创新的钱已经达到了8000亿人民币，也就是我们的存量很少，但是我们的流量现在已经开始进入到一个无论是规模还是强度，都是到了一个从投资驱动向创新驱动的阶段。同时，我们必须看到，中部地区处于投资驱动阶段，西部地区还处于资源驱动阶段，从地区板块、产业板块到财富管理这个部分，实际上是进入到一个新的时期。

回到均衡状态需要几年？从世界来讲，可能需要四到五年，中国实际来讲，我觉得它的核心还是供给侧结构性改革，我个人觉得是一个十年的中期结构调整。中国要达到一个长期的可持续增长的水平，我个人觉得就是 L 线的横的这部分，实际上我们现在还需要五年左右，是多少呢？我们期待这个部分是 6—6.5 左右，

确实过去十年，只要做房地产，或者资本经营，往往是比做任何一件事回报都高，高得多。但是我们看到，从美国的教训，1990 年以来，美国也是这样，它一步一步把美国经济带向了空心化、虚拟化、泡沫化，一旦泡沫破灭，我们大量持有这些房地产资产的人，损失惨重。还有美国最好的企业，2009 年以来 GE 痛定思痛，把它的 GE Capital 全卖了，留了一点点，把法国的阿尔斯通买回来了。一个经济，没有制造，没有实体，就没有创新，就没有就业，就没有服务对象。

转型重点：金融资源从传统经济引入到新经济

巴曙松*

现在整个经济增长逐步在新的增长平台站稳，但是不同产业的增长速度分化非常大，新经济部分确实增长得比较快，旧的经济越来越弱。从这个角度而言，所谓转型，无非就是新经济怎么逐步替代旧的经济，无非就是一个替代的过程。2015 年、2016 年，新的产业占整个经济的比重大概在 11%、12%左右。如果按照 2015 年、2016 年的新经济和旧经济的增长速度差异推算，大概在 2020 年，整个新经济的占比会上升到 20%。这是一个此消彼长渐进替代的过程，不会是运动式的、很快的、一夜之间就实现的过程，而且还需要金融包括财富管理的转型等与之配套。至于说 2017 年一季度的回升，如果再做一个细分的分析，仍然是熟悉的配方、熟悉的味道，还是靠房地产、基础设施、出口，这是我们原来想转型的希望不太依赖的传统增长模式，转型的任务依然很重。

这就涉及今天的主题，就是怎样把金融资源从传统经济引入到新经济，怎么选择合适的渠道、产品、商业模式和金融机构。最近都在讨论财富管理市场和资产管理市场的规范化，积累了非常大的风险，一行三会在资产管理监管方面的监管政策分割的格局，导致了大量的监管套利

* 巴曙松，时任香港交易所首席中国经济学家、中国银行业协会首席经济学家。

和规模的膨胀、风险的积累。其中很重要的一点就是如果进行穿透式的考察，看看这些资金真正流向哪里，最后你会发现，这些资金通过种种通道，镶嵌的设计，躲开了规模的限制、行业的限制，还是回到了被官方文件想限制、清理、去产能、去库存的这些高负债的基础设施，房地产、高库存、低产能利用的这些传统产业。所以这几年如果财富管理市场不做这些调整，不把这些资源引入到新经济里面，那这些财富管理变成了一个推动旧经济，减缓传统经济洗牌调整的一个对冲力量。

如果做一个对比研究，新经济它有什么特点？比如说在相当长的时期内，它是亏损的。2016 年在纳斯达克和纽交所上市的公司，68%的企业是亏损的，大部分盈利的新经济企业，在盈利方面有它的要求，比如要求有控制权。这些现有的资本市场，也是很难满足它的这些需要的。所以，在当前的市场环境下，资本市场如果不做相应的调整，居民的财富又是通过东绕西绕，最后还是绕到传统产业，因为传统产业从正规渠道获得不了融资，它愿意付更高的溢价，去承担通过绕通道和逃避管制所增加的这一部分成本。昨天香港资本市场上刚刚公布一个计划，就是打算咨询设立创新板的事情，目前的方案是准备分成三个板来覆盖新经济的不同阶段。

主持人问到香港交易所怎么推出创新板，目前公告进行咨询的方案，可以到香港交易所的网站查询，主要包括设立创新初板、创新主板等的设想，但是最终是否就是这样的方案，还需要根据市场咨询的意见再修订决定。但是大的方向，还是把金融资源从传统经济引到新经济。

任何投资都是有风险的选择，都是一种风险收益的权衡，从资产管理角度来说，就是一种资产组合和配置。如果都把资产配置到房地产市场，在过去 10 来年是不错的，但是从长期看，资产都配置到房地产市场是相当有风险的，如果遇上美国次贷危机这样的大波动，资产就会受到很大的冲击。因此关键是要把握不同资产的风险收益状况，进行合理的配置，其中就要包括新经济。你不可能靠普通中小投资者做高风险的创业投资，根据目前的香港市场的咨询方案，在创新主板里，只有盈利了才开给散户，但是在创新初板的设计中，主要是面向合资格的投资者。

至于房地产价格波动，我觉得目前国内市场最大的风险之一是投资者许多都认为房地产价格是只涨不跌的，我自己因为亚洲金融危机时期正好在中银香港做信贷风险管理相关的工作，所以亲身看到了一个市场化的房地产价格，从最高点房价平均跌去60%。所以当一个市场的参与者都认为这个资产价格不可能再跌的时候，还是非常值得提示风险的。

股市涨跌不取决于新股发行多少

李迅雷*

股市问题很敏感。在市场上，你如果提出要坚持加大新股发行规模，会遭到很多人的反对。我一直在思考，我们到底需要什么？是为了稳定市场，不让指数下跌，然后暂停新股发行，健康发展，让居民财产性收入得到比较健康的增长，这方面我觉得还是一个制度问题。中国股市在过去 27 年当中，大概有 9 次暂停新股发行，但是没有改变这个市场的趋势，该涨的还是涨，该跌的还是跌。所以我始终认为，股市的涨跌，不取决于新股发行多少。因为价值还是第一位的，上市公司价值最终一定能体现在股价上，比如说像腾讯在 A 股上市，很多投资者都能享受到它成长的红利。更早的时候，国内的一大批蓝筹股，为什么不敢在 A 股上市呢？中移动、中电信、中石油，在增长最好的时候，国内消费者买汽车、汽油大量消费的时候，电话大量普及的时候，没有享受到它发展的红利，因为国内个人投资者抵制它上市募资。为了追求短期稳定而丧失长期利益，这个理念值得商榷，把短期目标看得过重，恐怕是一个问题。

另外一方面，我觉得有些制度上的设计，是不是可以考虑一下。许善达局长今天也在座，为什么对股票分红要征那么高的税？为什么股票短线交易的利差所得反倒不用缴税了？美国个人投资的股票交易利差收

---

* 李迅雷，时任中泰证券首席经济学家、齐鲁资管首席经济学家。

入是要缴税的，分红几乎是不征税的，这样的话就鼓励你长期投资了。我们总是呼吁要理性投资，价值投资，但是在制度设计上却没有配套举措，故中国股票的换手率全球最高，2015 年中国股票交易金额占到全球股票交易额的 1/3，这是一个奇观。但是投资者对分红都没有太大的需求，在香港上市的国有企业，一年要被要求有两次分红，在内地，大家更加愿意看到的是送股、资产注入、并购重组等等。我想在今后的制度设计上，应该更多考虑鼓励这样的理性投资，不是只喊口号，不是让机构投资者数量增加，我们市场就理性了。事实上，这几年来，机构投资者数量也很多，如果制度设计不合理，恐怕还是会趋于散户化的思维。所以制度还是关键因素，比如说国内市场几乎没有退市，我们有退市的制度，但是退市的案例非常少。而美国市场为什么能够长期健康繁荣增长是相关的，退市会注重企业的成长性，如果没有退市，还是一脉相承的，还是出于稳定的目的等等，所以我想这方面还是要处理好短期跟长期之间的关系。

未来 20 年近 60%的工作或被技术进步所替代

Timothy Bond*

说到经济，2017 年会不会有一个持续稳定的增长，我想在新经济方面谈谈自己的看法。我们看到，目前工业化国家所面临的威胁，并不仅仅是我们的威胁，新经济的巨大变化以及科技的创新，它不仅改变了我们的生活，改变了我们沟通的方式，还改变了我们的工作方式和就业方式。那么，哪个职业会被技术的进步所消灭，哪个领域人将被计算机所代替。我们在研究当中发现，在接下来 15—20 年中，目前 45%—60%的工作可能会被技术的进步代替。这只是技术的变化，让新经济发达体中的新工作的岗位消失，这会带来更大的贫富差距，带来公众的不满意性，带来政治的变化，就像现在大家看到的美国和英国一样。我想在新经济当中，技术变化是一件好事，它可以帮助中国、帮助世界成长，但是与此同时，它也是有一定负面影响的。技术发展将对财富管理产生深刻的影响。它影响的不是财富管理的职责，将直接作用于财富管理的方式和手段。电脑可以给人们做出一些建议，那我们就不需要找经纪人，而是找人工智能，它会给你最好的模型和建议，告诉你财富应该分配到哪些方面。所以我想新经济，肯定是一个对人类的祝福。但是对发达国家而言，是一个混合着负面影响的祝福。

回到刚才的问题，中国第一季度的经济增长是不可持续的。在最

---

* Timothy Bond，GIC 原首席经济学家、美林证券亚太区原首席经济学家。

近的一些研究当中，我对影响中国的经济增长和出口的国际背景的看法是复杂的。若看短期的世界增长的趋势，在 2017—2018 年这一两年中，可能会稍微不错：美国的 GDP 可能会增长 2.1%，这比去年要强，但是比以前的水平要差很多；日本和欧洲，很多指示着经济发展方向的先行经济指标在增长。这是短期的好消息，这个好消息至少会持续到下半年。但是考虑到这些工业化国家和中国出口的世界环境，从长期的角度来说，我会比较关切结构性的展望。自从危机之后，我们一直生活在一个低增长、低通胀、不断增长的不平等性的环境当中，这并不是某些政策的结果，也不是说政治家可以改变这种情势，我在这里其实比较悲观。为什么呢？一种原因是，这种不平等是由技术革新带来的。就像 Jason Furman 博士刚才讲到的，这是由人口统计数据的变化驱动的，政府也没有办法制定政策去改变这两个结构性趋势。在美国，包括日本、欧洲以及中国，仍然需要面对经济危机中尚未解除的负债问题，这个负担还在增加中。所以我的答案是，从短期来看，天空的阴霾驱散了一些，但是未来 3—5 年，我们还是面临着自经济危机就已开始的不利好的全球经济环境，并受制于技术革新带来的不平等、人口变化以及增长的负债等结构性趋势。

对 话

王波明[*]：问一下巴博士。现在我感觉，股市的投资人一出了什么问题，人们会有一股怒气，发泄到政府头上，发泄到证监会头上。这里反映出来，政府跟市场离得太近。理论上，如果美国股市不好，没有投资者去骂美国政府或美国的 ICEC。美国的 ICEC 只监管市场，自身股价高低，那是市场的事，跟我们没有关系。所以你对这个问题进行一下评论。

巴曙松：如果上市公司从上市的过程、上市的价格，一开始就是市场自己选的，那它投亏损了，确实没有理由去找任何部门。

王波明：把问题开放给大家，请举一下手，有什么问题，在座各位想去问的。

提问：有两个问题问一下许善达和张燕生老师。第一个问题，财富管理需要什么样的监管机制，以及需要什么样的税收政策？还有一个问题，随着金融科技手段的不断发展，对财富管理会有怎样的影响？谢谢。

许善达：税收政策经过去年营改增之后，正在研究下一步怎么深化改革，包括降低税负的问题。美国特朗普总统公布了一个税制改革的议案，这个议案现在正在讨论，最后通过的结果，可能跟这个议案也会有一些微小的差距。但是我觉得总体上还是可以通过的。如果美国这个减税的议案通过的话，我认为给我们带来的压力就会更大。我们原来对降低宏观税负有一些设想。现在对我们带来新的挑战，就是减税规模、减税力度和减税时间，可能比原来想象的更加紧迫一点，这是一个总的态势。

---

* 王波明，时任《财经》杂志总编辑。

第二个，关于实体行业和虚拟经济，这都有税收的问题，但是我认为虚拟经济总体还是派生的。如果企业不好，在股市上的业绩是不可能好的。现在如果从减税来看，降低宏观税负，最优先的是要解决实体经济的税收负担的问题，特别是我们国家正在进行经济结构调整，已经不是依赖劳动密集型企业，我们要搞改革，不能再依靠污染环境，不能依靠低效率资源的投入，这种发展的路径都在调整，税制也需要相应的调整。

我们的税制怎么能够支撑企业、怎么能够增加它的科技含量，增加经济发展所谓新动能？现行税制离这样一个要求还有距离。比如说我们现在企业所得税，企业研发投入，可以税前 150%的列支，但是我知道很多发达国家，他们的列支比例不是 150%，有 200%的，有 250%的，甚至还有 300%的，这样一种政策对于支持企业研发，当然是力度非常大的。包括折旧，我们现在折旧率还延续过去的折旧率，非常的低，企业要很多年才能回收投资成本。像这样的政策，我们应该优先去解决。这样我们实体经济才能够符合创新，符合增加科技含量这么一个方向。我想如果实体经济好了，那么股市上的股价，它的利润水平也会相应的改善。所以如果要是实体经济不好，再怎么给虚拟经济优惠，基础也是不牢固的。我想下一步改革最优先的，不是说虚拟经济税收就不要调整，而是最优先的，先把实体经济税制能够按照下一步发展的方向，做一些相当规模的调整，来适应新的形势。

张燕生：我还是谈一下环境。最近外资、外商对中国的投资环境、对中国的营商环境、对中国财富管理的环境，有很多的批评。有关部门也组织了五个大的团队去调查研究中国目前的环境，究竟发生了什么问题？这里发生什么问题呢？也就是很像我们现在的投资环境遇到的问题，监管的环境遇到的问题，很像 1980 年。我们发现，过去外商来华投资 70%是到制造业，因此外资抱怨我们投资环境的问题主要是制造业。现在外资到中国来，70%都是服务业，包括金融服务、信息服务、技术服务，也包括财富管理服务。当外资 70%到中国是搞高科技服务和高端服务的时候，突然我们就会发现，我们的营商环境、投资环境和整个金融发展的软环境，我们的改革严重滞后。因此，想在下一步给财富管理创造好的环境，我刚才讲到 WTO，我们需要像当年加入 WTO 那样，我们的金融服务和现代服务的投资环境要有一次大的开放，要有一次大的改革，要有一次大的进步。我们的财富发展和财富管理的环境，也包括资本市场，才能够有一个大的进步。所以从这个角度来讲，我个人觉得，这个方面怎么能够形成像当年 WTO 倒逼，就通过开放来倒逼我们的金融监管环境和投资环境的改善。另外一个，就是我们现在想得比较多的，怎么用好香港，就是沪港通、深港通、债券通，这个通不能仅仅是交易，这个通应该是在监管、法治、规范、透明、制度方面的通，就是把中国的资本市场和国际的资本市场在制度上能够贯通，这样我们多层次资本市场的体系建设，就会有一个质的飞跃。我就说这么多。

许善达：我再补充一下。现在美国的减税方案还没有通过，但是特朗普吸引投资的政策开始出现好的效果。原来我说福耀玻璃到美国投资了，我看可能不止一个福耀玻璃，我现在掌握的信息，还不是说民营企业到美国投资，现在国营企业、央企，我知道的比如说中车集团到美国投资多少亿的项目，中建材到美国投资生产建筑玻璃，中集集团到美国投资生产地铁车辆，就是现在央企到美国投资这几个项目，美国还没有减税呢，都已经是一个项目几亿美金。刚才几位专家讲我们的经济要能够持续在 6%—6.5%的水平，如果我们不能够及早加大改革力度，改善我们国家各项投资环境，投资项目都被吸引到美国去的太多的话，想维持 6.5%的经济增长也是不容易的。所以我们确实需要加快速度、加大力度来实施税制改革。

王波明：也是改善软环境很重要的一个问题。下一个问题。

提问：我想问许善达局长一个问题，在 CRS 实施后，中国版的 CRS 落地以后，会不会导致很多高净值人士资产的海外流向，我们有什么样的措施可以预防和避免这种情况？再一个问题，就是关于遗产税、房产税和赠与税的实施，不知道眼下的进展如何，想请教这两个问题。谢谢。

许善达：我先回答后面这个问题。遗产税，十八大后制订的税制改革的方案中不包括遗产税，目前没有列入税制改革方案的内容，而且现在全世界对遗产税出现的新动向，是在逐步地取消和削减，香港已经废除了，新加坡也跟着废除了，美国其实从布什就开始降低遗产税的税率，这次特朗普的税制改革方案也要降低遗产税。

为什么呢？因为全球化以后，资产和资金的流动是非常自由的。收遗产税的话，被征收者就把资产都转移到不收遗产税的地方去了。我觉得现在谁收遗产税，谁就是为渊驱鱼为丛驱雀，我们中国现在没必要来开征这样一个税。而且从十八届三中全会决议的时候，我们税制改革方案也不包括这个税。刚才您讲这个问题，现在好几个税种，都面临一个在全球化的情况下，这个税种的功能就会有变化。

比如说刚才讲了房产税了，据我所知没有一个国家说征了房产税之后，房价就得到控制的，根本不存在房产税能控制房价这样的政策效果。所以现在很多人到底主张为什么要征这个税？我觉得首先国家的大政方针已经决定，房地产税的工作交给全国人大来立法解决，不再由国务院进行试点了，这个是已经做出了决定的。今年年初还有几个信号，“两会”之前有一位法学专家刚发表了意见，说今年是本届人大最后一年，明年就要换届，所以今年一定要审议房地产税，明年就要实施了。他发表这个意见之后，媒体很关注，后来全国人大新闻发言人在“两会”召开的发布会上，首先宣布，今年全国人大没有审议房地产税的计划，也就是说不要再议论这个事了，今年没这个事了。然后据我所知，全国人大已经准备在今年下半年，要审议几个税法，其中也不包括房地产税。所以我觉得住房子不是用来炒的，也包括房地产税也不是让媒体来炒作的。

王波明：一听说这个税不征，那个税不征了，大家听着都很高兴。下一个问题。

提问：我想问一个大家比较关心的问题，自年初以来，中国楼市政策持续收紧，我们发现，很多银行已经把首套房的贷款利率上升到基准，甚至上浮。想请问一下各位嘉宾老师，如何看待中国楼市未来的发展？谢谢。

王波明：燕生，你发改委比较宏观一些，你来回答吧。

张燕生：确确实实，我们现在的房价，尤其是一线城市的房价是很贵的。我刚到东京去做了一下调研，虽然不是调研房地产，但我发现东京的房价都比我们北京便宜。所以从这个角度来讲，就是说现在的房价导致各个一线城市都很难留住人才。因此，从 2003 年开始房地产调控到现在，这个房价怎么才能够控制好？刚才许局长讲，说保有环节不收税，我们会观察到有一些城市房价平抑比较好。像重庆，一个是保有环节，一个是税，它的有效性多少就值得研究。还有一个是地票制度，就是城乡土地的统筹，增加土地的供给。第三个是保障房，保障房建设不但要区位建得很好，楼型建得很好，这样才能真正保证刚需，房价还是能够稳定的。所以国家如何确确实实把房价问题调控好，这直接关系到老百姓的生活。

王波明：最后一个问题。

提问：我的问题是给张首席和巴博士的。美国有三项政策，一个是货币宽松政策的退出，一个是刚才谈到的减税，一个是加息。这三项政策会不会导致美元极其趋紧，会带来什么影响？

巴曙松：现在看人民币的汇率，实际上已经存在两个汇率的锚，一个是原来一直受到市场关注的美元，另外一个就是一篮子货币汇率，从趋势看，观察人民币汇率，未来不仅仅是看美元，还应当要关注一篮子货币。从“8.11 汇改”到现在，人民币对一篮子货币大致比较稳定，对美元的波动幅度在加大，或者说在比较多的时候是在贬值，背景是美元大幅度增值。这个政策目标，相对来说在过去一段时间是比较清楚的，也就是说只要人民币对美元的贬值幅度小于其他货币，这个一篮子货币就是大致稳定的。所以如果这个规则还得以持续的话，下一步如果美元走势不再大幅升值或者小幅升值，甚至出现贬值，当然人民币的汇率压力就会小很多，也有可能出现对美元的升值。人民币汇率压力减小，也就使得有条件适当减少中国的居民、企业、群众实现国际化配置的一些约束。2017 年在中国的对外资产里面，民间持有的对外资产超过官方持有的对外资产。所以中国居民的资产也到了进行海外配置的这个阶段，现在可能因为有些阶段性的美元升值带来的汇率短期贬值压力，有些管制可能有所加强，但是一旦汇率逐步趋稳，从趋势看，中国居民的资产还是可以适当地做一些海外配置的。同时，我们还看到，一方面中国的国际收支周期到了企业居民对外配置的阶段；另一方面，国际上还有很多资金想进到中国来投资，原来我们把门关得比较严，可以适当把这个资金打开，在资本流入端做一些改革。比如说债券市场，我们开放这么长时间，外资持有比例不到 2%，远远低于新兴市场的平均水平，更低于发达市场的平均水平。如果这个开放程度适当放开，有利于我们对汇率调控的能力和影响能力。

张燕生：我简单说两句。你刚才说的美国的这个三项措施，如果实施并且到位，那么就很可能出现 80 年代前期的一个故事。就是三项措施一定会带来资本流入美国，带来美元升值，1980—1985 年美元累计升值 35%。在这种情况下，中国的外汇管制会更松还是会更紧？这些东西都会摆在我们的面前。我个人觉得中国还是应该采取一些更加积极的措施来深化自己的改革，就像 WTO 一样，来对冲由于美国的加息、美国的减税和美国刺激增长所带来的政策外部绩效。

王波明：今天上午第一个环节讨论的时间到了，各位台上的嘉宾，对各个全球和中国经济都发表了各自非常精彩的看法。请大家给这轮嘉宾热烈掌声，对他们表示感谢。

第二章

资产布局的全球视野

一方面全球化面临逆流与挫折，一方面随着金融科技和全球供应链技术的发展，全球资本市场和投融资领域的互联互通方兴未艾。如何以全球视野掌控资产配置大局，精准把握价值洼地，满足居民跨境配置和创造财富的需求，将成为中国国民财富能否稳步增值、中国能否在推进全球化进程中发挥重要作用的关键。

资本流出是新常态

管　涛*

我想从三个方面做一个阐述：第一个是什么，第二个怎么看，第三个怎么办。

是什么？我想大家都知道，最近这两三年，中国面临资本外流的压力。如果仔细分析资本流出的渠道，我们会发现，境内机构和家庭的资产全球化配置，是导致中国资本外流的主要原因。我们在利用外资方面，从去年二季度开始已经重新恢复了净流入。

怎么看这个问题？我想需要一分为二地看。首先从改革开放和宏观调控的需要来看，应该说资本流出是一个新常态。为什么是新常态呢？大家知道改革方向是汇率市场化，央行退出外汇市场常态干预，对于中国来讲，则贸易顺差必然是资本流出的，否则央行不可能退出市场干预。第二，看资本流出。在 2014 年以前，政府一直是鼓励的，就是今天上午方主席讲的，政府一直鼓励“藏汇于民”，拓宽资本流出的渠道。2013 年以前，人民币单边升值，大家这方面的积极性不是很高。2014 年以后，随着市场环境的变化，汇率发生变化以后，市场才开始做这个事情。其实政府一直在做，只不过现在是市场自发性地增强了这方面的配置。第三，我们看到在 2015 年三季度以前和三季度以后情况有了不同的性质。三季度以前，市场预期比较平静的情况下，资本是正常的流

* 管涛，时任中国金融四十人论坛高级研究员、国家外汇管理局国际收支司原司长。

出，但是 2015 年三季度以后，由于中国金融市场出现动荡，对市场情绪产生一定的影响，出现了集中、大规模的流出。甚至本来属于长期的资本流动，结果出现了短期化的趋势。在 2015 年三季度以后，从国际收支口径来看，对外投资出现了成倍的增长，反映了市场情绪的波动。

怎么看？这有两方面的问题，一方面的问题是快就容易出错。麦肯锡今年 4 月份发了一个报告，20 世纪后期，中国很多海外能源项目的收购，84%以上的项目都亏损了 10%以上，快了就容易出错。还有一个，可能对于对外投资的风险认识不够全面，仅仅由于市场恐慌，把这个钱投出去，可能会带来其他的风险，这可能反映了我们这方面意识的不足。

怎么办？需要强调的四个方面。第一，我们要树立正确的对外投资意识，不能把海外资产配置简单等同于炒外汇。汇率风险是一个重要的方面，但是汇率风险可能不是对外投资的全部，更不是对外直接投资的全部。第二，一定要投你熟悉的产品、熟悉的市场，只有你熟悉，你才知道如何控制风险。这就是为什么在资本账户开放以后，有一个定律，就是本土投资偏好，就是金融市场再开放，也不可能把所有的资产都配置在海外资产上。所以不存在中国的 M2 超过美国，就可以把美国买下来，这是不可能的。因此，我们刚刚走向海外市场的时候，一定要了解市场和产品之后，才能做出投资。当然，如果你不是专业人士，可以借助专业机构的力量，比如说姚首席所在的大成基金，就可以帮助大家，待会儿他可以介绍一些产品给大家。再一个是要管控好风险。现在是一个好的时代也是一个坏的时代。今天上午很多嘉宾提到有很多内部、外部的不确定性，所以意味着投资有风险。根据风险，根据自己的承受能力去选择投资的产品，如果有这方面的能力，要使用一定的工具去管理这方面的风险。

最后要讲的就是要避免一窝蜂式的、运动式的对外投资。从很多新兴市场国家来看，一个基本的规律，就是开放以后，由于突然之间可控制的资源大大增长，对外投融资的冲动非常强烈，但是风险识别和控制能力跟不上。形势比较好的情况下，这些问题会被掩盖下来，一旦市场转入下行周期，这些风险就会暴露。很多国家为此付出了大量教训，在这方面中国的企业包括老百姓，可能也有类似的教训。当然，以前海外市场风险暴露不多，教训不是那么深刻，将来越来越走进海外市场资产配置，这个问题必须引起足够的重视。

被动投资逐渐成为资管行业主流

姚余栋*

我主要汇报四个观点。

第一，老调重弹，去年讲全球流动性不足，确实不足，后果主要有三个：首先，大宗商品将会长期低迷，包括石油、粮食，由此引发全球通胀期比较低，无论在美国还是欧元区，包括中国国内，都不会高。其次，占优货币升值，就是国际货币升值，大家看看美元，他们相比于新兴市场国家，货币都在升值。再次，由于很多国家是靠大宗商品、资源富足的出口，现在经济长期低迷，所以经济很难复苏。现在经济在3%左右的时代。

第二，在这种流动性不足的情况下，央行即将开始缩表。比如说美联储在今年年末或明年年初，有可能要持续三年到五年时间，从4.5万亿缩减到3万亿美元，引发的就是长期利率要上升。日本央行买无可买，整个资产负债表已经高达4.5万亿美元，债券市场不够，这就印证了全球流动性不足，引发中长期利率的上升。更何况这些央行可能在短期内要提高利率，由此债市的配置就比较困难了。但是由于全球的流动性不足，这些货币发行国大量资金回流，由此带来股市特别好，因为他们也算经济从危机中走出来了，所以虽然缩表，总体股市是不错。

第三，中国供给侧改革，能够在短期时间内，在不放水的情况下，

---

* 姚余栋，时任大成基金副总经理兼首席经济学家，中国人民银行金融研究所原所长。

迅速使名义 GDP 回到 10%以上，这对全球都有创新意义。我们现在处于通胀威胁的微热状态。全球资产配置如果不包括中国的人民币资产，那就是没有抓住中国目前这种经济增长带来的收益，就缺少了一个大的 β，所以谁勇于配置人民币资产，就有一个 α。将来我们加入 MSCI、加入国际债券指数，这也是应有之意，也是迟早的事情。同时，我想告知大家一下，就是债券市场已经将近 60 万亿了，特别是我们的企业债已经接近全球第二大企业市场。在不经意期间，我们就创造了一个奇迹。我有一个建议，我们的企业债就是 3A 级的企业债闭着眼睛买，$2A^+$ 的企业债睁着一只眼睛买，2A 的企业债可以睁着两只眼睛买，会创造比较高的全球收益。包括即将开启的债券通，让我们的债券市场连通全球，能够吸引北上资金。

第四，全球在资产管理行业出现一个新的趋势，就是被动投资逐渐成为主流，即将在未来的五年左右时间里，超过主动管理投资。所以有可能产生的最佳策略，不是寻求 α，α 有，但是不太容易找，可能是 β，但是 β 也不是最优的，可能是 smart β，或者是主动的被动。由此落实的产品可能是 ETF 或者是指数基金。就是你不用到处寻求配置策略，你只要跟指数就行了。过去两年多，大成基金一直也是在努力做公募资金的大类资产配置的领跑者，我们研发了一款产品，就是 FOI，具有一个低成本，只有千分之五的费率，而且底层风险不高。所以这种产品，实际进行大类资产配置的调整，比如说定期调整之后，它的收益率是相当高的，而且是稳健的，风险是可控的，成本是非常低的。我觉得全球是需要一个配置，从全球来看，配置发达国家的股市，是一个重要选择。配置中国经济的股票、股权和债权，也是一个重要选择。同时，也不要特别主动地管理配置策略，往往使用 smart β，也是一个主流。

中国资产分配和财富管理需要更多选项

Phupinder Gill*

中国经济最近存在一个比较显著的增长，中国市场将继续走向开放，在国际竞争中将会扮演更加重要的角色。欧洲和美国为摆脱经济危机，采取了一些流动性比较快的领导政策。纵观20多年来的世界经济，我们发现，增长速度居于领先的国家，已经从发达国家转移到包括中国在内的新兴国家。人民币日益成为国际市场的交易货币，其在世界经济中发挥的作用变得愈发重要。至于谈到资产管理的分配，我想多样性和历史回报率很重要，指数会成为解决这些问题的重要工具。收入的可持续性也是这里面很关键的一点，具体到中国的具体情况，政府在确保中国创造大范围财富的前提下，货币的控制是很重要的。在过去的15年间，中国对QIFF、RQIFF，还有QDII、QDII2等，均做出了很大努力。沪港通和深港通，都对今天中国经济现状起到了促进作用。但是说到资产分配和财富管理，我觉得还缺乏足够多的良性选择，让人们来分配他们的资产。

今天上午，方主席分享的关于资产分配模式的重要数据，为我们选择投资方向提供了参考。做全球资产分配的公司，一旦发现投资商机，它希望能够把资产管理和货币兑换连接起来。中国和世界各地都会有这样的一些投资项目，中国去年应该是有42亿的合同，这里面的名义价

---

* Phupinder Gill，芝加哥商品交易所集团原CEO。

值是超过 1000 万亿美元，虽然这只是它的一个营业额，但很重要。其中的 1/3——300 万亿美元都是被用在全球的资产管理上面。因为有准入的限制，中国可能没有相对应的资金流动。我们从利率的角度来看，人民币发展的关键问题是去适应本地的产业市场，刚才姚先生说到企业债券的奇迹，确实是非常大的奇迹，短期内从 0 上升到 2 万亿美元，各级政府债券已经达到 3 万亿美元。从资产分配和重新调整的角度来讲，实际上这里面的市场营业额还是比较低的。它之前是不存在的，即使有我们认为它也是比较低，主要源于资产质量很高，你买下来，然后继续持有。然而从资产分配的角度来看，却没有再做一下平衡，在全球范围内实行合同交易。我也确实理解，中国从资产分配的角度来说，可以在本地部署，但是最根本的改变，应该是在 15 年之前就开始的。市场需要继续发展，我们也确实需要更多的选项，任何种类的指数化证券投资基金，或者投资的基金指数，都需要与外部市场连接，需要把这里创造的财富向外输出，然而现在这些路径都受到限制。

多元化投资将越来越重要

Alexis Calla*

资产管理有两个维度，一是对个人而言，资产管理能够帮助鉴别和解决人们的理财需求。同时，资产管理作为一个行业，它具有一定的社会责任。它通过个人储蓄等方式，将其转化为社会需要的资金。在接下来的时间里，跟大家分享我对于散户和高净值人群的观点，一共分为三个部分：

首先，跟大家大致说一下为何散户投资者很重要，以及他们的主要目标。具次，我会讨论到全球多样化的资产分配仍是最佳选择，尽管长远来看全球化有逆转趋势。最后，我会为散户描述一个框架，从财富管理行业和监管角度帮助他们实现目标。为什么我们在这方面的投资要实现多样化，我们要达到什么样的目标。

正如今天上午其他发言嘉宾谈到的，中国在未来世界经济中扮演的角色将会变得越来越重要。我们把中国潜在输出的增长视为生产率和生产力的增长。在未来 5—10 年内，生产率的增长将驱动经济发展，因此，基础设施和新科技的投资将会对人均收入增长起到关键作用。另外，散户投资者会寻找好的投资机会并且要参与到这个利好的经济发展环境中，以实现个人财富的增长。所以，把两方面结合，实现社会可持续发展，是资产管理的挑战，也是他们需要实现的目标。

---

* Alexis Calla，时任渣打银行全球投资委员会主席。

所以，散户投资者想要什么？简单说，他们会关注四方面：短期长期的安全性、与国家增长匹配的资本增值、收入，以及兴奋点。理想状态是，他们在实现这些目标的过程中，资本价值能够控制在仅限短期内缩水，并避免永久或半永久的损失。在目前许多国家中，与产生收益相挂钩的投资品种都比较贵，并实现这些目标所需要的技术变革不匹配，这都会让散户投资者却步。

在讨论全球化投资之前，我首先想说的是，大多数投资者倾向于本土投资，这也是合理的。比如未来你会在居住的国家退休，这也是大多数散户的状态，你会把自己大部分的资产与未来债务相结合，除非这个国家严重缺少内部投资机会。除此之外，大多数投资行业关注在高效前沿，比如 α、β 等投资基金，但是更多能够刺激个人投资者的是第三因素，叫∑，也就是运作起来很舒服的投资产品。这意味着，大家对单一资源回报会过度依赖，包括方式、行业、资产种类、地理位置等，都可能极大增加收益的不稳定和永久或半永久损失的风险。所以投资必须要有战略性，并根据环境的改变进行调整。

贸易保护主义会是国际投资者担心的方面，但是我们应该分清贸易流动和资本流动的不同。我认为资本流动其实有空间继续加强。所以说，多元化在未来几年会越来越重要，无论是在国内还是国外。财富管理行业如何去支持投资者呢？解决方案是要全球化，要确保有符合这个社会发展的生产率。

一个消极的观点是，在目前的投资领域中，散户投资者大部分局限在国内的资产池中，并期望得到短期营收，比如房地产、股票和高收益债券，这些都是靠过量的居民储蓄推动着。这就会造成价格的大幅度变动，扭曲资本分配进程，造成经济效率严重低下。因此，帮助个人受益于中国和其他国家长期增长带来的便捷，比如增加的国内外基础设施建设机会、更多的私募股权，对国家经济和个人投资者长远来看有积极的意义，因为投资者会接触到其他风险收益相关产品，有更多机会实现资金增长。我不是说这些机会并不存在，但是对于很多散户，这些机会仍然难以接近、不透明或者没有吸引力。年轻一代需要不断探索提升可靠的、有影响力的投资。

所以，财富管理如何帮助散户投资者实现个人目标，同时集体大环境也有所进步？第一是校正自己的个人投资目标，使之与社会的长远目标相匹配。像我们说的，投资促进经济发展、同时实现投资人的个人目标的基础设施建设和技术。新技术投资是财富管理行业的一个刺激点，这既是投资者需求的，更能够为实体经济带来切实的收益。第二是把投资者的本土偏好与大环境相结合。中国是一个很大的经济体，比其他经济体增长都快，但是海外资产多元化、高估值低增长的国内前景仍是现实。现在要做的是努力增加海外增长的多元化。宏观来讲，这种增长还没有达到我们的全球预期。大多数国家的个人海外投资不会超过可投资资产的 20%。

从监管角度来讲，我们相信应该用全局的眼光看投资组合风险，而不是停留在单个产品上。虽然对于银行和监管者这种方式难以管理，但是实际增益却是不可小看。投资者可以分配资产的一小部分到高风险的资产类别，以获取高回报，并且通过多元化，降低投资组合的不稳定性。作为财富管理者，我们认为有时简约更好。太多的投资选择会造成投资疲软。最好是识别出与投资者行为和态度匹配的投资机会，而且与个人、社会的整体发展目标相契合。

对 话

何刚[*]：非常感谢四位带来的各自观点。我要问一个关于最近美联储加息的问题。人民币汇率从今年看起来，有一定的稳定性，当然有人认为这种稳定是由于中国对外汇流动的管制所带来的暂时平衡，因为看起来美元如果加息，升值是长期的趋势。人民币汇率会处于一种进一步可能的变动，还是说人民币汇率结束了过去的单边升值，进入相对正常的状态，管先生怎么看？

管涛：今年以来，人民币汇率确实出现回稳的迹象。但是汇率出现阶段性的稳定，既有政策原因，也有市场原因。政策原因是加大跨境流动资金的管理，市场减少购汇。另一方面，本身中国经济企稳信号比较明显，经济稳，信心稳。另外，货币政策从稳健略宽松趋向中性，客观收紧了货币金融条件，利率走高，这对稳定汇率也有积极作用。本身汇率的稳定，对市场产生正的溢出效应，汇率稳定了，人就不恐慌了。去年下半年由于人民币对美元下跌，老百姓对价格比较敏感，所以大幅增加了外汇存款。我们不能够只强调一方面的原因，可能是多方面因素导致的。

第二个，关于美联储货币政策正常化对中国货币的影响。我觉得这要一分为二的看。首先，美联储货币出现一个现象，可能第一次、第二次加息对市场冲击比较大，但是第三次可能没有那么大，第三次可能还有买预期，第四次就没有什么反应了。所以这可能是一个递减的对外部的影响。其次，美联储加息是因为美国经济好转，一部分反映了外部环境的好转，对中国不一定是坏事，为中国宏观经济政策创造了更大的空间。我们最怕碰到双碰头，就是外部紧缩与内部下行双碰头。双碰头使

---

* 何刚，时任《财经》杂志执行主编。

我们面临的改革更加复杂。所以都要一分为二的看。但是，也不能认为就万事大吉了，因为现在市场情绪波动比较大，大家都比较短视的，可能现在看到的一些指标，都是情绪比较稳定，但是不排除有其他意外事件发生，不管是国内还是国际上的意外事件发生，都会造成利率波动，也会面临动荡的压力。

何刚：姚首席怎么看？美元升值，美元的吸引力是进一步增加的，如果抛开外汇流动约束因素的话，是不是在全球资产配置中，人民币配置的比重是相应往下调整，而不是像你之前说的，非常可观，应该保持更大的比例。

姚余栋：我觉得这个要向上调整，不要混淆了。美元指数是疲弱的，是脆弱的强势，因为欧元区要退出 QE，日本央行也做不了太长时间的 QE 操作了，所以美联储短期内是疲弱的，人民币稳定，是有美联储疲弱的大环境的。我觉得人民币是比较稳定的，而且我们的收益也是比较高的。举一个例子，当年在国际上配日本的配得特别少，在 20 世纪 80 年代的时候，配日本配得很少，所以失掉了日本经济 70 年代、80 年代增长的 β，结果 90 年代配日本又配得多，于是又拖累了。所以这个关键，主要对中国配得太少。

何刚：你是说海外投资者对中国配得少。

姚余栋：对。美国已经是 1.16 了，中间差了 140 个 BP 了，按照惯例 100 个 BP 就够了。所以，美联储加息对我们的影响不大，因为我们两个息差已经足够大了。

何刚：可是目前中国评级在下调。

姚余栋：它犯了一个错误，就是不要顺周期。顺周期有一个好处，认定上行就上行，认定下行就下行，所以就认了评级。所以这是一个不成熟、不充分的职业错误。

何刚：是不是可以总结您的观点，对于中国来说，对于外国投资者来讲，大比例增持人民币的资产特别重要？

姚余栋：比例很难说，如果把汇率风险做一个对冲，肯定是一个比较大的增值，不要在乎国内评级，国内评级挺不错的，只是你不认而已。我给大家简单展示一下，不是做广告。直接到最后一页，给大家看一下这个指数，是我们配置了沪深300，中证500，标普500，纳斯达克100，加上上证企业债。这个配置，过去10年是我们的收益率，年化收益率是8.4%，最大回撤是14，远远低于其他资产，而且信息比例1.8。所以如果在国际上配置，我们能寻求更多的稳定的有一定 α 的回报。反之国际上如果配中国的，我们总体还是上升的，也有8%的收益，它会更好。所以这两项都是改进。

何刚：所以人民币资产的重要性很值得关注，另外海外市场股票投资也是非常重要的。Alexis Calla，您同意姚先生的说法吗？他谈到了很多人民币资产的质量和长期投资的回报。您的想法是什么呢？您认为海外投资人是否应该增加持有人民币资产呢？

Alexis Calla：要知道，人们最终的目标是利用更多的方式促进经济更大增长，而且最常见的就是资本投资、股票、债券。从历史观点来讲，由于多种原因，比如人口学，使很多人获得了财富，同时也面临挑战。当人们退休的时候，他们希望自己的财富也有增长。从这个角度说，你应该去注意并探索市场的各个角落，我们建议大家把中国市场作为投资组合的部分，不断地探索它在股票市场的可能性。这里涉及的不仅仅是它的毛收入、回报和经济活动，价值也是非常重要的一块。为什么人们会在中国投资而不是海外呢？我们回顾一下上一次经济危机中，央行出力挽住资产，大家都是向一个方向前进。尽管我们做了很多关联性和多样化的研究，金融危机之后，我们最终只有一种驱动力量。而现在处于不同的经济周期，中国市场在进行调整甚至有一些放缓脚步，美国在发力增长、欧洲包括日本的经济略有倒退，所以现在看到了不同的经济特征，给我们带来了多样化。所以我们建议人们到海外，去寻找价值，探索不同的相关行业，在这样的情况下，中国的资产投资才是合理的。

何刚：Phupinder Gill 您的想法是什么呢？在下一步我们是不是仍然

有资金流动的控制，您对于多样性有什么样的建议呢？

Phupinder Gill：我觉得中国政府正在做这种平衡工作，一方面是因为他们对 IMF 做出的承诺，保持而不是低于某个临界点，平衡那些被创造的巨大财富，平衡人民币投资债券。姚先生提到的基金指数含有海外资产，其实全球财富管理者的关注点，都是在资金的流入流出方面、资产的再平衡和寻求 α，这对于他们非常重要。尽管方主席今早提到的数字令人印象深刻，交易指数在中国之前缺席很久，现在比任何地方增长都快，但这些指数需要有入口，若没有合适的政策支持，你会很难进入市场。一些财富管理产品比如基金指数、商品指数，会反映出中国的进出口大国的角色，然而跟中国进出口相关的价格发现等功能，却不在这里进行，而现在需要把这些功能转移到中国，就像方主席提到的一样。只有这样，姚先生说的才会有意义。这有一个资金控制元素，应赋予特定人群、特定基金畅通无阻的海外流入、流出选择。像 Alexis Callas 提到说，几十年来，大部分国家不超过 25%的国家资产会被投资海外，中国也是这样。所以只有进行改变，我相信姚先生的想法才会成为现实。也就是要拥有更多的选择权。

何刚：早上，方主席说大宗商品有更多的机会，鼓励机构投资者做更多的配置。实际上大宗商品的行情，其实大家有争议。下一步究竟会怎么样，从宏观经济角度似乎会复苏，但是分化也很大。从您的角度来看，如果中国投资者要配置大宗商品资产，需要注意的问题是什么？另外在政策的许可上，还有什么调整和改革需要往前做突破的？

姚余栋：我同意大家说的，有的大宗商品比如说螺纹钢、动力煤，跟国内相关，跟国际的不相关，所以这个值得考虑。所以这个对汇率会有分歧，比如说油有什么困难？就是低迷。当然方主席也说了，价格不行，长期低迷，比如说油，那可以配一些期货，从期货市场配一点，这个还是非常重要的一个资产类别，值得配一些。

何刚：还有一个问题，其实上午大家也谈到了，不同的资产类别里面，对中国人来讲，特别是个人来讲，最熟悉的一块资产是房地产。这两年尤其是过去这一年多，中国大城市的房价飞速上升，我们青岛控制得还不错，没有出现像深圳、上海、北京这样的暴涨。很多人尤其居民开始考虑，中国房价涨到这么高的程度，我是不是把多余的两套、三套房子做一些处理，在海外做一些房产的投资，有一些人已经出去了。所以从这个角度来讲，管涛先生，您的角度看，对房地产这样一个特殊的资产，对资产全球配置时代已经到来，还是里面有很大的不确定性？

管涛：关于房地产，如果你在一线城市，如果对中国其他城市有所了解，你可以把一线城市的房地产变卖一些，到二线、三线，可以去配置一些。第二，海外配置，现在有一个很大的问题，就是政策上是不允许的。因为它政策上没有开这个口子，可以合法到外面投资。撇开合法与否来讲，真要配置，从很多国家的经验来看，经济成长比较快的地方，房地产的增值就比较快。为什么中国这些年房地产涨得这么快，很大原因是中国经济一下崛起为第二大经济体。像越南的河内、柬埔寨的金边涨得也比较快，如果你有那种合法的渠道能出去的话，真要去配置，从资本利得的角度可能到越南、柬埔寨配置更好。当然，如果你风险承受能力比较弱，也可以到发达国家去置业，但可能赚的不是房价的上涨，而是租金比较高，5%—6%的租金回报，也不错。就看你的偏好是什么。

何刚：但是流动性上不是一个好的选择？

管涛：对。新兴市场也不可能快进快出，也得等着过一段时间，过了十年二十年回头看赚了很多钱。

何刚：现场观众有什么问题，可以举手示意我。这位粉色衣服的女士，一个问题，非常简要的，你想要问谁？

提问：您好，我主要是问姚先生，我对中国经济发展同样很有信心，但是作为全球化资产配置来讲，我个人认为，您刚才有一个观点，我完全不赞同，比如说您讲对中国企业债市现在是闭着眼可以买任何一支。

姚余栋：3A 级的。

提问：包括郭树清先生临危授命，我们国家的债务问题，可能在行内都是有所了解的。无论是说我们看到的，公开的债务市场和没有看到的债券市场，这里面3A级的评级我们看到标普和惠誉给出的评级，而中国的评级市场，我们的评级公司在国际上是没有话语权的，而且我们的评级结果人家是不认的，是因为我们的独立性不够。所以对于这个3A级评级的标准，它的水分到底有多大？我们现在也很难讲，这是我们目前制约中国债市发展的最根本的缺陷。我们如何来改革，这其实是对我们的一个挑战。所以我认为这句话会误导我们的投资者，因为这不是替我个人提问，是替所有的，我们将“以人民的名义”，其实我只是一个普通的投资者。

何刚：我听明白你的问题了，对于姚首席说的评级的可信度以及可投资的价值。

姚余栋：我解释几点，为什么这样说？因为中国经济还是微热状态，欢乐的微热，所以在整个经济体处于产出缺口为正的情况下，大的企业，好的企业的3A级的信用风险是稳定的，我不说小微企业，这是第一点。就是中国经济还是总体向好的，你想想大企业什么时候出事呢？都是经济不行了才出事，国际上也是这样的。我们经济整个是比较稳健向好的，微热的。

第二点，坦白地说，可能10年期也到了一定的高点了，10年期国债利率，将来可能逐渐有所回调。你想想跟美国10年期差了140个BP，惯例100个BP，现在汇率十分稳定。所以将来10年期如果有所回调，3A级可能有所回调，现在是5左右。

第三，存贷款的基准利率，现在这个市场利率倒挂，所以对很多机构或银行来说，你给当地的企业贷款，那个企业还不如3A级那么大，何况利率还那么高。这里面有一个套利的问题。

第四，不要迷信国外的评级机构，他们就是顺周期的。所以国内的也在逐渐成长，而且竞争也很激烈，所以我觉得国内的评级机构，也还是可以的，虽然有很多需要改进的地方。对中国经济，这个基本面是有信心的，对于整个的货币政策，我说利率，我觉得将来可能也是逐渐地企稳或者有所回落，这个信用利差，对3A级的，一定要准确说3A级，不是所有的，你要是3A级以下的，要看一下。另外一个，不要完全迷信国外的机构，对我们有很大的改进，但是我们的评级机构也是不错的。

最后一个，就是市场利率倒挂存在的机会。谢谢。

何刚：一会儿如果退场之后，有时间，我们可以让姚首席跟你单独交流。其他朋友有问题吗？

姚余栋：大量机构在持有3A级的。也证明了这一点。

何刚：这边有问题吗？简要的一个问题。

提问：我想问姚总，就是今年上半年，我们看到股债商品三个市场都在跌，今年下半年这个趋势还会继续吗？有什么可能扭转这种趋势？

姚余栋：去年产出缺口比较少，今年我们也看到了，包括整个的，也需要去杠杆，包括金融的去杠杆，所以股市还是不错的，总体股市还是不错的。下半年还是有机会的，短端可能不会，长端还是有机会的。油包括粮食，机会很少，因为全球流动性不足，但是跟中国经济相比，螺纹钢、动力煤，包括铁，还是有机会，有可能是下行机会，就是它的波动会有一定的波动，但是我的感觉，总体来说，对中国经济我觉得还是不错的，今年是微热，明年也是微热，后年下行压力可能比较大一些。

管涛：我不是做市场的，所以跟市场跟得不是那么紧，据我观察，股市、大宗商品价格下跌，可能跟金融监管政策有关系。现在全球货币政策宽松已经进入尾声了，中国也是。本身强监管也是要督促去杠杆，流动性也是收紧，所以这个是导致今年上半年，这几个主要的金融市场调整的主要原因。我觉得下半年可能会比上半年的情况要好一些，因为大家对市场会逐渐适应，因为从刚开始不适应，逐渐到适应的过程。另外，本身通过上半年的这些操作，可能一行三会间的政策协调性会加强，包括最近我们看到有些监管部门的政策，有一些调整缓和的迹象，这对于缓解市场紧张情绪会有作用。当然，最大的变数，我们不知道下半年经济会走得怎么样，如果经济好的话，再加上整个政策面的配合，可能市场会好一些。如果经济还是在一个震荡的过程中，可能也会对市场有一些负面的影响。

姚余栋：经济会下行，6.6%差不多。

何刚：Phupinder Gill 先生，下半年大宗商品的交易，您觉得会有更大吸引力，还是很难说？

Phupinder Gill：全球大宗商品市场对于一些举措，比如说上周的利率，他们的响应是很迅速的，就使得整个市场交易量增长 3 倍等等。还有大宗商品市场的波动性还是非常低，就像姚总所说的，这个世界上有很多充分发展和成熟的市场，有很多良好的工具，对一些发展中市场，可能有一些工具没有存在，还需要金融对冲的工具。刚才那位女士也提到了一些情况。我想大宗商品市场还是供需决定它，在长期来看，当然可以做一些炒作的交易，但是在长期，必须要遵循均衡原则，因为我们整个的生存是基于我们要去买的一些食品还有我们所做的一些事情，所以大宗商品市场最后还是会扮演对冲的角色。

何刚：非常感谢。Alexis Calla 对股票市场和大宗商品市场有什么感受呢？

Alexis Calla：非常感谢，我们短期会有不确定性，但是长期来看，每个经济都表现不错，还有新兴经济体，可以看到他们的潜力。看一下央行他们有一些暗示，就是他们会做一些什么的暗示，但是总体而言，没有任何让人感到很恐惧的因素。在未来 6 个月里，我们对于资产还有股票市场，还都是保持积极态度的。它的稳定会略有上升。总体而言，它会是保持积极的情况，在中国还有在世界范围内都会有一些机会存在。

何刚：非常感谢，最后一个问题。

提问：我想问一下姚先生，您如何看待利率上行的情况以及趋势？第二个问题，我比较赞同您对于 3A 级债券的观点，因为我们实际上和市场的反应与操作，已经印证了当前的趋势，现在主要的忧虑在于外部环境可能引起的利率的变化，因为总体来讲，我们的配置是随着时间的增长在一个相对均衡的时间点进行均衡的配置，我们很难把握一个比较高或者比较低的时间点。还有一个问题，您怎么看待随着时间的推移，我们是否需要根据利率的调整，进行债券久期的调整？

何刚：问题很多。

姚余栋：美国 10 年期竟然跌到 2.17%，不是特别看好，特朗普的议案什么时候通过，可能是年末。目前已经达到 140BP，我觉得已经充分了，所以不会太大影响我们国内经济的。我们国内经济有供给侧结构性改革，目前是不错的，即使三四季度下行一点，全年 6.6%也是很满意的，何况控制了金融风险，强监管，把增长缓一点，这个代价是小的，得到成果是很好的，我觉得这个是没有问题的。国内不用担心那么多，因为汇率，刚才管司长也说了，是十分稳定的。短端在 9—12 月份，可能还加息一次，如果加息一次，对我们影响也是不大的。所以我感觉，而且我们的流动性，在稳健中性的货币政策下，可以供应比较充裕，所以抵抗外部的冲击不是什么问题。我们自身还是不错的，谢谢。

何刚：谢谢几位的回答，由于时间的原因，我们这一节的讨论要告一段落。四位嘉宾分别阐述了对于新的全球化时代、资产配置的思考，共同的口径认为对于中国来说，全球资产配置进入一个新时代，是必然趋势，也是现实需求，多元化配置对于资产的安全和收益保证都是必需的，同时国内可投资选择有限的情况下，在海外增加一些资产配置的选择，是一种现实的选择。但是如何进行恰当的资产配置，如何把国外市场国内资产连通，通过不同产品的创新和技术的方式，应该说还是有很多的可选。要审慎考虑各种可能性，同时不要忘记中国作为一个经济增长相对中高速的经济体，本地吸引力和增长力，不应该全部忽视，即使全球资产多元化配置，本地投资仍然是一个重要的选项。同时大家对其他的，像不同的股市、债市、期市有各自不同的看法，但总体还是审慎乐观的预期。

第三章

金融创新与风险防控

资管业勃兴与互联网金融热浪，迅速推动着中国金融创新的步伐。在打造多层次金融体系、丰富金融社会服务功能、满足普罗大众财富需求的同时，也彰显出新的金融隐患。创新边界与监管革新，成为金融创新之路上值得深思的风控问题。尽快弥补金融监管中旧有的漏洞，以避免其被创新之风撕裂为更大的创口；同时给予金融创新适度的自主空间，顺应形势推进监管改革，这将直接避免金融创新之路善花结出恶果。

市场需要各方共同呵护

蔡鄂生*

说到监管协调问题，有些人说不同的监管部门缺少协调，好像在比谁的监管更“狠”，这是社会上站在不同角度的人的一种感受。因为虽然市场已经很融合，但是监管体制还是分业的。应该从不同角度来看这些问题。

我刚才特别欣赏吴晓求校长讲的两个脱媒。大家要很好地认识支付这个问题，有些人说是支付一种革命性的东西，但不要认为就是阿里巴巴创造的，第三方支付是在监管者，是在人民银行，是在整个发展过程中共同推出来的，我觉得这个思路一定要清楚。不要以为第三方支付现在被我们管了，实际如果没有监管，支付是不可能存在的，而且我们把它当成金融机构来发牌照，这实际上赋予了它很多的金融权利。

我们有时跟国外对比，说美国的互联网金融发展受到限制，但你看它的互联网金融，P2P 和账户支付结构是什么样的？我们现在整个市场的发展，是在一个什么样的基础上发展起来的？所以不同市场情况不一样，现在出现一些问题和现象也是正常的。但是由于我们本身多元化的结构，不同的利益群体，站在不同的角度，就会得出不同的结论。大家要关心爱护我们中国这个市场。改革开放走到今天是很不容易的，我们在新常态下现在所面临的任务，不单单是一个发展，还有习主席讲的人

---

* 蔡鄂生，时任南南合作金融中心主席，银监会原副主席。

类面临共同体更大的任务。所以我们要来爱护我们这个市场，来认真研究这些问题。很多人说的好像过瘾，有人说银监会的“三三四”检查是整了投行，证监会又拿了一个什么整了银行，我觉得发这种段子的人都是不负责任的，最起码对市场是不负责任的。

监管者很重要的一个问题，就是要有微观的概念，讲的是机构的指标是微观的，宏观审慎应该是通过这些指标，维护市场秩序。我们要用思考的眼光、历史发展的眼光来看改革开放特别是 2008 年金融危机之后金融发展的路径和现在存在的问题，要认真去思考。我今天上午在微信上看到了朱嘉明给周子衡的《账户》写了一个前言。我觉得这个前言讲得很有意思，他是讲了账户的变化，从最基本的会计规则一直讲到现在的数字革命、数字主义，实际上这些是在账户上的一种革命的发展。也就因为高科技的发展，才使个人账户在现在比任何时候都才能得到服务，这就是互联网和金融。现在不要把互联网和金融分开，互联网金融也是金融发展的延伸，是随着科技发展带来的，它还是金融。为什么我们老在互联网和金融这两个词之间讲呢，而不能把它融合起来看？我觉得现在对很多问题要认真思考，这样可能才更有益。

寻求创新发展和风险防范的平衡

马蔚华*

我和蔡鄂生主席都在监管层工作过，后来我又做商业银行，可以说同时具有猫和老鼠的属性，比较知道风险和创新的界限。

在今天的新形势下，科学技术的发展，带来了金融前所未有的变化。过去的创新是在产品和服务的层面，可以把它叫做微观创新；今天我们面临大的技术革命和体制变革，可以说需要在宏观上要处理好金融创新和风险的关系。比如说，从互联网金融到金融科技，在组织、管理、监管方面，风险创新的矛盾比较突出。目前，各种各样的金融组织横空出世——都不知道它哪儿来的，过去还有审批，现在很多不用审批；各种各样的金融产品粉墨登场；各种各样的金融行为眼花缭乱，监管当局现在是应接不暇，非常头疼。在这种背景下，创新监管非常必要。

我记得几年前，大家言必称互联网金融，它也确实给我们带来了机会。说一句实在话，没有互联网金融，招行也难以成为一家优秀的零售银行。从去年起，大家都不说互联网金融了，都开始说金融科技Fintech。回顾过去10年，互联网金融确实带来很多变化，但是也有成长中的烦恼和痛苦，例如e租宝让很多人倾家荡产。所以今天在面临金融科技新概念的时候，我们应该有底线。什么叫互联网金融？什么叫金

---

* 马蔚华，时任中国企业家俱乐部理事长，招商银行原行长兼首席执行官。

融科技？我的理解是，如果互联网金融解决的是客户触达和服务体验这类问题，并没有改变银行或者金融服务的行为，那么科技金融更多的是从基础上，通过云计算、大数据、区块链这些高端技术，使整个金融的行为、组织、产品发生一系列颠覆性的变化——不是简单服务方式的改变，而是效能的提高。这个本质问题，我们一定要抓住。

科技金融确实给我们带来了很多新的机遇，不仅对银行，对所有的金融机构都是一个新的机遇。比如说移动支付，我前两天到西班牙买东西，卖货的老太太拿出一个二维码让我扫，而不是用信用卡。中国移动支付的规模是美国的 50 倍。还有许多其他的应用。比如说现在用人工智能、大数据的方式，提供交易员的培训和智能投资。虽然现在银监会还不太让做智能投顾……但是在一个成熟的市场，这是毫无疑问要发展的。我们现在搞消费金融，将来要有 5 万亿的规模，怎么提升消费金融？就得通过大数据对所有的个人消费行为进行分析，才能提供个性化的服务。再比如说互联网征信，我们现在搞普惠金融，最头疼的是怎么样能够减少风险。大数据可以使我们在成本低的情况下，给那些边远地区、低收入的人提供金融服务。还有区块链，大家听起来都很陌生，但它是一种新的方式，可以去中间化，这对于我们将来发展新的系统，包括准确地统计资金财产以及其他账目记录，都是非常有利的。

但是这些技术创新，也确实带来很多新的问题。比如说，虚拟货币增多了，支付量增多了，那货币政策就会受到影响。它会间接增加货币供给。美国的高频交易，使美联储也很头疼。所以将来货币政策是否有效？对金融的监管也面临跨界的问题，现在虽然还是分业管理，但是市场和互联网的发展，使这个界限越来越模糊，所以法律也要与时俱进。再比如过去银行包括金融运行体系是封闭的，互联网出现以后，变成开放的了，这在风险方面是非常大的跨越，在技术上是不是能够控制这些风险，也是一个问题。还有现在很多金融行为，涵盖了线上线下、表内表外，现有的监管体系是不是能适应这些？

这些新的事物出来，对传统银行和其他金融机构的产品、商业模式、思维方式都会带来冲击，也会带来危机和风险。只要涉及金融，都不会改变金融风险隐蔽性、传染性、突发性、外部性的特征。由此引发出一个问题，新事物既然能够改变我们的生活，改变我们的社会，我们应该与时俱进地支持，但是它同时带来风险，如何处理好它们之间的关系，对我们的监管艺术是个考验。我在过去当银行行长的时候，每天都在创新和风险之间平衡。监管当局每天也在创新发展和风险防范之间平衡，但是最重要的是防范系统性风险。

我有这样几个建议。对于金融创新，不能因为风险而一笔抹煞。美国前财长萨摩斯说过，金融特别是新金融，就像我们坐飞机一样，能迅速地到达彼岸，但是如果飞机发生坠机，一切都完了。但是没有人说因为飞机有可能出事的概率就不坐飞机了。所以监管当局要跟上大势，怎么样吸引优秀的人才到监管系统，还可以跟高科技公司建立合作关系，不一定把人都挖去，可以跟这些高科技的公司建立合作，它可以给商业机构服务，也可以给监管服务。划清防火墙非常重要，金融风险往往出在防火墙上。

再有一个就是外部的监管体系，我觉得这一点可以学习英国监管沙盒。我们可以允许金融大胆地实验、创新，但不能产生系统性冲击。再一个，应该完善金融自律，这个要有标准，李东荣的互联网协会现在做了很多这方面的事。加入互联网协会的机构必须披露信息，其中有 47 项信息必须披露，强制性的 32 项，鼓励性的 15 项，披露以后，大家就会了解是不是非法集资。

还有公众投资者教育。一些老年人遭遇金融诈骗的事情，我们时有耳闻。过去的非法集资，十亿八亿都是最大的，现在因为互联网的作用，动不动五百亿、六百亿。所以互联网时代，对网民进行投资风险教育，用这些案例教育他们，意义非常大。所以要处理好这对关系，在创新中防范风险，在防范风险中创新发展。

大力推动金融科技化和国际化

吴晓求*

金融问题看起来很复杂，但实际上把逻辑线条理清楚了，还是很清晰的。金融无非要解决两个问题：第一个问题当然是资源配置问题。有些人有钱，有些人或企业需要钱，金融要解决供求脱节的问题。在不脱媒的情况下，通过银行中介完成了这个资源配置过程。金融脱媒之后，也就是资本市场发展之后，这种资源配置就不主要由居民通过银行的储蓄方式转换成投资，而是通过财富管理或者风险配置的方式来完成投资的转化。这个时候金融也就开始了跨期的风险配置，金融产品已经证券化了。这是金融的一个主线，很清晰。

第二个问题，就是金融要为实体经济的交易提供支付清算的功能。在传统金融体系下，我们可以通过很多传统方式去提供支付和清算。到了今天，因为金融特别容易受到科技力量的影响，所以现在，在支付层面上，也开始脱媒了。金融实际上在两个领域展开了脱媒过程，即“去中介化”过程。在支付领域，科技的力量开始对支付进行脱媒，第三方支付主要是基于移动互联的支付出现了。支付形态的革命推动了金融的转型，促进了消费模式的根本性变化。

到今天，你会发现，中国金融在这两个领域中，都处于一个非常重要的转型期。其中第二个即传统支付形态，受到了更大的挑战。我们要

---

* 吴晓求，时任中国人民大学副校长、金融与证券研究所所长。

正确看待科技对金融的影响。

第一，关于金融的融资与投资功能。基于资本市场的发展，金融的功能发生了根本性变化。从今天看，中国金融的巨大变化是显著的。英国《经济学家》杂志 2017 年第四期发表了一篇非常重要的文章，说中国过去很多领域是模仿学习并不超前，但现在至少在两个领域处于世界领先的水平，一个是大家非常熟知的高铁，高铁改变了中国。第二个就是 Fintech，金融科技，科技的力量也改变了中国金融，使中国金融开始大幅度地超越几乎所有国家。金融在这些方面的进步非常重要的是得益于我们过去的金融监管。中国金融监管一个时期以来都比较宽容。如果我们是一个教条主义的监管，是一个僵化的监管，我想中国金融就没有今天这个局面。支付宝、微信支付这种新的支付业态就很难出现。你看看我们的宝岛台湾，过去十几年，台湾同胞都给我们传送经验，现在看看他们的金融比较落后。当新的金融业态还没有出现的时候，就说要加强监管，本质上是扼杀金融创新。因为，你根本无法找到相应的监管准则。在中国大陆，我们的监管是宽容的，所以才会有今天蓬勃发展、多样化的金融业态的出现。我对过去一个时期中国的金融监管是给予高度的评价的。这是一个需要认真思考的问题。

第二，关于中国金融的未来。理解中国金融的未来变化，对金融监管非常重要。我认为，中国金融的未来主要有三个基本要点：一是，要大力推动资产证券化，这是基本趋势，是中国金融结构变革的力量，也是财富管理的基石，没有资产证券化，就没有资本市场的大发展。没有资本市场的发展，要大力发展财富管理是不可能的。青岛这个论坛的主题——中国财富论坛，这实际上是基于资本市场发展的，是基于资产证券化的基本趋势的。我上午没有来，但从微信圈里看到了研讨会的内容。方星海副主席走了，本来我要跟他研讨研讨的。他在演讲中说要大力发展大宗商品市场，包括大宗商品的衍生产品，说这是财富管理的重要内容。我是不同意这个看法的。我知道大宗商品衍生品不是财富管理的基石资产，它本身主要是一个风险对冲产品，不能把这个衍生性的金融产品引入到大众财富管理的机制中来。什么是财富管理的基石资产呢？一定是与经济增长有密切关系的产品，如果没有直接关系，这个产品是不能成为财富管理的基石资产的。本质上，衍生品在金融市场中只能起到补充作用。所以，为什么股票、债券是财富管理的基石资产呢？原因就在这里。为什么资产证券化是资本市场发展乃至财富管理的基础呢，原因也在这里。所以，我们必须推动金融结构的变革。中国的金融结构是比较落后的，因为资产证券化，或者说证券化金融资产的占比并不太高。在这个占比不太高的情况下，金融体系提供的财富管理功能是比较弱的。

第二，要大力推进中国金融的科技化。科技化会使中国金融的业态发生重大变化。金融最理想的模式是什么呢？就是所有的企业、所有居民都能获得相匹配的金融服务。如果一个国家的金融能够使所有企业和居民获得相匹配的金融服务，我们说这是最好的金融，普惠金融就是这个意思。我们不要理解普惠金融是贷款交易、成本低，完全不顾信用风险，贷款支持企业发展，这完全是一种误区。实现金融的普惠性，除了进行结构改革外，重要的是要提高金融业态的科技含量。从这个意义上说，互联网金融为普惠性金融提供了某种借鉴，像阿里巴巴的小额贷款，就在往这方面发展。

基于上述两个变化，中国金融体系的风险也会发生变化。证券化金融资产最重要的风险来自于透明度，如果金融资产中证券化金融资产的比重很低，监管的重心自然放在资本充足率上，希望通过充足资本去对抗潜在的不确定性。当金融体系中证券化金融资产比重在迅速提升时，监管就不仅仅是对机构资本充足的监管，对透明性会大幅度提高。金融体系的风险正由原来资本不足风险，过渡到透明度不足和资本不足双重风险时代。这对金融监管是巨大挑战，资产结构的变化，会对风险结构带来深度影响，进而对我们的监管模式提出挑战。为什么中国金融监管模式需要调整，就是基于金融结构和金融风险的变化，不是为改革而改革，为调整而调整，为扩大哪个监管部门的权力而进行调整，这是不正确的，金融监管改革必须基于风险结构的变化。

第三，中国金融很重要的趋势是开放国际化，以后未来中国的金融市场特别是资本市场一定会成为国际金融中心，不开放、不推动人民币的国际化，这个国际金融中心也是形成不了的。

从上述三点中，应该预示到中国金融的未来。

统一资管产品的监管标准具有重要意义

李文红*

今天，我主要谈四个方面的问题。

第一，我国资产管理产品的总体情况。近年来，我国资管业务发展较快。截至 2017 年 3 月末，不考虑交叉持有因素，各类金融机构的资管产品规模合计约 106 万亿元，年均增长率约为 50%，其中，银行业、证券业、保险业资管产品占比分别为 48%、50%和 2%。具体来看，银行理财产品余额 29 万亿元，占比为 27%；信托产品 22 万亿元；证券基金期货机构及其子公司的资管产品共计 53.5 万亿元。

我国资管行业的发展契合了居民的理财需求，培养了更多具有不同风险偏好和投资策略的机构投资者，促进了金融市场深化。但在发展过程中，由于法律关系不够清晰、监管标准不够统一，部分资管产品出现了结构复杂、嵌套投资、杠杆叠加和监管套利等问题。所以说，进一步完善资管业务监管制度，统一资管业务监管标准，对于维护我国金融稳定、防范系统性风险、保护投资者合法权益具有重要意义。

第二，银行理财业务的发展与监管情况。2002 年以来，我国商业银行陆续开展了理财业务。银监会一直高度关注银行理财业务发展、风险和监管。一方面，持续完善监管制度；另一方面，不断强化基础设施建设。

---

* 李文红，时任中国银行业监督管理委员会业务创新监管协作部主任。

在监管制度方面，从 2005 年以来，陆续发布了一系列监管规定，逐步形成银行理财业务监管框架，基本涵盖了理财业务的各个主要环节。比如，在产品运作方面，要求理财产品单独管理、单独建账、单独核算，进行风险隔离，强化穿透管理，严格控制杠杆、控制嵌套投资和期限错配。在投资者适当性管理方面，要求银行严格区分公募与私募、批发与零售、自营与代客等不同产品类型，充分揭示风险，不得误导客户购买与其风险承受能力不相匹配的理财产品；对理财产品实行专区销售和全程录音录像等等。

在基础设施建设方面，2009 年以来，银监会指导中央国债登记结算公司建立了理财产品信息登记制度，实现了理财产品从分散到全国集中统一登记的重大转变，进行了“全流程、穿透式”的产品信息报送。同时，加强了信息披露，向社会定期发布理财市场半年报、年报，提高透明度。也加强了投资者教育和保护。要求银行不得发行没有在“全国银行业理财信息登记系统”进行登记的理财产品。在系统登记的理财产品会由系统自动赋予一个登记编码，投资者可以从“中国理财网”上查询，也可以要求银行提供这个登记编码，核实所购买的是否为银行发行的正规理财产品，从而有效防范“虚假理财”和“飞单”。我也希望今天所在的媒体对此进行更广泛的宣传。

第三，资管业务的国际监管改革进展。此次国际金融危机以来，全球金融治理的牵头机构——金融稳定理事会和巴塞尔委员会在资本、流动性、影子银行、系统重要性机构监管等领域制定和实施了一系列新的国际监管标准。2017 年 1 月，金融稳定理事会又发布了《应对资管业务结构脆弱性的政策建议》，针对资管产品的流动性错配、杠杆风险和融券业务风险提出了监管建议。另外，金融稳定理事会还于 2013 年、2015 年分别发布了关于证券融资交易（也就是我国金融市场上现在比较活跃的回购、逆回购、融资融券、债券借贷等）的定性和定量监管标准。这些国际标准对于我国当前完善资管业务监管制度具有重要的借鉴意义。

第四，关于银行理财业务监管的几点思考。一是对于银行理财在内的各类创新业务，应当坚持金融创新的基本原则，把握好金融创新、金融效率和维护金融稳定的平衡。二是加强监管协作，不断完善银行理财业务监管制度。银监会一直与人民银行、证监会、保监会等相关部门密切配合，共同推进“统一资产管理业务标准规制”相关工作。同时，在统一的资管业务监管原则下，起草了配套的《银行理财业务监督管理办法》，理财新规在推动理财产品合理转型、强化风险隔离、控制期限错配、限制嵌套投资、规范委外业务、控制杠杆和集中度风险、加强信息披露等方面提出了具体的监管要求。下一步，在新旧规则转换过程中，“一行三会”将会继续密切协调配合，按照新老划断原则做出过渡期安排，实现新旧规则的有序衔接和平稳过渡。三是加强与市场的沟通交流，广泛听取意见，做好政策解读，促进形成稳定的市场预期，不断提高制度建设与持续监管的科学性和有效性。

中国是世界创新引领者

Georges Ugeux*

几千年来，中国一直是世界关键创新的引领者，这种创新已经融入中国人的血液之中。我们拥有创新精神，拥有企业家精神，但是创新并不是我们做事情的目的，创新是一种工具，是一种必要的工具，它可以改进或者是创造我们要做的事情，我们不要为了创新去做创新。我总是问自己，当我看到这里说的像 Fintech 的创新，只是 25 年前出现的新事物，Fintech 这个词也是近两年才被使用。但什么是新呢？接下来的问题是，这样的创新带来的附加值是什么？它的社会价值是什么？还是它只是另外一种游戏规则？它可以增加额外的风险，增加市场上的变动。因此我认为，当我们鼓励创新的时候，应当关注于如何让事情变得更好。在过去 5 年间，中国市场上有一些结构性产品，其风险还是比较引人注目的。我是安盛天平财产保险公司的股东，代表的是中方的股东，可我看到他们的投资组合当中，有着大量的我自己都无法了解的资产。所以，大家一定要知道，创新不是用来掩盖现实的方式，不要把事情弄得没人理解。

在做资产和财富管理的时候，我们遇到的第二个问题，它不仅仅是中国的问题，更是一个世界性的问题，在美国我们叫 KYC，指的是了

---

* Georges Ugeux，时任伽利略国际顾问公司董事长，摩根士丹利原董事总经理、纽约证券交易所原副总裁。

解你的客户。作为财富管理者，你必须认识到其中没有万能的解决方法，如果你把同样的产品卖给一个 80 岁的女人和一个 25 岁的公司高管，一个慈善机构或一个保险公司，那这里面的风险就会很高了。大家在销售产品的时候，一定要根据客户的具体情况量身定制风险配置。资产管理会有不同的领域，当你为客户做资产管理时，你是一个中介；当你是一个保险公司，那你则会成为当事人，你来管理资产，资产是你公司的，不是为第三方来做的。但是这些对投保人都有重要影响，就像我们今天上午从 CRC 代表那里听到的。

我认为必须减少财富管理者的风险管理职责，交易者、股票经纪人与财富管理者的职责不同，所以大家自己要尽职调查，需要了解你们买的东西是什么。这种谨慎的风险管理的知识，这样的一些远见，对于各个监管部门而言是非常重要的。

最后给大家举一个例子，大家很熟悉的例子，就是比特币。我在许多地方，像法国的《巴黎早报》上都发表过相关文章，因为我注意到当时比特币的价格非常高，记得是 2000—2500 美元之间，我开始写文章的时候已经到 2500 美元，发布的时候它已经变了 3400 美元。上周一时候，比特币的价格达到了4000美元，这个周末的时候却降到2100美元。这里涉及的金额是 400 亿美元。一个 5 亿美元市值的公司股价若上下巨幅波动，监管者都会立即涉入调查原因。中国政府现在正限制比特币的交易，日本也在努力地进行监控，印度也阻止了比特币。现在的情况是，一个 400 亿美元的资产却没有任何监管，而且他们既没有 IT 价值，也没有储备货币的价值。所以大家就可以看到，即便是一种创新，我们仍然要对创新的这个事物非常小心。我在这里要讲的是，监管者必须要有前瞻性，如果明天比特币达到 150 亿，突然就崩溃了，那谁会负责解决这个问题呢？大家首先会来问责监管部门，比特币的发明者也许会进监狱。所以风险管理的方法是，一定要理解风险，理解监管风险；一定要确保你们了解你的客户，找到合适的投资组合，让创新变为可能。

监管必须跟上风险的增长

William Purpura*

过去 40 年里，在金融衍生产品方面，出现了很多变化。近年来，随着市场变得越来越复杂以及新技术的发展，还有资本的流动性加强，导致市场波动比较大，给企业带来很多压力，因此一定要提高风险管理的效率，还有就是监管必须要能够和高速变革创新的发展速度相匹配。另外，也要注意到地缘政治变化带来的风险。随着英国脱欧和美国大选，一些国家或者民族的关注度，也就是说民族主义，也应成为监管领域中的重点。还有一些金融科技方面颠覆性的技术革命，给金融监管带来了另一个层级的战略性风险。这些变化，都是以几何倍数增长的，在监管环境和风险管理环境总赶不上变化的步伐的时期，对一些企业，尤其是财富管理相关企业，都是一种挑战。有一些公司，会去再次评估他们的风险管理和合规性的方法，光这两个领域，就占了很多公司的预算份额。投入到这两个领域当中的钱，远远多于如何管理这个企业和资产的投入。之前谈到的一些问题很复杂，使我们的工作更有挑战性，变革所需的时间和金钱成本高昂，但是由于公司的灵活度变高了，能够很快响应这个变革，只有这样的公司才能发展起来，适应多变的世界。

在过去 7 年里，我参与了中国金融衍生产品的推广，在此过程中可以看到监管政策的变革，总是在变，给像我们这样的公司，带来一些挑

---

* William Purpura，时任纽约商品交易所理事会主席。

战。我们必须要适应它。我不仅在交易公司工作过，也在咨询公司工作过，公司当中最重要的是人。解决方案出台后，无论公司愿景是什么，公司内部必须要自上而下、自下而上取得一致。公司做出决策的同时，必须要详细了解监管政策，而且必须是同步的。如果公司忽视了监管，做出的决策就有可能会影响到其他相关业务领域。大家都要匹配，都要保持同步。我想这是大公司和小公司都要面临的挑战。

管理层面临的挑战，不仅仅来自市场或是资金，而是监管以及其他可能会影响到公司业绩的风险。现在有新技术可以帮助人们应对监管。所以公司应该利用新技术，去面对这个不断变化的环境，财富管理行业就处在这些变化的中心，并受到极大影响。我之前也说到，我们已经经历这些很久了，包括我所在的公司。我其实一点都不嫉妒监管部门，因为他们需要经历并要努力赶上这么多的变化，这并不是件容易的事情。

对 话

苏琦[*]：吴老师，我问您一个问题。现在我觉得一谈到监管，好像都要讲到政治，你要是让创新，比如说有些老百姓就会觉得自己上当受骗。万能险这些，你怎么能让它创新呢？我们讲到创新的时候，不仅仅是监管还有技术，这种技术化的问题，在中国很容易政治化。

吴晓求：创新和监管是永远的话题，尤其在中国金融改革进程中，是需要高度认真思考的问题。从我的判断来看，对中国金融改革发展来说，我始终认为，创新在前。创新是完善我们监管改革的重要动力。没有创新，监管也不能升级，所有监管准则的完善，所有法律的调整，实际上都要通过创新来推动。从这个意义上说，中国金融之所以能有今天这样的进展，得益于过去相对宽容的监管。这点非常重要，要容纳这个创新所带来的不确定性。不要过度地解读金融创新所带来的风险变化。当然，有一些人，总会过度解读，把新的金融业态所带来的风险扩大化了，以此给新的金融创新扣上了很多帽子。实际上这会阻碍中国金融的进步。所以，中国金融的进步一定是相对宽容的监管带来的，要允许它试，试完了以后，我们及时跟进，哪些是需要总结的。第三方支付，新的支付业态的出现，是个案例。如果没有这一系列的实践，你无法对新的支付业态提出新的监管准则，如果没有这么多丰富多彩的 P2P 的实践，也很难找到相应的监管准则。所以，很长时间人们理解不透的是，互联网金融的风险源在哪里。这个问题我本人理解了很久，最后发现，互联网金融的监管重心是透明度，而不是资本充足率。这两种业态是不一样的。只要我们科学处理好创新和监管的关系，创新既能够得到发展，金融也能够得到完善。

---

* 苏琦，时任《财经》杂志副主编。

李文红：我简单谈一下我对金融创新和监管关系的理解。金融创新有利于金融机构提高服务质量和效率，提升核心竞争力，更好地满足实体经济和金融消费者需求。但金融创新是一把双刃剑，一些创新产品结构复杂性、风险隐蔽，也增加了金融机构的管理难度。如果金融机构没有能采取与新产品、新业务相匹配的风险管控措施，就会产生新的金融风险。创新产品过于复杂和缺乏有效的风险管控，正是导致此次国际金融危机的重要原因。

商业银行开展金融创新，需要落实好风险管控的主体责任。科学把握创新业务的风险实质，有效实施新业务的内部评估、审核和管理流程，进行合理的风险定价，建立有利于可持续发展而非仅注重短期收益的绩效考核机制，确保金融创新符合实体经济和市场需求，符合银行自身发展战略，并与银行风险管理能力、资本实力和流行性储备相匹配。同时，加强投资者适当性管理，充分进行信息披露和风险揭示，帮助投资者做出符合自身风险偏好和承受能力的理性投资决策，充分保护投资者合法权益。

对于监管机构而言，则应把握好金融创新、金融效率和维护金融稳定的平衡。密切跟踪分析金融创新的发展趋势、业务模式和风险特征，不断完善法规制度和监管方式。应根据金融业务的实质而非形式确定需要遵循的市场准入和持续监管要求，确保对同类金融业务和机构适用同样的监管标准，促进形成依法合规、公平竞争的良好市场秩序，防止监管套利和“劣币驱逐良币”。同时，强化宏观审慎视角，分析金融创新的系统性影响。不能仅从单体机构视角看待风险，要关注金融创新的跨市场特征，加强监管机构之间的协调合作，做好系统性风险的分析监测，及时采取监管措施，化解系统性风险隐患。

苏琦：您这么说大家就放心了，时间有限，其实给每个人都提供了问题，准备让大家来问，实在是来不及了，希望这个环节让大家有所收获。

第四章

金融科技与财富管理新途

从互联网金融的概念探索到金融科技的理念提升、从比特币引发的监管干预到数字货币的探究，尽管争议不断，但已无人否认技术革命将为财富管理乃至整体金融业带来革新。以区块链技术为代表，尚未启动显著市场收益，便已引发金融巨头纷纷押注。互联网、大数据、云计算、区块链……其理论为金融带来广阔遐想，在此之下究竟意味着怎样的现实图景？

科技进步正在塑造整个金融市场价值链

马德伦*

大家已经看到，金融科技依赖科学技术的进步，对金融的冲击和影响是巨大的。在互联网阶段，从 2013 年开始，互联网金融在中国虽然只出现了短短的几年时间，人们从为它的出现感到吃惊，到逐渐慢慢开始接受，到现在开始思考下一步的发展。

互联网金融强大的生命力，在于它几乎渗透到金融的各个方面。我们看互联网金融发表的报告，从传统的支付，到 P2P、众筹、消费金融、证券、基金、保险，都有互联网金融的身影。而仅从变革带来的移动支付看，不仅直接导致了支付方式的变化，而且对银行业务流程的再造、对银行网点的布局，甚至对银行人力资源的结构、清算组织等方面，都产生了直接影响。P2P 不仅解决了小微企业的资金需求，更重要的是融资方式的变化。而大数据、云计算、物联网技术等等对金融业务决策的影响，对金融深度和广度的影响，更直接影响到金融资源配置的效率。所以，我们已经看到现在人们纷纷在讨论大数据、云计算、区块链这些新技术的浪潮，认识到科技进步正在塑造整个金融市场的价值链。从投资决策到交易的策略，从交易执行到风险控制，从清算结算到信息共享，新技术贯穿在金融整个的产业链中，市场效率、金融工具、金融组织架构一系列的变革，引发了人们的许多构想。对未来的金融场

---

* 马德伦，时任中国金融会计学会会长，中国人民银行原副行长。

景，人们都在想象之中：究竟会产生怎样进一步的变化。

我们说金融离不开货币，未来的数字货币与现有的货币如何兼容，货币发行的方式会有怎样的变化，货币调控的理论，调控的工具，调控的框架，我们现在所认可的、所接受的这些，未来会有怎样的改变？货币政策的传导机制，又会如何？这些，人们都在思考之中。

我们也看到，英国第一家基于手机应用的数字银行已经获得了银行执照。在信息层面上，大数据征信的兴起，也会直接改变金融交易的格局。而大数据对市场定价机制，也会带来复杂的影响。

未来的市场基础设施是怎么样的？未来的客户群体又会发生怎样的变化？未来的金融产品又会有怎样的变化，特别大家都关注智能投顾在现实中的应用。我们对未来金融科技的发展，已经迈开了自己的研究步伐。我们也在努力跟进。

讲到财富管理，我们看到，在中国改革开放之后，随着中国经济的高速发展，人们也变得日益富有，财富管理才进入金融业务的范畴。过去我们没有钱。1978 年底的时候，中国人有多少钱？1978 年底，全国储蓄存款只有 210 亿，按当时 10 亿人计算，人均 21 元。1978 年底全国的现金只有 206 亿，人民银行测算其中 85%在个人手里，人均 18 元。所以那个时候，中国的人均金融资产只有 21 元钱储蓄，加上 18 元的现金，合计 39 元，非常少。那个时候没有股票，没有债券，没有黄金，没有外汇。

到去年年底，中国人有多少钱？我们的储蓄大数 57 万亿，我们的外汇存款 1264 亿美元，折合人民币不到 10000 亿。我们个人买的人寿保险 17442 亿，我们的理财产品 18.5 万亿，我们的资金信托计划个人购买了 16400 亿。另外不好计算的就是股票市值中有多少属于个人。还有个人投资的黄金价值，这个数据我没有拿到。所以我们的金融资产粗略地计算，前几项之和已经突破了 80 万亿元。但是从结构看，主要部分仍然是储蓄。也就是说，很多人的财富管理其实还是最简单的方式。从客户群体来说，参与理财的应该是那些收入稳定的中产阶层以上的人士。大部分一般民众还没有进入到这个领域，但是金融科技的变革，给他们带来了机会，也就是说科技的变革使理财产品的门槛降低了。我认为，我们目前的理财产品有许多需要改进或者要提升的地方，就是金融机构以变相的理财产品扩大负债规模，而不是真正意义上的理财，没有结构化的产品，只有单一的没有标准化的产品。另外金融机构的销售策略还是基于产品的历史数据，宣传中，对风险揭示的不充分。尽管每个投资者都会认为，我在银行买理财产品，不能赔钱，保本还要赚。所以，智能投顾能突破的仅仅是技术，但是作为市场不仅仅是引进智能投顾，更重要的是投资者的这种成熟，市场的成熟，产品的成熟。

刚才王忠民理事长讲了一个非常重要的原则，金融也好，市场也好，都离不开风险管控。风险管控不仅是金融机构，给我们提供理财产品的金融机构，就是投资者自己也应该有风险管控，自己应对自己的投资行为负责。

财富管理中另外一个最根本的就是规则，既然是有风险，既然是一个市场，就要有规则。这个规则确定之后，大家共同遵守，这也是必须的。

数字化、信息化资产越来越重要

王永利*

大家好，想借这个机会跟大家交流一个社会财富以及财富管理的新的领域——数字资产或者信息资产。我们现在讲的财富管理，讲得更多的还是实物资产，特别是货币类资产、金融资产的管理。但是随着信息科技的发展，特别是互联网、物联网的发展，一类新的东西就是所谓数字的或者信息化的资产，正成为我们社会、企业或者家庭个人越来越重要的资产。

大家知道，互联网的发展正在给我们社会的组织形式、运行模式等等带来深刻的影响，其中一个重要的方面就是到现在为止，我们主要还是以所有权为核心来开展各类经济活动，当你要支配或者利用一个东西时，你首先要取得它的所有权。但是互联网的发展，可能正在打破这个边界，让财富在全社会乃至更广泛的范围里面实现共享，它转化为以使用权为核心。你只需要为一定阶段的使用权去付出你的代价就可以了。

这样首先门槛会降低，使很多人原来买不起也用不到的东西可以使用了。第二，社会财富可以得到充分利用，因为原来我们自己所拥有的资产，经常是闲置在那个地方。社会正在向分享经济、共享经济的角度快速迈进，而且大量的交易活动在线上进行。这种经济运行方式的变化，带来一个很大的问题，就是信任或者信用的问题。因为它不是像我

---

* 王永利，时任乐视控股高级副总裁，现任中国国际期货有限公司副董事长、总裁。

们在线下，可面对面的讨价还价或交流，大量是在线上。所以就需要征信等等，征信这些东西可能就需要你整个经济活动的积累，所以大家现在对大数据、对征信、对智能等等非常重视。

但是，到目前为止，我们基本上都还是碎片化的，很难对一个企事业单位，比如说法人这样的组织，或者个人全部的经济活动进行全面及时、完整、准确的归集。我们企业的东西是分散的，个人的东西也是分散的，甚至个人还没有这个意识，说我的这些经济行为所积累下来的信息或数据，将成为我未来非常重要的资产或财富。

当我们这个社会快速进入到，不是靠你自己的东西来存活，而是靠借贷存活，靠共享存活的时候，这些东西将显得非常重要。大家可能知道，在发达经济体里，个人征信系统已经比较不错，你有个人征信的档案记录和没有，你在社会上运行的成本是不一样的，那会让大家在走向社会后主动申请建立起来。怎么做？实际上我们每个企业，每个个人都要自己做。显然是做不到的。而且也跟互联网发展，未来的共享也是相违背的。互联网就是让我们去做专业化的东西，有的不用你做，你外包给别人，让别人为你而做。

所以在这个里面，我们在想，真正的社会组织的最基本单元，不外乎是法人和个人，怎么真正以人为本，去全面归集一个法人或者一个个人所有的经济行为，甚至个人的一些生命的、生理的一些信息，将是未来我们数字资产或者数字资产管理的一个重要内容。

我反复思考，我认为可能有一类的公司，譬如说财务软件公司，像用友公司这样的，已经将近 30 年的运行，很长时间给中小企业或者是大的机构提供财务软件。在这个基础上又进一步上升到 ERP，企业的资源管理，未来我认为完全有可能再成长到一个云服务，作为企业远程的中后台。每个企业可能你只有前台，你所有东西全部转移给专业化的，给你做中后台的东西，这个中后台不是只做你一部分，比如我银行只做你的，他做保险只做保险，而是有一个平台把你全部的归集到这个地方，就是你所有的交流都是从这个接口出去，它是你的，不是别人的。当然要建立起法律上的认可，就是这个东西，是人家的，这个行为主体的。未经他同意，你这个平台有没有权利认为是你自有的财产，你可以去支配使用，法律上一定要来认证。技术上一定要来准确地落实，就是怎么样保证信息的安全，充分保护行为所有人的权益。一旦有这个东西以后，大家可以看到，甚至它可能成为这个企业跟企业之间，企业跟金融机构之间，企业跟很多方面之间共同的接口。

现在我们发现，由于都在用电脑，但是相互之间的接口特别多，而且标准不统一，造成极大的浪费和资源的损失。有没有可能真正建立起这种统一的平台，一旦有这种东西再往上推，进行纳税工程、海关工程甚至智慧城市的建设，因为你在最底层的法人或者个人要建立起来的话，整个社会再往上推，就会有巨大的变化。所以在这个方面，我认为现在可能大家的认知还不到位，落实肯定更不到位，现在大的都在做信息的东西，但是都是分散的，而且有可能在法律上不一定是你的，但是你把它完全据为己有了。

我觉得非常值得庆幸的是，5 月 23 日中央深化改革领导小组会议，其中有一个重要的内容就是要加快个人收入和财产的登记制度建设。要求建立起分类分级管理的制度，全程可追溯和安全保护的制度，在这些方面已经提出很好的要求。另外如果大家有这样的思维模式的话，共同去探索，那么个人的、企业的数字资产的培育以及数字资产的管理，一定会有一个新的天地。我觉得这是一个互联网时代到来了之后的一个重要变化，大家不能再仅仅停留在原来的实物资产和金融资产的管理范围。

金融科技在财富管理领域作用尚未有效发挥

黄金老*

金融科技和财富管理，这两个关系确实是一个很新的题目。我想谈两个问题：一是介绍一下金融科技在财富管理行业应用的状况；二是和大家共同探讨一下，为什么到目前为止金融科技在财富管理这个领域，它的效果发挥得还比较一般，这个可能需要大家思考。

金融科技这几年发展得很快，它有几块：一是身份识别，这个应用在今天相当成熟了，特别在中国。各类指纹识别、虹膜识别、人脸识别，都广泛应用了。第二块是大数据风控，今天应用得也非常广泛。今天越来越多的个人贷款，都通过数据风控进行决策。现在已经把大数据风控，从个人贷款开始应用到小微、小小微企业的风控。接下来发展到中等企业的风控。数据风控也应用比较成熟了。第三是在精准营销这个领域。这个领域因为本质上是一个搜索，搜索到最合适的客户，给他推销最精准的产品。精准营销是互联网的强项，因为互联网最初是由搜索发展起来的，所以它非常擅长。所以今天各大网站，只要有一个理财类的产品，或者有一次点击没有购买，平台就会打电话，问你为什么没有购买，这个搜索是非常完善的。在精准营销这个领域，应该说也是相当好的。第四是区块链，目前银行用的比较多。第五是物联网金融。第六就是金融 AI，主要包括智能应答，还有就是今天谈的智能投顾，智能

---

* 黄金老，时任江苏苏宁银行董事长、苏宁金融研究院院长。

投顾就是金融科技在财富管理领域的应用。这个领域的应用，也有很多实践，这方面美国做得更好一些，美国现在有很多创业型的智能投顾公司。它的主体都是分析看看，比如说某一只股票看它在历史上哪些因素使它的价格发生变动。再搜索今天各种数据、各种信息、各种事件，在未来会给它产生什么变化，以过去推测未来。在中国国内，投资顾问们借助科技，用的最多的是比价，比如，专门有很多网站来比较各家银行理财产品的收益，谁家最高。还有专门的网站来比较各个保险产品，比如车险、财产险，谁最优惠。还有比较贷款利率。这个模式，实际是电商的模式，就是比价，谁的价格最低，就放在最前面。金融把它拿过来，这和携程、去哪儿，做的原理是一样的，就是比谁的机票价格更低，哪个住宿价格更低。这些网站也是一样的，比较谁的价格最优惠，或者谁的价值最高。

除此之外，现在市场也出现了很多以智能投顾为名的专业投资顾问公司。现在来看，主要还是做一种风险判断和资产配置，把你的财务行为，在这个模型里面跑一跑，然后看你是一个什么样的，是风险激进型还是风险规避型，最后推荐一些组合。应该说还是比较简单的。属于智能投顾的幼儿期应用。

金融科技为什么在财富管理领域里应用比较慢一点，值得探讨。首先与中国的市场有关。智能投顾，帮助富裕的投资人进行投资决策。大家想，富裕的投资人，需不需要你来给他做这个决策？大家知道，要回顾中国 10 多年以来的财富市场，它是比较简单的。像曾经有过几次投资股票的热潮，也有几个投资股票基金的热潮，也经历过投资外汇的热潮，投资黄金的热潮，也有投资理财产品，投资信托产品的热潮。还有投资房地产的热潮，一直持续到今天。这几年虽处于不断的变化，但是脉络十分清晰，清晰得不需要什么投资顾问。

记得在 2007 年的时候，那时候我还在中国银行做财富管理工作，就研究了全球 27 个国家的三种投资品 40 年来的收益率情况，一种是房地产不动产，一种是定期存款，还有一种是股票。结果发现，从长期看，在成熟市场经济里投资股票是最合理的投资；对新兴市场国家，最合理的投资是不动产；对所有的国家，投资定期存款都是收益回报比较低的一种投资。中国也完全符合这个规律，这些年来看，投资房地产的确还是最好的投资。

这样一来，这些年的投资顾问，作用基本上没有发挥出来，无论是券商的，还是商业银行。大家是以销售理财产品为主的一种模式，而不需要或者没有多的分析市场。这是从整体上，可能宏观上存在这样一个问题。

各种投资产品中，如果股票市场很发达，那么自然对投资顾问的需求就非常的火热。所以我们也看到，股市如果比较好的时候，各种小报都会充斥各种理财的讲座，如果一旦股市冷下来，讲座就少了，消失了。股票市场投资是投资的一个核心领域，我们这个股票市场这些年来，好的时候比较少，多数时候是比较弱的，所以它又制约了投资顾问市场的发展。从个人来讲，投资房地产市场，最核心的不是选择房地产，而是怎么从银行借到钱，只要能借到钱，就可以投资。

所以在这样一个情况下，即可投资的产品比较少的情况下，制约了投资顾问作用的发挥，这是第一个因素。第二个因素，毕竟互联网金融，服务的主要是小额市场，5000 块钱以内的投资人，我给你提供余额理财，余额宝、零钱宝就这样发展起来了。互联网是非常小的普惠，但是投资顾问，还是稍稍高一点。我想这两点是制约了智能投顾的应用。

当然，中小投资者面广量大，随着理财需求的上升，同样需要投资顾问，我们相信，在中国线下投资顾问没有充分发展的条件下，智能投顾应当重点服务于中小投资者。例如，我们知道消费升级概念，是今年好的股票概念，我想投，但哪些股票与消费升级概念有关？就需要智能投顾平台和网站提供支持。这块咨询类的，我觉得还是有很大的市场空间发展。这是我的两点理解。

创新应走在监管之前

Emmanuel Daniel*

关于财富管理和行业的发展，我有以下几点要跟大家分享：

首先，是技术和财富管理。当前有很多发展中的新技术，包括智能投顾、区块链等等，这些新技术的目的旨在干预金融机构作为资产管理的中介的功能。在过去的两天当中，我们听到了各位发言嘉宾分享了很多新技术，包括智能投顾，它们将会成为客户的重要选择对象，我觉得这并不只是完全的真相。在这种智能继续发展的时候，中介将会被移除，客户可以直接获得这种智能的金融服务。

再用区块链做一个例子。区块链的设计概念，尤其是它的典型产品比特币，就是没有中心，没有中介，所以银行和金融机构应该重新去发掘如何为客户提供服务，从而获取利润。然后我们再来考察一下指数基金和管理基金产品。过去，资产管理者愿意就其资产和财富管理服务提供一些情报与信息，但是随着时间的推移，成本越来越高，收益模式逐渐被破坏，金融服务提供商越来越希望把这些流程变得系统化。人们期望了解金融机构有多少销售人员？与第三方资产管理者之间的协议是什么？如何把协议转交给客户？这些产品和第三方共同设计的产品成本是多少？这些产品对客户的透明度有多高？你的 KPI 是什么？所以关于金融技术和财富管理的第一点，不应该受到技术的限制，应该受到当前

---

* Emmanuel Daniel，时任亚洲银行家主席。

金融组织的限制。

第二点，我们要考虑到技术和财富管理当中财富管理本身的概念正在变化。我问一个比我大 10 岁的人，你觉得财富管理是什么？他会觉得我要投资地产，或者我要买车。如果你要问我的话，我会买车、买房，可能还买几幅画。昨天比特币涨了，我可能买一点比特币，它的价值上升也是我的财富管理的方式。作为下一代的人，他可能觉得投资房产不一定很重要，因为我可以租房，不需要一辆好车，因为所有车都是自动驾驶的，我可以通过手机 APP 去叫车。所以财富的定义已经从一些固定资产的东西，慢慢转移到在英语当中叫做无形的东西。就是你接触不到的，它不是硬件，但是给它一个假定的价值，这种无形的资产。所以在这里，我们可以看到，从金融的角度来说，这些是更难被量化的一些词，但是这一代人已经进入了社会，他们的想法已经成为了现实。

所以我们现在看到了财富本身的一个演变，我要考虑监管在这方面有什么样的作用。监管的职责应该是把马放在车前，换句话说创新应该是在监管之前的。在人类历史上，从来都是先有创新后有监管。像我们这样的会议就应该来讨论，我们创新之后，监管要多长时间才能跟得上？

我们来看看中国在过去五年中的金融服务创新。余额宝在一年中就累计增长到 1000 亿美金，这一绝无仅有现象主要是由于手机的普遍使用，以及余额宝的创始人的商业模式。还有支付宝和微信支付，它们先被设计成型，然后才有监管告诉他们应该在什么样的背景中如何运行；最先是一种电子钱包，再变成支付工具。中国所有的 P2P 玩家，比如陆金所、中国信贷等，在十年前没有任何关于 P2P 业务创立的监管规定，逐渐地，这些最初的 P2P 玩家演变成财富管理的主体，因为他们发现投资者数量远大于借贷者。最终监管及时地关注到这个领域，此时有一些 P2P 企业以及开始犯错误，监管政策出台之后这个产业就变成制度化。

监管沙盒，是从英国创新出来的，听起来是非常好的一个词，让孩子聚集起来玩沙盒。在英国的监管体制是，他们先不去监管，而是首先让参与者进来，再来决定在哪个阶段去监管你。这种沙盒的应用名称在其他地方有点微调，比如在新加坡，比如他们注册了一个词，无论你干什么，首先到监管者这里注册，我就知道你发生什么了。也就是说监管者要能够知道这个流程怎么样，能够不断地根据实际情况去进行监管，再设置相应的纪律，这就是监管的核心。在中国，当支付宝和微信引入了支付使用二维码，致使支付无处不在了。中国人不需要再使用现金了，二维码这样一个技术非常完美，之前没有人关注这一块，但是现在却备受关注。是的，使用二维码支付确实存在风险，但是却无法阻挡它在商业活动中获得成功。目前，监管已经总结了原来的教训，通过制定行业规则，使创新首先在商业上能够成功。

除了金融科技，我们还应该想想银行监管的发展。1987 年的《巴塞尔协议》规定，最低资本限额为银行风险资产的 8%；1990 年的《巴塞尔协议 II》，还有更新的《巴塞尔协议 III》，对银行的监管不仅让银行保证有 8%的资本充足率，同时还为资产进行分级。为什么做这个决定呢？并不是因为监管这块的一些理解更好了，而是因为有这个技术了，它可以让监管者去问银行一些更详细的问题，然后让银行把资产进行分级。技术进步，使得监管变得更简单了。正因为有了这些数据，我们才能够清楚的知道我们到底在监管什么。机构性的投资者，可以通过新技术向金融监管机构提供相应的集团数据，在此前提下，金融机构可以进行重置，并不断提升产品和服务，客户也因此而得到更多的利益。所以说监管程度和水平与供应商有很大的关系。比如说，供应商可以根据数据设计一些产品，他们会了解你是怎么来生活的，对你什么是重要的，不仅仅是房子，人们不会买房子，而是会买家，人们不会买车贷，而是买很漂亮的车。客户的生活风格、会在什么地方花钱，这对于金融机构是非常重要的，我们可以按照这些数据，去重新定义财富管理的产品。技术和创新使得这一点成为可能。

对 话

袁满[*]：谢谢，讲到了监管当中的话题，我想这个话题本次论坛是无法绕过去的。确实，发展中和监管产生了相对来说比较多的分歧。在过程中也能够看到，先是有市场自发的创新，然后再有监管。可以举一个简单的例子，比如说二维码支付，在我看到的过程中，先有市场的研发和使用，但是紧接着监管觉得这中间有风险，就叫停。但实际上虽然面上叫停，底下还是允许做一些。紧接着又认可了二维码的合法地位，现在是遍地开花。

也就是说，如何平衡监管与风险的关系，确实值得探讨。刚才提到沙盒，就是在一个空间里，允许企业进行产品创新、应用，商业模式的实际运营与市场产生实际交易的一种运行。也就是说，通过这样一种方式，尽量去实现监管与创新的一种同步，减少市场的波动。这样一种理念，我印象当中是两三年前英国开始推出，现在在新加坡和中国香港都有跟进，但是具体模式会有差异。这里我想延续这个话题，向各位嘉宾提一个问题，就是你们觉得创新与监管彼此之间，如何能够协调？应该如何去解决这样一个问题？

王永利：创新与监管是一个永恒的矛盾，但是任何事物发展都有它的规律和底线。最怕的是我们对这个东西的发展规律和底线在哪里不清晰，要不管死了，要不放慢，这个方面探讨是能找到规律，第一是不是有利于社会资源有效利用，是不是能够降低成本，加强监管，而不是浪费资源，最后监管跟不上。第二个，可能有一部分确实需要先放一放，然后先试一下，其实刚刚谈到的沙箱机制，也是一个试错的机制。在一定范围内先试错，有了进展以后，发现了问题再去跟上制度规定，再去

---

* 袁满，时任《财经》杂志助理主编。

完善。所以我觉得这是一个永恒的矛盾，不能完全偏离了。

袁满：时间非常有限，还有最后5分钟，有没有问题要问台上的几位嘉宾。

提问：有一个问题想问一下马德伦老师和王永利老师，就是在金融科技的发展过程当中，会涌现出一些新的基于数字科技的资产类型，美国在推比特币、ETM，我们知道，在中国Q币和网络货币算不算资产的类型？是不是应该受到监管的保护？从这个角度来看，在监管上，还有从我们探讨金融科技与财富管理的发展方向上，不知道两位老师是怎么看这个方向的？

马德伦：比特币的出现，其实也是一个新的资产，用王永利先生的概念来说，属于数字资产，它是依靠技术来实现的。当局一开始并没有管，对比特币现在管理部门只是提醒。人们注意，就是任何一种资产，将来无论是什么形式的，都是有风险。没有任何人，没有任何一个管理部门希望任何一种资产都被疯狂地炒作。这可能是一个基本的原则。所以将来，科技怎样发展，解决不了我们的心态问题，因为就算智能投顾出现，它给你也是一个建议，结合你的风险偏好，结合你的财产状况，给你一个建议。

王永利：我补充一下，因为这是很复杂的课题，有几条东西供大家参考。一个是在法定货币的体系下，并不排除有商圈币的概念，我们原来有什么像饭菜票、购物卡等等，但是有一条，商圈币一定要在一定范围内流通，如果出了这个商圈可以广泛流通，就在挑战主权货币的地位，我觉得从货币监管角度来讲，这条可能要认真思考。第二个，随着互联网的发展，网上的商圈，已经突破了线下的行政管辖的范围了。今天的比特币，像新的货币，如果没有准确的定义和定位，一边是作为“特殊的虚拟商品”放任发展，一边又要按照货币进行监管，是很难管得了的，很多人更认为比特币就是全新的货币体系，可以颠覆法定货币体系，这是大家炒作很多的问题。再一个，哪怕比特币是高度模拟黄金，在完全虚拟环境里挖矿出来的纯数字的东西，是不是一种新的货币，可能要打一个大大的问号。但是所有这些东西，不代表没有炒作或投机赚钱的机会，你要作为炒作，大家知道原来郁金香，各种类似的东西，你要炒作，都是有机会的。但它是不是真正有生命力，特别作为金融的东西，是不是有它长期生存的价值，这要非常慎重的看待。甚至我们进一步说，央行主导的数字货币指的是什么？如果央行主导的数字货币指的是在现有法定货币体系下的数字化，是利用先进的信息技术、智能技术，快速向前推进，这完全没有问题。但是如果不是现有体制下法定货币的数字化，而是用类似比特币这样的方法，推出全新的数字货币体系，那是非常非常复杂的事情。首先新的货币体系是什么，能不能成立？然后再说这个新出来的货币体系，能不能取代传统的法定货币体系，能不能一夜之间把现钞都取代了，就像取代旧的电脑系统，头天晚上将旧的撤下去，再装上新系统，第二天就全是新的了，有没有可能？如果在很长时间里同时并列两个货币体系，那同样很危险。这是几个大的话题，这几方面都需要认真思考一下。

袁满：谢谢两位嘉宾的回答，目前金融科技在财富管理的应用，看来更多解决信用、信息对称性的问题，能不能解决原始资产自身的经营风险问题呢？我觉得这个问题是值得探讨的。如果大家对这个话题还意犹未尽，欢迎大家来参加下午的那场分会，谢谢各位，谢谢各位嘉宾的精彩发言。

第五章

金融回归实体经济

随着中国经济结构调整的不断深入，消费作为推动中国经济增长的引擎发挥着越来越重要的作用。与此同时，中国经济产融结合的趋势进一步加强。这些都对居民财富创造与管理提出了更高更新的要求。金融业如何回归实体，如何提升金融市场的厚度与丰富性，满足居民配置和管理资产的需求，更有效地汇聚民间资本反哺实体经济，同时防范资本虚投空转，避免“野蛮人”大行其道，将考验各方智慧。

虚实之争不是经济发展的本质问题

朱云来*

谈金融与实体经济的问题，我觉得更多应该来谈经济整体发展的方向问题。所谓脱实向虚也好，脱虚返实也好，经济问题本质不是虚实的问题，而是货币扩张过快的问题。不断扩大投资范围，扩大货币供应，是由这些因素引起的。从投资的角度来讲，投资人是不会管虚和实的，只要赚钱，他一定投；不赚钱，即便说实体经济，他也没法投。所以，本质问题是经济发展本身是否良性，货币供应是否总体过大，在现有经济中能否找到发展机会。投资多了，长远来看对经济不一定是好事。但如果投资需要债务支撑，债务过多，早晚恐怕有问题。

主持人问，如何让金融机构既服从监管规定同时又能够服务经济实体，我想讲讲我的几点基本理解。首先，要深刻理解什么是市场经济，如果市场参与的主体能根据自身的经济利益来决定市场行为，这个就自然形成了市场经济。经济的虚实跟市场规则没有直接的关系。规则是已经形成的，可能在实际生活中，更希望快点发展经济，因此很容易形成一些项目去投，通过这些项目扩张贷款。很多人不了解，在贷款过程中，创造了货币，即便是为了项目，只要不收回贷款，钱通过经济交易过程，投资方把钱交给了提供方，提供方可能是提供一部分或者是起到中间的作用，又转给下一个人，所以钱一直在里面运转，而且越来越

* 朱云来，金融专业人士。

多，因为资本总是要逐利的，总是要找机会。所以我们看到很多问题就在这里，不是说要脱虚向实，就能把钱赶到实体经济中，这样不符合规律。

我们从宏观经济发展的角度来看，我们的贷款规模是不是够？是太大了，还是太小了？这要看机会。改革开放早期，世界经济进行调整，给中国带来了很好的机会，可以去投资建设出口的工厂。此一时彼一时，现在世界情况变了，应该怎么做？住房建设和房地产，开始起到很好的作用，现在又是此一时彼一时，建房总量比十年前增加了可能两三倍，这个数量大到一定程度时，再去做这种大量的地产投资，可能就有问题了。所以我觉得可能是我们需要审慎考虑一下经济的发展方式。我们一直在讲发展要转变方式，但事实上，我们看到的过去这些年发展的方式，其实基本没变，除了这个钱印得幅度越来越大，其他的方式没有改变。鉴于这样的经济状况，需要审慎地重新审查和考虑，来调整经济的发展方式。

金融如何推动实体经济发展

宫少林*

金融回归实体经济，已成为社会广泛议论的话题。这里面有两个突出问题。一是为什么会谈到这个话题？从这些年的情况看，金融资产规模是在快速增加，刚才也说了国际清算银行确定的中国债务比，即债务总量和 GDP 的比例过高；二是货币供应总量 M2 到去年年底，也得有 160 多万亿，如果和 GDP 相比，也是超过了两倍多。这在世界各国经济体中，比例都是相当高的。大家知道，货币供应量是由中央银行一系列政策创造的。但从中央银行的资产负债表来看，外汇储备量从 2012 年增长放慢，以至于到近期一段时间，中央银行的资产规模出现了瞬间的下降。

推动整个商业银行的资产规模，货币供应量快速扩张，其背后的机理到底是什么？经济学家也做了很多分析。从 2010 年以来，存款准备金制度或者比例没有本质变化，央行的资本规模增加也不多，但是不管是商业银行的贷款总量，还是影子银行的规模都在增长，导致了货币供应量快速增加。我觉得可能这么多年商业银行在资产扩张过程当中，有一些跳出了存款准备金制度，进而推动整个资本规模的迅速增加，才出现到今天需要进行一定限度的去杠杆。

那么金融如何回归实体经济？刚才朱总也谈到了，资本是逐利的。

* 宫少林，金融专业人士。

只要有利益，资本肯定去投，在逐利过程中，为什么出现大量金融资产空转、不进入到实体经济的情况？实体经济到底发生了什么变化？招商证券研发中心的同事做了一个分析，2010年，一块钱的投资能带动0.32元的GDP；到了2015年，这个数值变成了0.16元。全社会投资收益率在降低。我们现在要看整个社会的投资收益到底有多少，如果说有收益，金融资产是愿意进行投资的。但实际情况是收益越来越少。所以要进行供给侧改革，因为全面产能过剩。

推动和支持实体经济发展，从金融角度而言有许多事情可做。

第一，需要在制度方面，切实推动混合所有制的改革，通过混合所有制改革，推动资本进入实体和企业发展，促使有效和有效率的资产增加。

第二，要进一步发挥资本市场的作用。最近经济学家对中国证监会有很多评论，说IPO太快了，不顾市场指数。据统计，我们IPO停过九次，是很多的。市场需要活力，需要发挥有效资源组织作用，变成一个可投资的、有希望的市场。中国证监会不断加强市场监管，打击造假行为等，这些都是市场健康发展的一个前提。推进企业的IPO进行公开发行，推进企业在股转系统的挂牌上市，进行融资，这都是通过金融手段来服务实体经济的可行的做法。昨天巴曙松博士讲到了港交所准备进行改革，在主板当中再分出创新层，像对同股不同权的问题，对上市之前没有盈利的问题，都做了界定，鼓励和支持这些企业在香港进行上市。我觉得这些都实实在在推动香港资本市场与时俱进地发展。对照我们也是这样，股转系统去年进行了分层，也有创新层，但是还没有走到竞价交易这一步，还是协议转让，市场流动性各方面还存在问题。大力推动IPO，也需要在制度层面对股票市场进行创新。股票和股票相关的创新，包括期权的创新力度也希望加快。

第三，从去年以来，消费在快速增长。也有人统计在今年第一季度GDP增长的6.9%当中，消费贡献应该占百分之五点几，基建贡献占百分之一点几，消费已经变成了推动GDP增长的核心力量。和消费相关程度最高的是收入，与货币政策关系不很直接。如何提高居民的可支配收入，这将直接关系到消费增长水平。当然这里面涉及到，企业税收减税，推动企业投资，居民个人所得税方面的改革，这些举措将会有效增加居民个人的可支配收入。确实要走到像 20 世纪 80 年代美国和日本的情况，通过消费快速增长来推动整个 GDP 的健康发展，不能再走到完全靠固定资产投资来拉动 GDP 增长的做法了。我们现在也看到，固定资产投资的速度放慢了，百分之八点几，这在过去是不可以想象的，以前基本是 25%、18%，现在降到了不到 10%。商品消费和服务消费都在快速增长，这些都使得实体经济、GDP 能够非常健康和稳健的发展与增长。

金融脱虚向实必须消除过度垄断

贾　康*

说到为实体经济服务的金融，我觉得这是天经地义的。我基本的认识是，全社会应该进一步明确一个共识，金融不论多么重要，其出发点和归宿一定要落到支持实体经济的发展上。在中国特别是在实体经济升级换代阶段，应强调这是金融的功能和意义之所在。

金融已带有明显的脱实向虚偏差，其原因何在呢？我赞同刚才宫总说的，利益驱动。改革开放将近 40 年，已经雄厚起来的社会资本、民间资金，为什么不愿意流入实体经济？与实体经济相比，虚拟经济领域更容易赚钱，就是这样一个逻辑关系和利益驱动的成因。为什么出现这样的情况？一定是要素流动不充分。经济学原理说明，如果要素充分流动，就不会在某一领域里总是实现超额利润。这就必须给出一个基本判断，中国金融领域里存在过度的垄断。这些垄断有可能是行政因素造成的，当然也不排除自然而然的阶段性、寡头式的垄断因素。我们能做的，是使这些行政垄断因素尽量消除。这就涉及供给侧改革攻坚克难的命题。

从这个角度来看，如果让要素流动更畅通，能够减少它的阻碍，跟监管合理化有很大关系。我不认为只是监管过松，可能也包含监管选择性过紧——不适当的选择性过紧，实际是围绕着不正当的行政垄断因素

* 贾康，时任华夏新供给经济学研究院首席经济学家，财政部财政科学研究所原所长。

发生的畸松畸紧。

如提建议的话，在不同场合我已说了这么几点：第一，明确树立金融为实体经济发展和升级换代服务的基本共识和理念势在必行。

第二，中国整个金融体系的多样化改革势在必行，所谓多样化就是要充分消除垄断因素，让有潜力形成的各种各样的金融产品，应该充分表现在市场上，形成各种金融产品对于各种需要的无缝连接的供给体系，整个体系应该是“全光谱”的。话说回来，在多样性中，大家意识到股市要发展，但是这么多年来，吃了不少的苦头，债市做起来也举步维艰。中国如此高的间接融资比重，造成整个算起来广义货币 M2 和 GDP 之比就非常高，要明显高于直接金融为主的经济体。直接金融的多种形式，显然需要注重发展。

如果多样化角度扩展来说，就要说到第三个层面，我认为在中国健康、可持续推进政策性金融体系建设的战略势在必行。现在大家都在谈论绿色金融、普惠金融、开发性金融，这些的后面都少不了政策性融资机制作为后盾这样一个制度构造。当然要把这方面掌握好，又是非常复杂的问题，意味着承认商业金融旁边还有一个政策金融，双轨运行就要设法避免设租寻租问题，在中国双轨并行如处理不好，必然带来乌烟瘴气的局面。需要以“守正出奇”的成功的供给侧改革解决好这个问题。

再有，金融创新中对接“互联网 +”、科技金融势在必行。科技金融国际上早就有了，确实是一个非常重要的创新空间。我们注意到，比如说“互联网 +”的互联网金融的发展，使得我们认识到无须政府让利而由“互联网 +”所拓展出来的商业性金融的新范围，边界上把商业性金融扩大了，像阿里公司发放的小贷，仍在商业性金融的逻辑里面，但可以用大数据、云计算比较有把握地控制风险，由软件系统“零人工操作”，不断发放一笔又一笔利息仅比常规稍高一点的小贷，我在他们公司的显示屏上看到，约 2 秒钟一笔，最高的 20 万元，最低的 6000 元，这样以过去完全不可以想象的机制，发放小贷支持实体经济。

最后，中国高度重视的 PPP 创新的充分发展势在必行，这既是继承国外已有的创新经验，又是在本土面对巨大需求的有效投融资创新。应该在这方面形成一个可持续的阳光化、规范化、专业化的发展机制。PPP 创新是从公共工程、基础设施建设角度切入，不仅是改善民生，实际在中国还对接很多产业新城、产业集群和连片开发的项目。打开这样的创新空间，又是和金融、投融资的多样化结合在一起，更好地推动实体经济在中国得到应有的更新换代的发展。

中国金融改革与服务实体经济

王 宇*

我今天发言的题目是《中国金融改革与服务实体经济》。主要谈三个问题，第一是中国利率市场化改革，第二是中国汇率市场化改革，第三是利率汇率市场化改革与金融服务实体经济。

一、中国利率市场化改革：目标、顺序、进程和展望

中国利率市场化的目标是逐步取消政府对金融机构存贷款利率的管制，让市场在人民币利率的形成和变动中发挥决定性的作用。中国利率市场化改革的顺序是先放开货币市场和债券市场的利率；再放开金融机构的贷款利率；最后放开金融机构的存款利率。中国利率市场化改革走过了一个较为漫长的过程。中国利率市场化改革从 1996 年开始的，到 1999 年已经基本放开了债券市场和货币市场的利率管制。2002 年实现了一个重要的阶段性目标，即金融机构的存款利率管上限，贷款利率管下限。2013 年 7 月 21 日，中国人民银行宣布取消对金融机构贷款利率的下限管制，也就是说从 2013 年 7 月 21 日起，中国金融机构的贷款利率应当由金融机构根据商业原则或者市场化原则自行决定。2015 年，

* 王宇，时任中国人民银行研究局副局长。

中国人民银行宣布取消对金融机构存款利率的上限管制。从1996年利率市场化拉开序幕，到2015年人民银行宣布取消对金融机构存款利率的上限管制，经过差不多20年的时间。经过20年的努力，中国已经基本结束了利率管制时代，从此，中国金融机构的存贷款利率应当主要由市场供求关系决定。

下一步中国利率市场化改革还有哪些工作要做呢？当然要做的事情还很多，以下有两条具有非常重要的意义：一是选择和培育中央银行的基准利率体系，完善中央银行利率政策传导机制。二是要进一步完善金融机构的内在激励机制和外在约束机制。内在激励机制主要是指产权制度和公司治理，完善金融机构的内在激励机制主要是指理顺金融机构的产权关系、完善金融机构的公司治理，建立现代金融企业制度等。外在约束机制主要是指市场纪律，完善金融机构的外在约束机制主要是指市场竞争、优胜劣汰，不能再搞隐性担保，不能再搞刚性兑付。

二、中国汇率市场化改革：目标、进程、成就和展望

中国汇率市场化改革的目标是要建立一个以市场供求为基础的、有管理的浮动汇率制度，维护人民币汇率在合理、均衡基础上的基本稳定。中国利率市场化改革是从1994年开始的，比中国利率市场化改革还要早两年。中国汇率市场化改革也经历了一个较为漫长的进程。在此期间，共进行了六次比较重大的汇率政策调整，人民币汇率的浮动区间，已经从1994年的正负0.3%，扩大到现在的正负2%。到目前为止，中国汇率市场化改革取得重大成就，人民币汇率浮动区间明显扩大，人民币汇率的弹性明显增强，中国国际收支走向再平稳，人民币汇率由单边升值开始双向浮动，逐步走向均衡。

下一步中国汇率市场化改革还有哪些工作要做了？要做的工作当然也有很多，其中，以下三条具有重要意义：一是进一步减少政府干预，

让市场在人民币汇率形成和变动中更多地发挥作用。二是进一步扩大人民币汇率的浮动区间，现在人民币汇率的浮动区间，已经从正负 0.3% 扩大到正负 2%，以后当条件成熟时，可以考虑进一步扩大人民币汇率的浮动区间，增强人民币汇率弹性。三是进一步完善中国外汇市场，包括增加外汇市场的交易主体，丰富外汇市场的交易工具，增加外汇市场的交易方式，降低外汇市场的交易成本和扩大外汇市场的交易规模。

三、利率汇率市场化改革与金融服务实体经济的关系

利率是本币的价格，汇率是两种货币的比价。从本质上应当由市场的供求关系决定。因此，利率市场化改革和汇率市场化改革的要义，就是将政府定价转变为市场定价。什么是市场定价？市场定价就是由市场供求来决定价格、配置资源。从根本上讲，市场决定价格也就是由千千万万的生产者和消费者、供给者和需求者，根据自己的意愿和能力来调整供求、决定价格。这就是市场价格，即由供求关系来决定的价格，或者说能够反映供求关系变动的价格。市场价格不仅能够反映实体经济的要求，而且能够以合理高效的方式将资源配置到实体经济中最需要的地方，从而提高金融服务实体经济的效率。

从更广阔的层面看，深化金融改革、扩大金融开放——包括利率汇率市场化改革的起点和目标，原则和导向，都是为了更好地为实体经济服务，更好地为千千万万个生产者和消费者服务。

这就是我今天的发言，不对之处，请大家多多批评指正。

要关注经济增长与金融指数不连接问题

Alain Le Couédic*

我们这个议程，主要是围绕着金融和实体经济在广义上的联想展开。特别需要指出的是，如果仔细观察这个有效的全球市场，确实会看到 GDP 增长和某些指数相关联，譬如股指指数，它的价格走势是与实体经济的增长紧密连接在一起的。而在中国，这种的关联不是很明显，对比中国的 GDP 增长和上海证券交易所的发展，这个连接是断开的。所以如何能把金融和实体经济两者连接起来呢？政府监管者需要在这方面做一些努力，同时需要实体经济和金融行业的各自主体做出一些努力。首先，我们现在做了些什么？像中国人民银行，他们密切追踪这些趋势，并有一个总体社会融资指标，用来监测有多少资金会进入到实体经济，这个非常有必要，再有就是鼓励现有企业把钱投入到自己的业务当中，而不是在金融市场上。他们看到很多基金等财富管理产品，都是由企业来投资的。因为这些企业认为，金融产品的回报率更高，或者风险没有那么高，但是事实不是这样，政府和监管者也已否定这一点。

另外在供给侧经济学这块，会关注到旧产业，这是一项长期事业，要花一些时间才能把它引上正确的方向。另外我们在中国的一些省份的客户中，有很多大的投资集团，他们既有在工业企业的投资，也有在一些金融机构的投资，比如证券公司、银行还有保险公司。他们都在努力

---

* Alain Le Couédic，时任罗兰贝格合伙人、大中华区副总裁。

组织自己的一些金融服务活动，以一种更加高效的方式，比如说在这些工业集团里建立控股公司，最终为他们所服务的集团带来利益。还有中国正在进行的另一种更为普遍的现象，是要设立更加复杂的融资机制，使其运用在你的新的产品中，或者在新的证券和资产交易中，这样也使难搞的融资状况得到改善。

另外，我也经常听到政府和监管机构要去努力弥合实体经济和金融之间的缺口。我认为中国在一些领域有很强的优势可以做到这一点，尤其是一些私营公司的业务。中国在数字经济、互联网金融，以及依托互联网的业务都有很好的发展，比如像众安保险公司，现在他们有很强的技术创新，并创造了一个完全新的行业，其风险回报预测非常有趣，其金融活动也是很能够适应一些金融创新的新模式。

这类公司的有趣之处，是他们表明了中国在全球增长的领导力体现在独特创新的商业模式和进入市场策略。这个创新不一定局限于产品本身，还有你把它交付到客户方式的创新，还有就是它的盈利模式的创新。这些公司，不仅有更多的融资活动，还有更复杂的判断风险的方式。比如互联网公司，考虑到他们对智能手机用户有很广的覆盖率，某个项目在手机和互联网上的反响很好的话，那么这个项目会很快成功，那么这里的风险预测就非常不同。像 VC 还有 PE，他们都会看一下是否可以把投资这类公司和实体经济进行联系。我觉得这是中国在创新上的优势，让某一领域的领先优势拉动仍处在供给侧经济的旧产业。

金融过度发展会带来灾难

Ajit Ranade*

我重点谈谈金融和实体经济之间的关系。

首先，金融行业不是创造者，而是实体经济的追随者、协助者，因此金融应该遵从实体经济发展的步伐。英国知名经济学家琼·罗宾森说过，实体经济繁荣，金融才会跟着繁荣。所以金融是实体经济的仆人，是支持实体经济的助手。

其次，如果金融过度发展，必将会带来灾难。华尔街 2007—2008 年前后，当时金融行业整体利润达到整体经济利润的 50%—55%，结果到 2008 年发生了什么情况，大家想一定记忆犹新，这是过去 70 年来世界范围内最严重的一次金融危机。再看 1996 年亚洲金融危机，当时东亚很多地区都存在资产泡沫，金融行业超越实体经济，同样造成很大的灾害。这些都是近期的例子，再早期的像 17 世纪郁金香狂热也是如此。

第三，要记住，金融只是储户和投资者之间的媒介物。金融产品，无论是资本市场、保险还是银行，都是用来连接储户和投资者的。储蓄是滞后消费，今日的投资是明日的消费。金融行业、储蓄甚至保险，都是为了连接今日和明日。我们需要谨记这一点。

第四，我准备谈谈金融行业在整个经济所占的比例。之前提到的金

* Ajit Ranade，时任印度埃迪亚贝拉集团首席经济学家。

融行业占整个经济的50%，这个比例就太高了。在美国存在这样的现象，美国的一些工程师、物理学家、数学家，他们最后都跑到华尔街去从事金融行业。我希望中国和印度不会有类似对金融过度沉溺的情况。如果我没有记错的话，金融行业或者金融服务业占8%—10%的GDP增长率，这就是一个很好的数字。我相信在青岛或山东省这个数字是10.3%，这就很好。

第五，金融行业是否占经济高比例，也要取决经济的发展阶段。最近美国和中国的GDP的债务比重，在过去五年到六年中增长非常快，这反映出中国经济的高速发展，同时反映出过度的投资，这点需要关注。

第六，从2014年起，中国经济开始进行重新的调整和再平衡。首先就是由出口为导向变成国内市场为导向；其次，从第二产业向服务产业转型；再次，从投资拉动变成了消费拉动。之前说投资占GDP的50%是过高，而消费占33%—35%，是过低，所以需要再次平衡；最后，是从旧经济转向新经济，像中国的东三省，黑龙江、吉林、辽宁有较高的失业率，但是新经济领域，比如电商的阿里巴巴的就业率就很好；最后一点，从关注现在转向着眼未来，也就是从非绿色经济转为绿色经济，要有更多的可再生能源、电动车等。这些提到的方面其实都是实体经济，所以金融产业、资本都要去支持它的再平衡。

第七，我想举印度的一个例子。过去20年中，印度经济体增长了4倍，而股票市场却增长了15倍。当然，因为印度的经济还不发达，所以需要加速追赶，导致金融领域发展过快，但是仍需要谨慎。

最后，当提到资本的时候，我们会想到金融资本，如储蓄、银行、保险还有股市等。我想提醒大家，还有一种非常重要的形式，就是人力资本，当你进行投资或储蓄时，金融资本是一方面，而把资金投入到培养人力资本方面，会对未来的经济和未来增长更重要。

对 话

蔡红军[*]：我总结一下云来说的，金融一定要服务于实体经济，而且收益一定要是真正的实体经济赚来的收益，而不是用钱去做一些类似高利贷之类的。

朱云来：是钱多的问题，不是主体应该决定往哪儿去。比如，规则是原来确定的，是不是合法的，根据法律规定来管，这没有关系。在原有条件没变的情况下，为什么觉得现在更多脱实向虚了？其实是因为钱更多了，过去也没有这个钱，也不会往那里去。现在反过来说，有些投资者拿了钱，如果投实体，回报才 2%、5%，却不准人家投金融，而金融 15%、20%的回报，怎么能这样呢？是赞成市场经济，还是不赞成呢？如果必须都安排钱投到哪里去，不就变成计划经济了吗？那就不用讨论了。

蔡红军：宫董事长以前是招商证券的董事长，而且直接参与了招商证券 A 股和 H 股的发行。金融回归于实体经济，证券起的作用是非常大的。金融市场还有各方面的争论，而且从指数上来说，今年中国股市是全世界目前来说表现最差的一个股市，但是后劲很大。您对中国证券市场下半年的预测是什么？

宫少林：美国指数创新高，香港指数一路向好，我们沪深交易所指数则表现不好，个别股票跌得多，创业板指数现在低于 2015 年了，这和我们的市场结构一定有关系。在我们所有上市公司当中，金融所占分量很大。这些年金融的盈利又特别好，往往在测算的时候，包括含金融和不含金融的两类。上周我们公司开了一个策略报告会，这里面有一个对于市场估值的研究。当前全部 A 股市场估值是 19.4 倍，如果剔除

---

* 蔡红军，时任花旗集团中国区主席。

了金融企业之后，应该是 31 倍。这和 2010 年以来的最低点相比，还是有比较大的差距的。但是和 2010 年以来的市场平均估值差不多。创业板里面有一些相当活跃的公司，剔除几家之后，创业板应该是 53.4 倍，和 2010 年以来的最低估值还有一定的距离，那时是 29 倍，但是也低于 2010 年以来平均估值的 63 倍。现在是加强了市场监管，去杠杆之后，对于市场本身带来的金融属性估值是一个压抑，但要进一步突出上市公司实际盈利带来的估值，那是什么呢？大家更加看好消费类，刚才也讲到了它在经济中扮演的角色越来越重要，更加看重在市场估值当中实际经营业绩所带来的估值，这也是个人观点，不一定对。我觉得市场还是向健康的方向发展，中国的资本市场特别股票市场，还有相当的路要走，同时也有相当的成长空间。

蔡红军：谢谢。下一个问题我想问一下贾所长。刚才您提到了创新性和互联网金融，还有 PPP 的创新模式。大家都知道，中国现在是互联网金融最发达的国家，而且今年以来，我们见到各种各样的金融科技公司，从理财产品的金融科技公司，到小额贷款的科技公司，太多了，这个行业发展得非常快。但是行业发展这么快，监管方面其实一直在进行探讨，可能会有一些政策出来，但是却一直没有非常明确的政策出台。您觉得这是不是矛盾。就是说，看到了行业发展这么快，但是监管方面没有跟上，还是说这是一件好事。

贾康：实话实说，谁坐在监管者的位置上，都是如坐针毡，因为难度很大。但是我们确实应该提高监管水平。监管应该尽快适应金融创新发展的规律和防范风险的规律。这里面有一些争议，具体说，比如一行三会的金融监管框架是否合适，讨论里面见仁见智，有各种各样的观点。如果从哲理层面上讲，我觉得考虑监管机构的设立和之间的配合关系，无论如何一个总体而言如何去认识和适应规律的哲理是需要明确的。确实，在中国改革发展过程中需要有规范，但是有一个大前提，发展是硬道理，已升华为全面协调可持续的科学发展是硬道理，但基本的句型没有变，原理没有变，逻辑没有变，发展中一定要创新，创新一定要突破原有的规范，所以从监管视角来说，就是“在发展中规范”和“在规范中发展”都必须考虑两者权衡中，“发展中规划”应放在首位，因为开始创新发展时你还不知道应该以什么规划来规范、必须给出试错的弹性空间。如果经过一段时间试错之后判断上可看得比较准了，风险点认识得八九不离十的时候，就必须要出手了，强调规范之后这个事情才能发展。从互联网金融来看，一开始有基本态度：包括央行高管都说过，不会掐死似乎带有乱象的互联网金融，要允许创新试错发展。但一旦出了比较明显的问题之后，实际监管环节往往只强调规范，即一定要规范，而进一步试错空间可能会被扼杀。这种特征非常明显。

总体而言还是在提倡创新中往前推进，方向不脱离大轨道，规范和监管必要，但不能过于走极端。我觉得在大的决策上面，应该更好体现给予创新的指导和包容，就是总体而言，改革过程中应该允许出现一定的失误，在处理权衡发展与规划关系里面，还是要时不时提醒一下。至于金融监管具体框架，我个人的观点是赞同原则得到明确、已经横跨两届政府的“大部制”，最好把它变成一个大的机构，一行三会的功能在这个机构里面统统都有，剩下的问题就是怎么样更好合理协调，减少扯皮、推诿，协调配合起来更有效率。实话实说，碰到较大的金融市场、股市带有动荡特征事件的时候，都觉得一行三会的反应跟不上，如放在一个大机构里面，以内部协调方式去做，显然这个效率有可能提高吧？框架上不否认已经有的各个分门别类的功能，为什么不能放在一个大的框架之内？这样总的大部制改革趋势也是势在必行，如果处理得好，就是红利释放、潜力发挥，既让市场更好发挥资源配置作用，又能更好发挥政府的作用，值得在这方面更好努力。

蔡红军：观众有问题吗？

提问：我想请教一下朱总，在金融监管领域，金融和实体经济相互支持协调，哪几个的国家或者大的经济体做的相对比较好，运行比较健康？它们经济体运行具有哪些特点，监管的现状值得我们怎样学习和借鉴？谢谢。

朱云来：这个问题有点大。总体来说，西方像美国、欧洲这些国家的经济，发展得比较早，相对比较系统，但不是说没有问题。我们可以从西方经济发展过程中有所借鉴，但是中国的问题和这些国家的问题不太一样，我们必须走自己的路。这就需要我们有一个更为清晰的思维：你到底面临什么样的问题，你怎么样去解决它？应该在一个制度体系之内。这里面需要一些顶层设计，以前各部门各自为战，实际上都是根据自己的基础情况，从底下往下做起来的一些规则。刚才贾先生也提到，一行三会这么多的金融领域，相互之间是有相当密切的联系，但是你又分别去制定规则，甚至分别去执行。遇到很多问题，可能就很难协调。

这些问题需要系统来看。基本规则要通过研究，形成一定的共识来明确化。我们制定规则时，习惯于今天出了事情，就出台一个相应的规则，头痛医头，脚痛医脚。暂时解决这个问题，明天又引起另外一个问题。譬如住房政策，这十年，改了多少回了。每一次改完之后，又出来一个问题。农产品也是一样，今天肉价涨了，就来个新政策，刺激肉生产，明天又跌得一塌糊涂，大家都不做了，又开始涨了。这都是经济的规律，我们要学习什么是市场经济的基本规律，要根据这个市场规律来制定规则。

虽然大家现在多少能接受资本逐利，但是实际感觉上还是有点鄙视，这可能是中国的一种文化习惯。逐利是必须的，国有企业不逐利不挣钱，那就是对的吗？它要逐利，因为这是全民所有财产，全民才能得到利益，这是最大的利益，它必须逐利，也必须盈利。所以盈利是没有错的，市场主体根据盈利的规则，就会对经济作出判断和选择。不是你认为这个领域、这个实业好，它就应该赚钱。那么为什么你认为好的实业利润这么低？就说明它实际是过剩的，要听从市场的安排。肯定是因为过剩了，才会不赚钱。金融赚钱的原因是什么？正因为印了这么多的钱，在分钱的过程中，他当然赚钱。

所以，中国的发展还是要真正把这些基本问题分析清楚、讨论清楚。我们可能一下子做不到位，但至少能够抓到这个问题的本质，放在系统里面，所以我说需要对各种市场制度进行一个系统设计。这样对发展更为良性。

蔡红军：最后一个问题。

提问：我想问朱总和贾所长一个问题，您觉得房地产行业是属于实体经济吗？如果说一个做实业的企业老板转行去做房地产，听起来好像属于脱实向虚的范畴。以后如果房价下跌，转变到实体经济，是否是跷跷板的关系，您怎么看这个问题？谢谢。

贾康：我的基本观点是，实体经济里包括房地产。一般讲实体经济这个概念，是与虚拟经济相对应的，典型的虚拟经济是有价证券。但是房地产有其特殊性。我们一般说的房地产，首先大家指的是住房，“房子是用来住的”，所以是消费性的。实体经济需要实现自身不断往前发展，从这个角度来说，支撑力主要来自生产性，就是比较明显的差异。这样处理房地产与整个实体经济之间的关系，就有点像正确处理金融和实体经济之间关系的基本逻辑——你如果能够掌握好基本的生产性要素支撑，使该流动的流动起来，把不应该有的过度炒作因素消除掉，就不会出现房地产总是排挤其他实体经济发展的局面。现在中国这么多的房地产，针对发展中出现的问题，采取了住房限购限贷甚至限价等诸多措施，但治标不治本，健康化效果并不明显。显然土地制度、住房制度和投融资制度，也包括税制，即包括房地产税，这些基础性制度和长效机制如果不建立起来，我们只能在治标、打摆子的路上继续往前走，这绝对不是往前健康发展的出路。

大家看到房价节节走高，老百姓不满，政府管理部门也很焦虑。到底怎么解决？现在已经演化出的实际情况，不是仅仅有房价走高的问题，而是“冰火两重天”的问题。2016 年初，本来从中央到地方，多方面的注意力更多是放在去库存，怎么消化过剩供给的问题，没想到在一线城市劳动迅速升温的情况下，却不得不把精力很快地更多放到怎么打压房价上去了。如果把通盘情况掌握好，形成有效供给，首先应适应社会发展和城镇化需要，能够有很好的土地供应机制，基本农田占补平衡之下，怎么样把地票制度和土地收储制度的经验用起来，这个问题要很好解决。其次是住房制度，首先要从政府方面给出“双规统筹”的规划支撑，使保障房托底，让最低收入阶层和收入夹心层都住有所居，否则他们不得不涌入低端商品房市场，拼命要争到手，哪怕争到手，也要当房奴，很痛苦。重庆的经验，把保障轨道上整个供应量放到住房总量的35%—40%，这样把低端稳定住之后，商品房轨道上房产价格上涨就没有那么大的杀伤力了。如把一个长效的、能适应各方面需求的、使房市和整个社会健康发展的基础性制度配全了，那么在住房的供给方面，托底基本到位，剩下的房价问题就是一个由中等收入阶层以上的人们，按照自己的收入和支付能力，行使消费者主权来相对从容地到房地产市场上实现购买的交易价格问题，政府在这个时候应该更超脱了，社会也不应该对房价有这么大的焦虑了。在基础性制度建设方面，这些年总体来说是进展远远不如人意，特别典型的是中央说要加快房地产税立法，也说了这么多年，现在还寸步未动。这是必须要说清楚的改革难题。如要真正形成健康的房地产供给体系，里面有多样化的较充足供应，只有放在以配套改革实现基础性制度建设，才能加快中国经济社会发展方式转变、适应打造一个提高发展质量的升级版的客观需要。

朱云来：你这个问题我觉得提得非常好，我们今天讨论所谓这个主题是实还是虚，房地产非常有意思，你问房地产是实体经济还是虚拟经济，还有什么东西能够比盖房子添砖加瓦更实的实体经济？你觉得它的实体经济，但房子都是拿钱堆出来的，一切都是跟钱相关的，你说它是虚的，是不是也跟这个都很相关的，哪个房地产商不要金融来支持？我觉得这个问题不在于实和虚，而在于房子到底盖了多少，盖了到底做什么用，到底能不能买得起？

现在房子盖了这么多，根据国家统计局的年鉴，历年统计算算就知道。现在城镇住房总体面积按人均30平方米这样的标准来计算，已经能够支撑10亿人。实际上我们的城市化率已经是比较夸张了，这里面还有很多乡镇里的，也都算进去了，也只有7亿人，多了3亿，这叫库存吗？现在说的库存是在开发商手里还没有卖出去的，卖出去的就不是库存了吗？或者更准确地讲，它是一种闲置，因为有的房子虽然被人买了，但是没有被人住，之所以买是为了将来卖，其实仍然在这个市场。所以我认为，总量本来已经很高了，算算价格，所有城镇居民大约平均7千元，而收入一年平均只有3万，日常消费以后，剩下的大约一万，买一平方米六七千，将近一万的，现在可能更高，按照统计平均的概念来说，老百姓没有这么多钱能够买得起这么贵的房子。

房子为什么会这么贵呢？就因为纯粹的金融，所谓的脱实向虚的虚，货币总量160万亿，因为这个数不断提升，所以房价一定会跟着涨，因为这叫资产价格通胀，因此这个房价，就越来越高，问题是这么高的房价，真正需要住房的大多数人的收入，平均收入又这么低，30年结余才能够买得起一个房子。所以这显然是经济扭曲了。短期的人看不清长期的结果，所以大家会有习惯性的预期，觉得房子总是在涨价的，因为觉得房子在涨价，所以每个人都买房子，因为大家都去买房子，所以都去买，又强化了房子的预期。最终意识到，即便挺有钱买得起房子，其实将来卖不出去，因为真正有需要的大众基础收入没到，不可能买，确实想买，但是不可能买。最终时间长了你会发现，这个房子买了也没有意义。还有很多的利息的消耗，维修的消耗，各种消耗。这样资产持有不增值，最终可能就被迫放弃，把它卖掉，那时候价格会下来。像刚才贾先生说，不知道价格怎么调整，我说是的，要调整到绝大多数需要买房子的人有多少钱，这个就是房子的最终价格。

所以要实和虚说到底是一个经济，没有听说把经济学分成两半，一半叫做实体经济怎么研究，一半虚拟经济怎么研究，不可能的。金融是经济里面的一部分，但是确实是很重要的一部分，是把经济里面有一些赢余转移到有需求的地方去，去促进经济的发展。所以从这方面来讲，对经济促进作用很重要。所以现在我们看到的这些表象不是我们想的这么简单，问题是在更深层次。总体来讲，国家经济要有一个合理的增长的速度和合理的增长方式，否则长期发展，可能会有越来越多的问题。

现在改革开放将近 40 年了，也需要一个系统的总结、修复和改变。其实我们政策方针其实早也定了，我认为是挺正确的，就是要转变发展方式，要升级，要继续完善市场经济的体制框架，让市场起更重要的决定性作用。

我觉得地产是很好的例子。房地产在整个经济里比重占得是非常之大的，从广义一点说，包括所有的建筑，占了经济至少是 1/3 甚至更多，应该说这个比重是比较大的，问题是比较重的。怎么才能调整好？相比我们的增长质量，增长速度应该不是那么重要，如果我们增长速度很高，但是增长的质量是不高的，甚至是可能有很多的引起长期的过剩和亏损的，那我们宁愿首先关注的是增长质量，谢谢。

蔡红军：由于时间关系，我们就不能提问了。刚才云来基本上起到了我的角色，对整个主题做了一个精辟的总结。实体经济和金融，这两者绝对是混为一体的，金融是为实体经济服务的，而实体经济永远离不开金融的支持，金融它的性质就是逐利，实体经济用了金融这个资本，也要为它提供它的效益，这样的话两者永远是互相依存，互相支持，共同发展，共同创新，而所有的最终的存活，市场经济会决定，而所有的宏观政策，也应该最终为市场经济服务，为更好的金融和实体经济混为一体而服务。

第六章

监管新政对资管业务的影响及应对

2017年是银行资管业务10余年发展史上浓墨重彩的“监管年”，监管文件频发，资管产品统一、监管制度也有望出台，监管政策从“去管制”周期向“强管制”过渡，从鼓励创新向注重防范风险转变，使得理财、信托、基金等资管业务都面临着巨大转折。这些都将有可能倒逼银行资管向真正的资产管理转型。如何在监管新政和MPA考核下走出银行大资管业务的新路，是考验银行创新智慧和竞争力的大机遇。打破隐性刚兑，重塑自身的投研体系和风险管理体系，利用大数据挖掘客户需求，通过金融智能化和产品多元化重新获取主动权，将在很大程度上决定着银行资管业务的发展方向。

转型创新是新时代金融业改革发展最强音

刘仲生*

青岛作为全国唯一的以财富管理为主题的金融综合改革试验区，已经连续三年举办“青岛·中国财富论坛”的品牌活动，旨在为全国和全球的财富管理行业提供最具权威性、前瞻性的声音。正如今天上午专家学者的观点，2017 年注定要在国际和国内发展史上留下浓墨重彩的一笔，国际上以英国脱欧、美国退出巴黎协定为代表的诸多黑天鹅事件，标志着全球进入贸易保护主义的新全球化时代。就在本周 16 号，美联储宣布了年内的二次加息，也在本周 14 号，丹麦政府颁布了新的规定，出台新政，颁布废除商店接受物理现金的法律规定，非现金时代真正来到了我们身边。在国内，以两加强、三违反、三套利、四不当等监管新政标志着金融业进入了强监管、严监管的新周期。如何避免和把控好在处置风险中可能引发的新风险，正在考验着我们监管高层的智慧。同时，很多行业和公司也犹如过山车一样，跌宕起伏，波澜壮阔。我们银行业面对国际环境的动荡，经济转型的趋势，监管政策的变化，如何转型，如何创新，如何保持质量、速度、效益的协同同步发展，我想这不仅仅是我们青岛农行银行的困惑，还是我们作为一名金融工作者的困惑。特别是资管业务作为银行业轻资本、轻资产、轻型银行转型的重要支撑，在新的监管政策和市场环境下如何转型，如何调整我们的投资方

* 刘仲生，时任青岛农商银行董事长。

向，如何更好地发展，都值得我们深入地思考。

在目前不确定的煎熬和折磨中，我们最重要的是要保持定力，坚定信心，提升我们的学习能力、应变能力、创新能力，在回归本源的过程中急需正门开启之后的正能量。我们也期待着通过今天各位专家的解读，能够为资管业务的转型发展传道授业解惑。面对这个急剧变化的新时代，面前充满变数的经济金融形势，唯一不变的就是变化本身，让我们静下心来，聆听专家的声音，拨开心中的迷惑，寻找前进的方向，努力穿越周期，走向春暖花开的美好时节，努力在风云变幻的经济格局中描绘独具特色的改革发展新篇章。转型创新永远是这个新时代金融业改革发展的最强音，我们也期待着这种声音能够通过我们不懈的探索和实践带来激情的冲击和开放的空间。

从市场角度看待发展和监管问题

蔡鄂生*

我们要从市场角度来看待发展和监管问题。

我们资管还是从资产管理人来讲，任何一类机构都有一个基本的定位，资产管理人要有管理的能力。2006 年处理过一个信托机构，当时开始处理的时候非常麻烦，又不能兑付，又不能盈利。通过资产处理，不但能够兑付，还能赚钱。政府的领导就过来了，他说现在这个机构资能抵债，要求恢复，说没有事了，不用再关闭了。我说不是这么回事，信托公司不是银行，资产负债表也不是一个简单的资能抵债，你首先是一个管理人的职能。你把人家那些钱、拖拉机弄来，你本身就不是一个合格的管理人，现在还不能跟我谈资能抵债，能够把这些有问题的东西兑付。所以我们在管的时候，首先应该看你的“本”，你的基本职能尽没尽责，不是说简单的监管机构对你这个产品怎么样，你是不是站在一个资产管理者的角度去尽职尽责。你本身就不是一个合格的管理人的话，那不管你怎么样，也让你出局。最后政府没话说了，我照样开始程序，该怎么办还怎么办。但是由于它的整体状况等于换了一个管理人。

再说保险，在我们国家的保险，投保人的东西是不能有损失的，跟银行刚兑是不一样的，我们在保险公司的都是财产，你不能说拿一个大资管的角度，就把每一类机构的基本职责和最基本应该承担的责任忽略

---

* 蔡鄂生，时任南南合作金融中心主席，银监会原副主席。

掉，它发的这种品种到底属于哪一类，是不是该它管的东西？万能险，到底你是险还是财？不能说又是险又是财，那你怎么管？所以现在我们这些所谓新政也好，首先应该先看看我们的市场是不是出问题了，如果大家说是出问题了，那我们就该管。而且管不是为了不让发展，管了必然带来一个所谓发展速度慢的问题。但是我们从这几年的发展来看，如何从规模粗放向精细化发展呢？如何从粗放转向以效益为中心呢？这都是我们要思考的问题。我们现在这个投资效益到底怎么样？上午还跟别人聊天，以前两块钱还能换一份 GDP，现在不行了，可能四块钱。现在看着发展很快，规模也很好，但是你内在的发展动力到底怎么样？现在应该不是再拿钱砸出来的东西了，真正到了要提升治理，要提高内在的发展能力、发展动力，新旧动能转换首先就是基础的新旧动能转换。

所以我觉得现在在这个讨论题目下，我们应该有一个基本的共同认识，不要简单一上来就说对“三三四”检查怎么看，有没有套利，有没有违规。人都避免不了犯错误，何况这么大的一个机构，肯定会有问题。而且我们机构发展的历程才多少年？如果有这样的思想认识和思想方法，我觉得我们的事情就好办了。我还是老生常谈，是我对这些问题的思考。

金融应该回归本源

梅世云*

刚才蔡主席已经表达了我们银行业的心声，我在这把银行理财的情况简单地介绍一下。

从银行业的理财总体来看，我觉得用数据说话大概有六个特点：一是在平稳地增长。到今年 4 月份，我们发行的产品支数保持在 21%的增长速度，金额大概也保持在 17%、18%左右的增长速度。

二是银行业的理财突出了支持实体经济。按照中央的要求，现在银行理财的资金大概是三分之二的资金都在支持实体经济。

三是为老百姓带来了很多的财产性收入。银行理财运用自身的优势，贯彻普惠金融的理念，为全国的老百姓的财富增长做出了贡献。去年我们一般的个人类的理财产品为老百姓实现的收益大概是 4600 多亿元。

四是风险可控。银行理财产品发行有一套规定，有一个风险的评价，中等及以下风险的产品占了 99%，所以银行理财行业的风险应该说是可控的。

五是这些年来，转轨的速度在加快。银行的理财产品向浮动收益转型，打破刚兑。浮动收益性理财产品数已经占到了全部银行业理财产品数的 78%。

---

* 梅世云，时任银行业理财登记托管中心董事长。

六是银行业理财的信息实现了集中。这个集中体现在两个方面，一个方面就是在银监会的指导下，我们理财中心建设了一个全国银行业理财信息登记系统，所有理财产品对资产信息和产品本身的信息都要在这个登记系统里面进行登记，这个系统已经运转了四年。今天李文红主任也讲了，所有的理财产品只要在这个系统登记以后才能发行，而且这个产品通过以后会自动给一个号，这个号可以在相关地方查到，只有这个号才能够成为合规的产品，才能发行。另一个方面，是中国理财网的建设。全国银行业的理财产品每天所发行产品的主要信息在这个网上都能看到产品的名称、产品的特点以及产品的收益率等等相关情况，而且通过这个网站可以查到你们所买的产品是真的是假的，防止飞单。银行业理财信息披露的程度比以前前进了一大步。

今天这个会的主题叫监管新政下的资管业务影响及应对，我想强调几点：

第一，从银监会最近出台的这些政策来看，因为我们长期作为一个市场的中介机构，为银行服务，也为监管部门服务，这些年来对银监会所发文件的学习较多，我看到的新政没有太多，我觉得大部分都是一些金融的本质要求，也是国外的一些基本的经验或者常规的做法。

第二，从资本的属性来看，资本本身是要赚钱的。中国现在赚钱的欲望全社会都很强，就银行业来讲，每个月发行的理财产品筹集资金10万多亿，而每个月所发行的债券资产，1万亿都不到，这些钱都去哪了？说白了，从监管来讲不可能让钱像水一样到处漫灌，总得有一些规范性的东西，一些监管措施，这些也是必要的。

第三，从风险管理来讲，银行确确实实有经营风险，但是这个风险的敞口到底放多大？所以我想这些监管政策无非就是提醒大家注意一下风险的敞口，尤其在当前这样一个新常态下如何把握好风险的敞口，可能真是需要我们认真思考的一个问题，来降低或者减少一些风险敞口。从这个点出发，我觉得这些政策的根本目的其实就是两个词，一个是规范，一个是发展。

第四，从当前理财业务实践来看，我们确实也存在一些问题。比如说我们有些隐形的担保或者刚性兑付的问题，有一些银行管的资产跟底层资产不清的问题，也有些委托太多的问题，这些东西都是当前存在的一些问题，这些问题确实还是需要我们来重新审视。

对于银监会出台这样一些政策，有的人说这是监管升级或者从严，我的理解是监管政策在不断地落实和完善，或者说有些检查的力度在加大而已。你们讲的这些文件，其实多少年前就是这个要求，不是现在才有这个要求。有些银行想说这个可能是临时的，通过我的观察，我觉得还真可能不是临时的，这应该说是市场的基本要求。你们也不要说等检查完以后又回到原来的老路上去，这个可能性很小。其实要说我们理财这个行业的监管政策和国际上来比的话，我们没有人家那么严。

今后怎么办，我觉得还是回归到金融本源。一是要注意服务实体经济，这个可能是我们最根本的一条。第二还是要给老百姓提供更多的财富和价值。第三是要考虑加强内部管理和内部建设，特别是制度建设、人才队伍建设是很大的问题。从监管方面来讲，下一步更多的是要加强制度建设，落实好登记制度和第三方托管等制度。

税收新政对资管行业的冲击很大

李迅雷*

很荣幸跟大家探讨关于资管在金融监管下的应对问题。我更多在关注二级市场，接触、交流的也大都是二级市场的基金经理，他们问的比较多的一个问题，就是这一轮金融监管是刚刚开始还是接近尾声了？我也非常认可这一轮金融监管的必要性，确实是市场为防范系统性风险所需要的。金融产品可以分成七大类——券商、银行、公募、私募、保险、信托、期货，加起来将近有 114 万亿，如此大的规模已经对我们的金融安全带来了潜在的风险。为什么金融会有这么大的规模和体量？根源是什么？将来还会不会继续增加？如果将来金融体量增加放缓，说明经济有脱虚向实的可能，如果继续增加，应该怎么应对？大家只是在寻找金融监管要加强的原因，但是对根源的东西讨论得不多。这是我提的第一个问题。

第二个问题，跟银行、保险、信托类似，作为券商的资管行业面临一个很大压力，就是 140 号文件提出，到 7 月 1 日金融行业要搞营改增了。这将对资管行业带来怎样的冲击？业内也有人呼吁，但是没有听到回应。离 7 月 1 日越来越近了，我想从六个方面，谈谈我对营改增问题的担忧。

第一，目前金融产品太多，征税难度非常大。我前面讲到了金融产

---

* 李迅雷，时任中泰证券首席经济学家、齐鲁资管首席经济学家。

品有几万个，每个产品要根据收益计划进行征税，怎么征？每天的交易量有上万笔，难道每一笔交易都要征税吗？所以我觉得操作难度非常大，也增加了管理成本。

第二，纳税的主体有必要探讨。应该是谁赚钱征谁的税。这次140号文却规定征的是管理人的税，这跟我们目前的基金法是有抵触的，基金法明确规定谁赚钱征谁的税。

第三，存在重复征税。目前资管产品当中，大概有30万亿属于嵌套式的或者重复计算的，比如说银行的资管产品买券商的资管产品，银行的资管产品可能已经征过税了，买了券商的产品又要重复征税，这也是问题。

第四，纳税之后怎么抵扣，这个也没有明确。

第五，会带来税收的压制和套利。比如说公募基金，目前为止是不用征税的，大量的非公募如果都要征税的话，有些就去转投公募了。这样既会造成行业规模上的收缩，又给市场人为带来了监管套利、制度套利等不好的现象。

第六，因为要对所得收益的3%进行征税，我们简单算了一下，整个券商的资管行业税负负担可能会增加5—7倍，这对券商资管行业的冲击还是非常大的，大大增加了资管行业的负担。这个负担其实最终还是会转嫁给委托人，这对国内的财富管理市场非常不利，对个人投资者收益率会有一个折扣。

所以我的建议是，首先，征税要三思而行，对于监管尺度、纳税范围，要有一个统一的界定，比如说报送到一行三会的产品，要有统一的界定，不能这个要纳税，那个不用纳税，尺度应该统一；第二，监管要统一,一行三会的分类监管的模式也会带来很多的弊端。

总体来讲，我觉得资管行业的发展空间还是很大的，理财需求也很大。但是当前在面临监管趋严的情况下，若税收上面又雪上加霜，恐怕会对行业带来的冲击比较大。

对资管行业监管的反思

郭田勇*

资管行业现在一是受新政影响，对商业银行违规方存在担心，不愿意去做一些新业务；二是由于各方面因素，当前整个市场利率水平大幅上升，包括整个固定收益市场，现在恐怕很难做了。企业发债，头一天发债，买完后第二天跌破发行价，现在就处在这么一个状态。今天我看到一篇报道，有券商分析师认为债市已经见底了，下一轮牛市即将到来。它是假设现在利率上升已经到顶了，下一步只能往下走了。我觉得恐怕也不能太武断地下这个结论，从国际上看，美联储也在加息，下一步可能还加息。从国内来看，不确定因素也还有，所以有很多不确定。

通过前段时间的观察，想就当前的监管做两点反思。

第一，现在比较热的一个词叫宏观审慎监管，我们中央财经大学也承担了一项国家重大课题，专门做宏观审慎监管。2008 年金融危机之后提出宏观审慎监管的概念，主要是如何防范大型金融机构出问题。比如说美国美联储，不仅监管大型银行，所谓系统的中小型商业银行，同时也把大型保险公司，包括通用电器——它的金融公司比较大，都纳入到统一监管。但是到了中国，我们感觉这个宏观审慎监管是不是出现了一些偏离？我们也提宏观审慎监管，但是最后落脚点都是落脚在中小银行，最后开罚单都是处罚中小银行。我感觉这里面宏观审慎有点变味

---

* 郭田勇，时任中央财经大学金融学院教授、银行业研究中心主任。

了，变成微观审慎了。

这里面有个什么假设呢？本来我们搞金融机构破产机制，认为这些小银行经营不好是可以倒的，因为你倒了以后不会发生系统性风险。现在呢？从这个角度来看，大行反而都没事了，从宏观审慎监管，我们感觉到这里面可能是有一些偏离。

如果从现实情况来看，为什么银行同业存单、银行之间交易发生那么多，其实我个人感觉大行一方面这个惰性比较大，风险意识比较强，它的中小企业客户相对比较少，中小银行发生同业存单以后，大行其实是愿意进行无风险套利的。有了这种套利以后，由于中小银行客户多，风险偏好性强，在这种经济下行的情况下，既然中小银行有这个积极性让你去多做一些这样的事，我感觉从这个导向上应该是对的。

第二，现在要强监管，也要去杠杆，同时资管行业要统一游戏规则，不能说各个监管机构用自己的标准监管，这块管理层也讲得很清楚。但是我在想，统一制定规则也是一个不能一蹴而就的问题，也要尊重我们的一些现实需要。我举个简单例子，商业银行如果做股票质押类的业务，商业银行按照银行法规定，就不能直接持有企业的股票，那怎么做？这里面法律上的规定是相矛盾的。证券公司和保险资管就可以直接去买企业的股票，商业银行就不能买。这个如果说完全不界定清楚的话，可能有些业务没法做，所以我们要重视这种现实情况。

比如说对这些金融机构产品来讲，我们经常说银行理财产品不知道每天是怎么样，直到最后到完期，或者到完期之后不能还，所谓出现不能刚性兑付的情况，或者不能还。在这种情况下，这些产品统一规则都按照静止性管理恐怕有很大的困难。昨天晚上我跟梅总交流，他们银行业托管中心也在做一些，我不知道判断对不对，尽量把一些产品按照静止性的方向做成一些交易性的，这样的话每一天能够进行一些估值，可能是未来的一个方向。

在这种情况下，如果一刀切地说完全不能使用这个通道，所有通道都要去除，恐怕跟现有的法律、制度规定是有矛盾的，不是太好办。我们讲监管套利，监管的人总是指责金融机构搞套利，为什么会套利？可能在监管上出现了一些政策上的不一致，这是有关系的。所以要真正解决统一规则，去除通道，就要从现有的法律法规上还要进行一些调整，才能办得到。

资管新政是强监管

李春雷*

首先介绍一下我们青岛农商银行，再过10几天就迎来了我们银行成立5周年的日子。这五年的发展成绩可圈可点，资产规模到了2200亿，存款余额在1500亿，储蓄存款在1000亿，在青岛市列第一位，贷款余额1000亿。通过这几组数据可以看出我们现在的发展还是比较稳健的，没有像其他银行通过同业业务，急于做规模，这给我们下一个5年奠定了良好的基础。

这5年我们也走出了一条公众银行、集团银行、省级银行的发展道路。公众银行就是我行IPO正在排队中，在全国商业银行排第四位；第二就是集团银行，我们设立了八家村镇银行，在山东、江西、广东深圳等地；第三就是建立省级银行，先后在济南章丘、烟台设立了异地分支机构，形成了以青岛为核心，烟台跟济南为支点的辐射全山东的发展格局；我们的监管评级是2B级，市场评级也是双A^+，在市场上有很好的竞争力。

简单说一下理财业务，我们的理财业务于2014年起步，态势很好，现在存续规模大概在300亿，先后获得了一些荣誉。2016年我们获得了综合排名第五位，风险控制第二位，前不久刚刚获得金牛奖的理财产品奖，可以说成绩斐然。

---

* 李春雷，时任青岛农商银行副行长。

简单说一下我们谈的主要话题，资管新政对资管业务的影响和应对。从商业银行的角度，资管新政不仅是严监管，而且是强监管；不仅仅是银监会连续出了七个文件，更重要的是表现在一行三会同频共振，在一个时间里连续出台了资管领域的文件。人民银行是 MPA，把理财业务纳入考核了；银监会是三套利、三违反、四不当，进行现场考察。保监会、证监会也就资管领域出台了一些监管要求，对整个资管行业的全流程监管是一场压力测试。我们作为从业者能深刻领会到本次监管的本质就是正本清源，回归本业，也能体会到目前这个政策的效果，已经通过市场体现出来了，部分商业银行、券商已经出现了一些问题。

谈到影响，我感觉有三点。

第一点，现在市场的不确定性在提高。因为市场的政策连续不断地出台，市场需要适应，市场也在不断反映，反馈到政策上，政策跟市场在不断地博弈，所以说市场的波动性在不断加大，在当前的投资上就面临很大的难度，这个市场怎么看，很难有一个明确的方向。

第二点，我感觉速度肯定会明显下滑。原来的快速发展到了一个稳健的阶段。

第三点，未来来说，我觉得理财业务的发展质量会有明显提高。以前中小银行基本上属于借外力冲规模，现在会过渡到强内功重内涵发展的阶段。我有一个体会，整个资管行业长期以来形成了一个以非银机构为主导的价值链，商业银行往往处于末端，而不是顶端，更多的是提供资金方。现在的资管新政提供了非常好的机会，银行业是不是可以重新转过来以它为主导，建立一个资管的新模式？同时，对单家银行，特别是对我们农商行，以前都是跟随，现在大家都跑到同一个起跑线上，现在是不是可以考虑一下，只要符合规定，适应得快，适应得好，是不是可能抢先起跑，实现弯道超车？

同时，今年肯定是一个业务发展的修整年，监管在检查，政策一直没明确，肯定是对存量业务逐步规范、调整、完善。同时，新业务也要跟监管部门好好沟通，看看开通哪些新业务。第二个方面，我们感觉今年肯定是理财业务战略发展的思考年，为什么这么说呢？因为这些年需要静下来好好地重新审视思考一下资管的战略定位和未来的发展模式，对于我们行来说，肯定是要对它进行战略定位研究，在这种监管新政下，我们的理财业务到底在银行业务发展中扮演什么角色，以后要匹配什么资源，一定要好好估量一下。特别是政策确定后，我估计年内肯定会出现政策，我们要制定发展规划。

第二个方面，我们要考虑理财业务的功能作用，要聚焦于实体经济，我们肯定不会做套利型的，同时缩短链条，减少嵌套，直接把资金投向实体经济。

第三个方面，青岛农商银行可能跟其他农商行不一样，将面临城区市场和农村市场统筹协调的问题，一定要认真思考思考。

今年还是一个内部机制建设年。说实在的，农商行在理财业务方面有一个比较鲜明的特点，两头在外，资产端为外，负债端的资金销售这块，理财产品销售这块主要布局在公司、零售、直销银行，怎么能形成一个基准，把资产端、负债端、产品运作端这三端形成一个利弊共享、风险共担的模式，建立一个市场化的机制，这个可能是我们需要做的。

其次，理财业务肯定要注意内控，我们开始设立投资理财部的时候很注意风险控制，做了很多工作，现在我们提出来下一步有可能把风险团队由风险管理部统一管理，尽可能提高分工水平。

再则是外脑，这一点需要单独说一下。农商银行确实有投资的短板，必须借用外脑。前一段时间我们引入了中债资信服务，对我们来说很有好处。下一步还要在这方面再做一些努力。同时还要加强科技化水平，我们现在核心业务系统不在这，可能还要引入一些其他的管理系统，提高对风险的识别、监测、控制，加强投中、投后管理。

对 话

苏琦：李老师，您刚才谈的第一点没展开，其实我们从去年一直在关注这个问题。您说这个理财产品，包括资管怎么一下做到100多万亿，跟实体经济之间什么关系？我们注意到恰恰是实体经济的回报率越来越低的时候。蔡主席也讲了，两块钱一个GDP到四块钱，这个时候我们的资管就膨胀起来了，是不是这两者之间有一个你来我往的效应？第二，所谓的金融科技、信用创造，对它有一个加杠杆的作用，如果这样的话，我们仅仅是加强监管，或者是怎么样倒逼，能够再弄回去吗？

李迅雷：我也在思考这个问题。中国整个银行业规模的扩大，有三个时间节点：第一个时间是2009年开展两年4万亿刺激经济的时候，主要是表内加杠杆，信贷规模大幅增加；第二个时间是在2012—2013年，跟创新相关的表外业务大量发展起来，市场、理财产品每年都是30%—50%的增长；第三个时间是2016年，去年的规模尤其是债券市场发行规模非常大，包括地方债、企业债还有通道业务，各大券商的资管公司的规模迅速膨胀。1000亿规模的都是小的管理资产，有三五千亿都很正常，甚至到了六七千亿。

为什么规模会这么快地膨胀？还是跟需求有关系。因为对某些行业限贷，但某些行业的投资回报率比较高，故融资需求比较大，于是就走通道业务，这就导致券商资管的繁荣。

为什么表外业务突飞猛进？是因为有这么大的融资需求，而融资需求往往是一些轻资产行业，而轻资产行业有些可能像房地产，确实是有很大的利润空间；还有创业类的企业，通过正常渠道没法获得银行贷款。我们整个银行信贷体系还是以抵押贷款加上担保的模式，这种模式对于经济转型是不利的。因为经济转型，服务业发展起来后，大部分是轻资产的行业，没法获得同等的贷款机会。反过来讲，像传统重资产企业，银行是求着他们，主动把钱贷给他们，而且还可以打折。我们可以看到去年国有企业固定资产投资增速接近 20%，民营企业只有 3.6%，形成了巨大的反差。这种反差对于经济结构的改善到底是不利的还是有利的？需要反思。

所以我的建议是，应该更多地从制度上思考这个问题，我们在哪些方面设置不合理？前面郭主任也提到了类似的情况，问题的根源在什么地方？怎样去改？这样既能够规范金融市场规范，促进经济脱虚向实，也能够让我们的理财产品市场获得一些更能够持久的盈利模式，而不是通过大规模同业业务来获得短期利差。谢谢。

苏琦：我接着问郭老师。您刚才提到银行理财产品估值问题。我们注意到，比如说大银行弄了那么多贷款，弄了一批债转股，资产证券化我们就是有限的几个做不良资产，你说怎么让市场上通过流动性高的产品进行交易，您怎么看？

郭田勇：财富管理未来要确定一个什么方向？我们知道融资分成间接融资和直接融资，财富管理应当属于一种直接融资产品，我们应该明确这一点。我把钱是委托给银行也好，还是委托给信托、证券也好，反正是来投嘛。如果大家都明确这个行为以后，就不会存在大家对刚性兑付的担忧了，本来就不应该刚性兑付。但是现在的问题是走中间通道，或者找折中点。商业银行搞理财也不跟百姓说直接融资产品，当初银行宣传理财的时候，百姓认为理财就是一种比存款利息更高的存款，这样大家才买，谁也不认为买理财跟把钱存到银行这二者有什么差别，这个是在银行理财发展初期很大的一个误区，没有给投资者做好这方面的教育。

现在很多人认为中国理财市场，银行理财各类资管产品都应该向基金公司学习，特别像公募基金学习，因为投资者一开始就知道跌破净值我自己承担损失，但是其他类投资者都不知道，都是要保本，要保收益。所以我想这个事情先天性没解决好，最后这个病就变得越来越重了。不把这个问题弄好，我们理财也好，未来搞财富管理也好，我们就很难达到一种真正意义上的原汁原味的财富管理。

刚才说大型银行，当然我也同意刚才迅雷所长讲的，我们现在整个金融运行偏差很严重，大型银行也好，包括一些农商行、中小银行，有些银行只有做一些政府项目、国有企业项目，往上绑，觉得再不还钱也不担心，也不会出现不良。一碰到民营的、小微的，就担心不良率高，就会出问题。这个确实是我们当前经济运行中的一个问题，我觉得可能是要从制度层面解决的一个问题。

但是我想说什么呢？我觉得还是要支持中小银行发展，因为中小银行毕竟做小微、做民营企业有天然优势，所以我们要支持中小银行发展。第二点，发展资本市场非常重要，因为资本市场真正能做到风险和收益相对称。商业银行谁也不愿意做小微，就是因为很大程度上我发放贷款，万一企业出问题我的本就没有了。你经营好了，我只是获得一个贷款的利息，我不能持有股份，这样风险和收益不对称。所以银行方面也可以通过联动这样的方式，调动银行支持小微企业的积极性。另外一方面，通过发展资本市场，真正做到收益和风险的相对称，才能解决好这个问题。

苏琦：蔡主席，刚才大家共同聊到一个话题，不要因为监管而产生新的风险。到底怎么理解这个问题，既要让被监管者感觉到痛，又不能让它昏厥过去，之间的度怎么掌握？

蔡鄂生：现在说的这个话题有点敏感，不要因为监管而引出风险，其实这个话按道理发展到今天应该不会，但是为什么要说这个？实际上我觉得是现在市场上有些东西的反映。另外，刚才迅雷说的，对于这个体制上的一些东西，它还没有了解得那么透。为什么没了解得那么透？可能还是对于市场，不管是银行、投行、信托、保险、P2P，甚至还有其他的。光银监会出击，必然是解决这个问题，但是现在整个市场是什么状况，其实在底下坐着的可能比我们都清楚，干这事的人可能比我们清楚得多。所以你不能不说有一种博弈在里头，这可能是客观存在的。

作为监管者来讲，它的节奏怎么把握？因为风险和问题的积累不是一天，那你监管想把问题解决也不是一蹴而就的事。就跟打仗一样，要有个节奏，要先攻什么，后攻什么，或者怎么攻，得这么去处理。如果拉出来就杀头，肯定有问题。

银行的事情还好判断一点，资本市场的事情确实要好好鉴别，因为它很复杂。比如资本市场说这个关联，还有上市公司的一些信息，我打一个电话，本来我没跟你说，结果你听到了，咱俩又是一个公司的，你又买了，咱就关联了。这个判断就需要在具体的，按毛主席讲的政策和策略是党的生命，有了法规以后，你还要在具体的执行当中实事求是，但是也不能造成一种反向的博弈，这种情况我觉得比较复杂。昨天我看我们一位领导讲了一下最近处理资本市场的数据，都是百分之一百、二百的增长，但是作为市场发生的问题来讲，它又确实存在，以前在这方面的处理也还有些问题。还是要解决到底是只进不出，还是要有进有出？如果不是一个有进有出的市场，不把一个烂苹果从筐里挑出来，不要小看它的危害。关键是怎么来好好地判断这些事情。我不认为现在监管引出风险。但怎么来判断这个事就是监管引出的风险呢？要是真正发生这些问题的话，你也得判断，追责的时候也要追，对不对？这就说明我们现在市场的风险到底是怎么表现的，你说这个市场为了这个点，现在这种“三三四”，还有证监会、保监会对于保险和处罚的情况来讲，其他人对这种处理是看热闹，还是说根据这些问题向内看？

如果说我真要向内看，我先别说它对我要求松和严的问题，反映在他们身上的问题和对市场造成这种危害，在我这个机构，在我管的范围内有没有？我们老觉得好像是你生病了，我也吃药，原来是不是老是这么说？你要是生的传染病，我肯定要吃药，你要不是传染病，那我保健身体就好了。所以这个事都是要有一个判断，这个话要说就说得长了点，但是实际上也很难说透。

苏琦：梅董事长，我问问您。我有个什么困惑呢，咱们一方面好像有很多可以理的，一方面好像又面临着资产荒，资产荒可能是因为信用相对过剩了。为什么改革开放这么多年，按说也攒了不少家底了，为什么没有这么多资产？这是第一。第二，我们过去都是弄一些私有化，可能就是把一些资产投放到市场上，能吸收一些，现在有没有什么途径？另外，有一些新的资产来进场，解决所谓的资产荒的问题。

梅世云：这个问题应该说是金融系统当前的一个最大的问题。我们改革开放三十多年来形成了这么大的财富，这么多资产，为什么会有资产荒？不仅是理论上的问题，也是个现实问题。我们这些年来的改革，金融市场的发展，我们可以肯定许多成绩。但是今后有一个方面需要加强，就是需要加强把一般性的资产真正变成金融资产，这是个最大的问题。我们这些年主要建设的是股票和债券市场这两大类，但是中国还有很多的资产，是不是可以把它变成可以转让、可以投资的金融资产？另外国外发达经济体已经搞了几百年市场建设了，不存在标准化资产、非标资产这个概念，为什么中国存在呢？就是因为这个问题，中国的金融资产没有把一般性资产变成金融资产，没有让我们的资产流动起来，没有让我们把各种类别的资产市场规范建设起来，这是中国当前金融最现实最紧迫的问题。资产荒的根本原因就在这个地方。所以说我们要讲发展，我觉得更多的应该是要发展各种各样的规范的、真正让老百姓能够看得清楚的金融资产市场。

苏琦：这么一说我就充满了希望，一边去杠杆，一边做大蛋糕。还有最后五分钟，给大家留出两个问题的时间吧。

提问：我的问题是给李所长和李行长。财富管理不是要全球化配置吗？全球化的时候各国政策影响更大，上午我们谈到美国的那三项政策，在这种情况下，中国如果监管政策趋紧的话会怎么样？可不可以有点建议？

刚才李行长谈到金融直接支持实体经济，用信贷支持。据我所知，好像青岛农商银行做了大量的产业链金融，能不能在这方面谈一下？提高信贷质量不是直接像原来那样直接支持的单一手法，比如说做了旅游金融、农户金融、儿童金融等等，能不能谈谈这方面？

李迅雷：我们现在面临着矛盾，一方面国内钱非常多，另一方面配合海外资产的渠道又比较少；国内面临资产荒，国外某些资产的估值水平相对来讲很有吸引力。

我的建议是在目前海外投资渠道较少的情况下，还是可以配一些国际定价的资产，因为国内定价的资产相对来讲还是估值水平偏高。今天早上方星海主席讲到了大宗商品，大宗商品是国际定价的，黄金是国际定价的，港股、沪港通、深港通也是国际定价的，这类资产我觉得还是可以关注的。到现在为止，那些赚钱的公募基金基本上都是深港通、沪港通来实现，所以通过港股通配置海外权益类资产，不失为一种好思路。总之，在目前这种外汇管制的情况下，我觉得国际定价的资产，包括国内资产和海外资产，包括权益资产和大宗商品，还是值得配置的。这是我的一个不成熟的建议。

李春雷：我感觉银行现在如果不做差异化的发展肯定是没法立足市场，肯定没有足够的竞争力在这个市场上。刚才您提的这个问题，当前的银行同质化还是比较严重的，现在很多银行，中小银行的战略定位、服务客群、产品、服务方式的问题都比较同质化，很难在这个市场上产生独特的竞争力。我们也在想这个问题，现在很多在旧的同质化往新的同质化过渡，以往大家都是在拉存款的状态，现在所有银行都在做社区银行、电商平台、同业业务，整个盈利模式还是趋同，这个怎么办？我们也在深入思考。我们感觉在新常态下，各个新兴产业在发展，我们必须要深刻地领会理解银行在商业信用的重要作用，还是要考虑一下金融与产业之间的关系，深入参与新兴产业。现在要用产业金融的方式来服务实体经济。

举个例子，根据数据说，山东是全国老年人口最多的省份，同时二胎放开后，也是全国出生数量最多的省份。青岛大家都很清楚，这是享誉海外的旅游胜地，我觉得这对青岛的金融机构来说，对我们发展养老金融、儿童金融、旅游金融提供了非常好的外部条件。所以说我们感觉到有这方面的发展潜力，我们抓住这个机遇，现在正在研究儿童金融的发展，现在我们的小鲸鱼儿童银行将于我们的五周年开业，对外正式营业。我觉得这是一个创新，即把儿童财商教育引入银行，尽可能以儿童为核心，抓住客户的关系，促进我们的业务发展。

一句话，必须找到特定领域、特定客户、特定需求来满足，形成我们自己独特的竞争力，才能立足整个市场。

第七章
家族企业股权保护和财富传承

在未来的5—10年，我国家族企业将迎来历史上规模最大的一次家族传承潮。以家族信托为代表的家族财富管理市场需求也面临爆发式增长。股权是家族企业的重要资产，家族企业可以将股权转入信托中，通过家族信托保持股权结构的稳定与传承。家族企业股权信托在我国还刚刚兴起，而信托登记制度尚需完备，相应的法律法规如何完善，股权信托怎样上市、税费如何征收等实践中存在的问题也亟待解决。

未来 5—10 年是中国家族企业代际传承的快速发展期

齐　斌*

过去的一段时间，世界政治经济发生了很大变化，有人说存在太多不确定性，特朗普上台后，美国的“确定”也变成“不确定”了。但我认为在中国这个市场里有一块业务是确定的，那就是高端财富的管理市场，这一点足以证明青岛市人民政府在这个领域下的战略投资是非常富有远见的。

近年来，青岛在建设经营“财富管理试验区”进程中所取得的积极成效有目共睹，为我国综合财富管理市场建设提供了良好的范本，我们为之点赞。“中国财富论坛”作为财富管理试验区的一项重要品牌活动，为政商学界各方搭建了一个权威、有前瞻性的行业国际交流平台，提供了一个多元而开放的思想市场。

当前，高净值人群财富管理的需求与日俱增且日趋多元。在经历了近 40 年的改革开放后，中国国力日益提升、国家也逐步走向富强，一大批奋发图强的创业者通过自己的勤劳、智慧和汗水取得了非凡的成就，积累了丰厚的财富。最新调研数据显示，截至 2016 年，中国拥有亿万身家的超高净值人士数量已有 8.9 万人，其中身家 5 亿以上的富豪就有 5 万人，这些人群绝大多数都是家族企业的创始人。这些创业者和

* 齐斌，时任中国对外贸易信托有限公司副总经理。

贡献者在走过创业、创富阶段之后，正在经历着守业、守富，传业、传富的过程。可以预见的是，未来5—10年，家族财富与家族企业的代际传承将进入一个活跃期。

作为家族财富传承的一种经典模式，“家族信托”在欧美高净值人士的圈层里已经流行了几百年。我们熟知的洛克菲勒家族、罗斯柴尔德家族以及李嘉诚家族等都通过信托的方式来管理他们的家族财富和企业。

“家族信托”也是信托公司非常重要的一项本源业务。不同于一般的商业信托理财产品，家族信托更是一种保护机制，可以保障家族财富；可以庇荫子孙，隔代传承；也可以有效防止各类风险对家族企业分割的影响。

“家族信托”还是中国外贸信托的一张靓丽的名片。中国外贸信托成立于1987年，是世界500强企业——中国中化集团的全资控股企业。2013年中国外贸信托成功开发出境内私行首单家族信托服务。我们的家族财富管理团队秉承“吾生有崖、吾业无疆”的理念，围绕客户的个性化需求持续创新，提供包括架构设计、信托管理、资产配置在内的全程式服务，为客户定制化的现金、金融理财、保险金、股权、不动产提供传承、保护和养老等多种信托目的安排。2016年，公司自主研发的家族信托业务运管系统上线运行，家族信托业务估值服务开始实施，保证家族信托业务长期稳健发展的前中后台一体化运行体系已初步建立，为市场需求的快速发展提供了坚实的保障。

中国外贸信托不仅是家族信托行业的拓冰者，更将努力成为家族财富管理行业标杆。截至2017年5月底，我们家族信托的签约客户近300位，期限多在20—50年。我们同时向市场推出了服务标准和一系列理念，受到客户的一致赞誉。

令我们备受鼓舞的是，以企业家为代表的，越来越多的超高净值人士开始广泛关注和深入了解对家族信托这一传承工具。更令我们欣喜的是，支撑本土家族信托做大做强的“信任机制”开始逐步建立。这里面既有中国法制社会的建设、《信托法》及配套政策法规的完善，也有相关监管部门的大力支持，还有专业机构体系化建设以及对契约精神的领悟和执行。

中国外贸信托希望通过家族信托这一法律工具的安排，在保障家族企业完整、统一、持久的前提下，帮助境内企业逐步实现由家族财富保护，向家族企业精神文化传承，到家族企业长治久安、基业长青等目标的升级融合。

股权是家族企业的重要资产，保持股权的稳定与顺利传承，对于打造家族企业“百年老店”的愿景意义重大。中国外贸信托早在 2015 年就尝试完成了一单上市公司股权家族信托设立。家族企业股权信托在我国刚刚兴起，相应的法律法规也还在进一步完善中，家族企业股权信托设立的实践中存在的问题是各界关注的重点。

正是基于此，我们今天邀请到了国内外该领域的著名专家、信托领域的专家和家族财富传承亲历者，在接下来的一个半小时的时间里，对以家族财富管理市场环境、家族股权信托的实务操作等问题进行深入的解析和探讨。

相信这次峰会上各位嘉宾的思想碰撞、远见卓识、真知灼见将给予我们更多深刻的启迪和帮助，最后预祝本场高峰论坛取得圆满的成功。

家族信托是给下一代的投资

Roger Healy*

我简单和大家分享一下信托和家族信托的历史。信托最初是帮助人们管理更广泛的资产，比如说农场、土地，但是到了近代开始被限制。信托要对每一项投资负责，最后变为人们只持有政府债券，因为这些债券不会贬值。后来政府意识到这不是很好的结构，于是做了一个上市证券，只要购买的名单上的资产就不会出问题。但这也不是最理想的投资政策。研究了一些投资理论后，政府意识到应该鼓励人们去使用更多现代的投资手法。但是私营公司是无法进入金融机构接管的信托，所以信托行业发展为家族指定的投资咨询家来做信托，就是现代信托公司的来源。

信托并没有大家想象的复杂，如果要把它运营好，就需要有分配委员会、投资委员会、监督受托人的独立保护人，还有我们经常说的受益人办公室，受益人付钱给办公室，使其帮助自己获利。企业一般有上百个信托，所以信托机构很难用导师制来管理这些信托。如果你拥有自己的生意，那就应该去自己管理信托。家族会成立私人信托机构、雇佣专业人士去管理信托。比如某个家族产业有 98 个信托、代表 68 个个体利益、拥有至少三个大规模经营业务以及几亿美元的投资，让这个复杂的所有权结构顺利运营就需要来自家族和咨询人士强大的管理。

---

* Roger Healy，全球家族顾问创始人，时任纽约大学斯特恩商学院副教授。

家族总体资产会分为控股公司、居间控股公司等不同的资产池，这可以把家族信托根据不同比例来投资家族的整体产业。这里涉及的结构非常复杂，有很多的工作要做，但获得的好处是很巨大的。税收只是一小部分，家族和谐更重要。

家庭成员和资产之间有很多活动，协调这些活动所需成本很高。家族企业由家族成员来运营，而每个人都会有不同的方向，所以就需要一个内置式家族办公室，由所有的家族成员组成。据统计，内置式家族办公室的数量是单一家族办公室数量的 2.5 倍，可以让他们在家族业务中继续做其他私营业务。设置家族办公室不是要管理投资，而是要做单独家族成员的行政事务管理。

我不完全同意家族成员与家族信托没有任何联系、所有信托由第三方双重代理机构完成的说法，因为这样会增加成本，尤其是监督这个中介所涉及的成本，若这个信托管理机构还要聘请投资经理人，成本会翻番。再有，和其他代理机构不同，信托机构有职责和法律义务，为受益人获得最好利益，所以需要协调很多方面才能找到合适的受托人。可能有人会说，信托机构把事情变得很复杂，然而有些事情会变复杂，但同时会降低其他成本或降低家族业务增长放缓的风险。

我还想讨论的是，我们为什么做这些，这又是谁的梦想。打个比方，我有一个生产打火机的企业，但让我的孩子将来继续运营这个打火机生产，是我的真正的生活目标吗？是我真正期望他们做的吗？既然我的父亲做的事情不同于我，为什么我要让我的孩子做与我同样的事情？我经常这样向人们解释为什么要把家族生意和信托联系起来：你不能逼迫你的孩子做同样的事情，并希望他们因此感到高兴，但是你可以做一些事情能够为他们想做的事提供便利，这才是你的终身目标。因为我经常看到一些信托组织有很高的限制性，比如说柯达，他们的信托建起了柯达整个的股份业务，信托要求股份不可出售，最终信托破产了；而一个美国制造业的家族企业，他们之前有内部家族的矛盾，是不是可以出售企业的股份，后来他们意识到，集中会让你变得富有，但是多样化会保持你的财富，他们很高兴最终实行这项决策，否则五到十年之后会像一些制造大企业一样破产。

所以，这就是一些人在创立企业时的想法，但有时候有太多的限制，最后变成黑洞，它跨过了家族未来的梦想和灵感。黑洞边缘的生活很棒，运作速度很快，你有很多的影响和资产，但是与此同时，也许很快会被完全摧毁。所以当你成立一个结构组织，或者与家族成员工作时，要去理解他们的目标是什么。我始终认为，这个目标是让他们成就幸福成功的下一代，老一代已成就了自己的目标，而若让自己的未来变得舒服，就需要保证自己拥有一个幸福、有成效的下一代。

税务是上市公司做信托的主要障碍

龚乐凡*

谈到财富管理和财富传承，人们往往会想起一句话——基业长青。达尔文在《物种起源》里提到，那些能够存活下来的物种，既不是最强壮也不是最聪明的，而是那些最能适应变化的。这句话对我们做家族财富管理和传承非常有借鉴和启发意义。吴晓波讲过一句话，在中国如果你是一个老板，不懂下面三件事你会死很惨，第一是趋势，第二是国家政策，第三是工具。

今天我们讲的内容就是围绕这三件事。趋势有哪几个趋势呢？第一个趋势很多人没有特别意识或者关注到，就是“我的钱越来越多”伴随着你的烦恼也越来越多，如冯仑所说，地多老婆多肯定不幸福。这是钱多带来的一个烦恼——其实是如何管理好自己、管理好自己的财富，这是一个新的挑战。

第二个趋势是什么？就是我们都在变老，但是多少人能够真正意识到？能够去直面自己在变老？经营之神王永庆不服老，直到去世前仍然在工作，可惜他突然去世没有留下遗嘱。由于事先没有进行财富筹划，产生了100多亿元新台币的遗产税。很庆幸是他曾经在美国做的信托避免了高额遗产税，不然估计还得再额外多缴纳几十亿遗产税。人们在变老，税收在变严。可能大家知道CRS的问题，2018年以后，中国税收

---

* 龚乐凡，中伦律师事务所合伙人、《私人财富管理与传承》作者。

居民在海外的金融资产都要报给中国税务机关，这都是我们需要面对的趋势问题。

讲到工具，工具有哪些内容？财富传承的工具，有 1.0、2.0 和 3.0 版本。1.0 版本最简单的起码有个遗嘱，家里财富很多担心未来离婚分产，那么就要做婚前协议。2.0 版本配置一些资产隔离的工具，比如说保险和信托，后面会展开讲。3.0 版本就是今天会探讨的课题，怎么样把这个股权（很多在座的是企业家或者企业家的顾问），怎么样把一个企业股权装到一个信托里面。我可以给大家分享一个案例，这是失败的案例。南方的一个企业家，是上市公司的老总，酒后心脏病发作去世，没有留下遗嘱。他有两个未成年的孩子、一个太太、一个母亲，没有留下遗嘱就按照法定继承。这个安排看上去很公平，他上市公司的股份由第一顺位继承人平分，但实际上这个企业是家族企业，是由企业家和他的母亲、弟弟一手打拼出来的，只不过股份全登记在企业家名下，他的母亲和弟弟都没有。法定继承之后，如果不算太太的夫妻共同财产的份额的话，平均分成四份，母亲一份，两个孩子各一份，太太一份，由于两个孩子未成年，他们的股份就由太太代管。最后的结果这个企业家原来的投票权的至少四分之三都在太太（遗孀）手里，母亲和弟弟就丧失了对家族企业的控制。这是没有做筹划的结果。

家族企业怎么做信托安排。

我是做私募股权市场和 IPO 的，很多客户找我们，他在进行准备 IPO 的时候，或者在完成 IPO 之后，才意识到财富规划的重要性。有一个上市公司的董事长找到我们希望做家族财富的安排，他第一个痛点就是如果他去世了（他已经 60 多岁了），他在上市公司持有的股份超过 30%，在他的继承人里面（两个女儿，一个未出生的孩子，还有第二任太太），如果几个人平分的话，家族对上市公司的控制就会丧失了。他希望设立一个家族信托来永久性持有他这 30%的股份，从而不会因为他的去世而导致丧失对这个家族企业的控制。然而，将股份转让给这个家族信托，不仅可能受到证监会关于大股东减持、转股的限制，还会引发高昂的税负成本。

还有另外一位客户，他的企业准备IPO，他希望设一个家族信托，也是年纪有点大了，他是一个科学家，做医药企业。他非常担心自己去世以后，孩子拿到几十亿资产，会不会丧失对人生的目标和意义，成为一个纨绔子弟。他宁可把股份捐赠掉，也不希望这样的事情发生，所以他要做家族信托。然而，中国证监会要求企业在IPO之前必须清理股权结构中的代持和信托安排。

还有一个案例，也是一个国内上市公司的老总，他的股份只有10%了。他要把股份给孩子和太太，但是担心遗产税。他想能不能把股份赠与他的孩子，不行，他的太太和孩子已经是美国公民了——因为境外人士无法在国内开立证券账户，所以无法过户受赠的股份。另外一个案例，夫妻两人创业，也在IPO申报了，发现儿子近40岁了并已经准备接班，似乎应该给一些股份给他，但是发现已经太迟了——因为儿子是加拿大公民，IPO成功之后，他一样会碰到无法开立证券账户而无法接受股份赠与的问题；而IPO的申请材料递交之后，现有的股权结构已经无法改变，哪怕父母想要转1%的股份给儿子也没办法了。这是非常现实的问题。

在中国如果要做家族信托，尤其股权信托，有很多实际操作问题依然要加以解决。我们相信，虽然有这样那样的障碍，信托对于财富规划、财富传承的价值是显而易见的，那么通过我们各方的努力，推动信托尤其是股权类的信托的落地和改进，提前规划和布局，是有助于解决财富管理和财富传承问题的。

家族信托传承包括财富和精神两方面

张蕴蓝*

我是家族信托的外行，我相信主办方邀请我过来，是想从传承的角度上来发表我对家族信托的理解。我父亲是白手起家的民营企业家，在改革开放之后，靠自己的双手打拼，创建了一个企业。我大学毕业之后就回到公司，正式接管这个企业，走了10年的路，我父亲也培养了我10年。目前我们很幸运，因为这个家族的事业还在蒸蒸日上，状态还是不错的，随着时代发展也能踏上时代的节拍。事实上，我通过同龄小伙伴了解，并不是所有的企业家都有我父亲这么幸运。我父亲创业时正逢改革开放之初，所有的便利条件和现在没有办法比拟。我们二代的接班人，面临很大的挑战。

大家会发现一个特点，愿意接班的人非常少，我周围的朋友不到30%，接班成功的比例更少了。还有两类，一类是继承了父亲的企业，第二类是自己创业。制造业接班是非常痛苦的。我对家族信托的一个理解，我觉得传承无非是两种，第一种是财富的传承，另一种是精神的传承，家族信托是财富传承不错的信托工具之一。我认为所谓传，并不一定要把你的主业传下去，有可能你的主业是时代造就的。一代创造了很好的财富的时候，放入家族信托里面，我们二代在精神传承层面上，继续为家族信托贡献我们的力量，不论是延续你的主业还是你自己创业。

---

* 张蕴蓝，时任青岛酷特智能总裁、青岛市青年商会常务副会长。

这是我非常浅显的一些理解。刚才听了专家的介绍，我记了很多，学习了很多。家族信托进入中国非常阶段，最大的信托公司才做了四年多，在规划和法律方面还有很多问题，但并不妨碍成为我们家族企业可以借助的一个工具。

从财富规划视角探讨财产安排

卫濛濛*

今天的主题是针对企业股权的保护和财富的传承。我们作为一家信托公司，在探讨财富保护和传承过程中，是经过一个过程的。我们大概四五年以前进入这个领域。在这个过程中，我们最早接触的资产类型很单纯，就是现金类的资产，在目前国内市场上最通行的方式方法，把现金资产存续的状态，通过什么样的安排，在代际之间进行传承。

家族信托这块业务在发展过程中，伴随着高净值客户对我们的推动和财富管理行业大趋势发展带给我们的挑战。到今天，越来越多富裕阶层，他们的财富是以股权和保险的形式出现的。我们在研究不同形式的资产在传承中需要注意什么，需要做哪些尝试和安排。

从国内这样一个金融机构的经营者角度来讲，我们做股权类资产保护和传承，客户首先看到的是“保护”两个字。在现在这个环境中，我们怎样通过更好的方式把以股权方式体现的财富保护下来。信托制度在国内为我们提供了比较好的法律框架，实现了这样的功能。从最早出现的《信托法》开始，在信托法律架构之中，可以实现财产隔离，这个隔离包含了三层意思：第一是财产进入到信托结构后，首先跟委托人自身的财产进行隔离。目前来说，我们从媒体报道的成功或者失败的案例来看，看到最多的就是企业自己财产没有安排信托而出现的一些纠纷的讨

* 卫濛濛，时任中国对外经济贸易信托有限公司总经理助理兼财富管理中心总经理。

论。很多人事后都会建议如果将财产纳入信托范围内，就不会陷入债务纠纷中。第二是信托架构下的财产和信托公司本身资产的隔离，也就是信托公司的自有财产和信托资产是要隔离的。第三，“传承”成为一个越来越重要的话题，信托财产和受益人财产之间的隔离也变得越发重要。当一个企业股权进入到信托当中，很多客户希望股权类家族信托永远持有这些股权，只要信托合同中约定得很严格，股权产生的收益在没有分配到受益人时，对家族成员也是隔离的。我们客户特别关注这一点，希望给子女传承股权未来的收益，但是又担心未婚子女在未来婚姻当中会不会走得不平稳，在初始就对受益人进行了隔离。对此，可以通过一些更加丰富的设计，比方说在分配条款上，设立一些婚姻状况的前置条件，防止一些风险。这是在保护和传承这两个层面，信托产品会产生的一些功效。

针对家族企业通过信托制度保护股权、传承财富这个话题，我想和大家分享我的感受，股权上要做的就是如何把所有权和经营权进行分离。一个股权进入到信托之后，它的所有权会由信托产品来持有；通过信托产品的制度性安排，可以把经营权再委托回家族去经营，通过一系列的规则，或者聘请外部机构挑选职业经理人来管理企业。我们在实践中发现，一代跟二代传承家族企业的过程中，有时会遇到二代是否愿意接班的问题。针对这个情况，家族信托可以通过设置经营权和所有权的分离，在市场上找到更合适的职业经理人，保障这个企业持续安全的运行。股权类资产放到信托的时候会涉及子承父业，怎么完成子女成长的问题。如果子不承父业，则通过家族信托中所有权和经营权制度的分离设计，在保证二代能有一个很好的生活条件下，让他追求更多的自我人生规划，能够让家族未来发展的越来越多元化，整个家族抗风险能力会越来越强。

我们跟高净值客户探讨企业股权保护和财富传承话题的时候，设置家族信托是其中一个部分，更多还会从财富规划角度沟通财产安排。很多企业家在做财富传承的过程中，解决另外三个问题：既有企业经营状态，还有短期投资的一些诉求，最后考虑到代际传承。我们倾向于给客户建议，留有足够的资金去支持家族成员未来一段时间很好的生活品质的保障。剩下的财产进行财富保护，考虑怎么做持久的经营。

对 话

王岩[*]：下面我来问一些跟嘉宾发言相关的问题。第一个问题，还是问到高教授，从您的研究和您对家族企业的了解里，在家族企业传承过程中，存在的主要问题是什么，遇到的困难或者最大的挑战是什么？接下来有什么有效的办法去尽量避免这些困难。

高皓：您提的是很有挑战性的问题，在清华家族企业课程中，我们可以讲上四个星期。这里我简要回答一下。我研究的领域是家族企业和家族财富。我们的判断是，中国民营企业在未来十年的时间里，可能有一半以上的企业家最终会把控股股权或者主要资产卖掉，因为大多数民营企业是不具备家族传承的主观和客观条件。固定资产变现后将成为可投资金融资产，这时候家族的主要问题就是资产配置和财富管理。对于那些还想持续经营实业的家族而言，则要考虑家族企业的战略，尤其是转型升级和创新突破，如何做技术研发，如何做并购整合，如何做增长发展。关于家族财富，每一个家族都是不同的，要找到最适合自己家族的传承理念和价值观。对家族传承最有挑战性的问题是，如何培养有能力、有担当的下一代家族继承人，这需要家族治理和传承系统的支持。

王岩：下一个问题转给张蕴蓝女士。中国有句话叫富不过三代，我们觉得中国还没有真正的家族，还没有完全离开决策圈。我想您是比较好的例子，企业创始人和继承人。家族一个要传承，一个要发展，你利用海外留学的经验，把传统行业变成了适应当今世界的企业，在这个过程中，你遇到过哪些问题，做决策的时候和上一代人有没有产生冲突。

张蕴蓝：这个过程中，遇到了很多问题。我接班时有一个感悟。这

* 王岩，时任米尔斯坦中国区总裁、亚美医学基金会董事、纽约私人银行与信托中国区总裁。

个我也跟很多一代企业家交流过。我对他们说传承一定不是单方面的，一方面是传，一方面是承，传得不好的话，承是很难接起来的。最关键是精神上的传承。举个例子，我父亲当时没有培养我来接班，他找了很多职业经理人，都不理想。他到上海找到我说，希望我能够回来。我第一时间就答应了。后来我发现这个决定是不正常的。因为我当时生活是没有任何压力的。我想为什么会有这样的回答呢？可能是成长环境决定的。我们家族中任何一个人有困难，我们都会去帮助他。当时我就感觉父亲需要我了，我就要承担起我的责任。这个答应的过程没有任何压力和挫折，这是父亲从小到大给我培养出来的责任感，这种家族氛围和精神，潜移默化地进入我的意识里面，这是我觉得特别重要的。

另外一个就是承，传和承之间的磨合是非常痛苦的。对于一代企业家来说，传出去的对接班人的要求更高。中国一代企业家是踏着改革开放的春风起来了，我们现在没有这个红利，我们必须参与激烈的市场竞争。因此对二代的要求非常高。对继承者来说要做好准备，有了责任感之后，要想明白你是否喜欢这件事，如果不喜欢是做不好这件事的。当我们答应这件事情的时候，内心一定要问自己，我是否爱它。再就是成功没有捷径，就是勤奋，你要通过勤奋成为这个行业顶尖的专家，这是对继承者的要求。第三个是把企业代入和时代相结合的潮流，需要对这个时代的深刻理解和对产业的深刻理解，继承者做到这三点就有可能把这个传承成功。

王岩：大家提到很多家族通过信托，保护家族财产。但是，不恰当家族信托的设立，可能对家族传承、家族财产和企业控制权，都可能产生很大风险。大家认为是不是家族信托可以避免未来的遗产税、婚嫁、死亡等产生意外的情况。就这些情况，回到龚乐凡律师，我们目前的信托法律制度，对股权财产和家族信托能够真正起到隔离和保护作用吗？

龚乐凡：这是一个非常好的问题，这是非常有挑战性的问题。实践当中，确实在市场上有各种各样的宣传，认为只要有信托就可以避债避税。我们必须认真严谨地看待问题，并不是设立一个信托就可以避债避税。如果你有一堆的债务，你想设立信托来隔离资产，这种信托很容易被法院依法撤销——因为《信托法》有这样的规定：“委托人设立信托损害其债权人利益的，债权人有权申请人民法院撤销该信托”。那么这个避税，是不是真的有效？中国的遗产税还没有出来，中国的税务机关说不定在这里听讲座，他听说你用信托的方法就能规避遗产税，那遗产税条例一出来，就写明信托不可以规避遗产税。人民法院也有强制债务人退保取得现金还债的先例，这个做法未来适用在信托上也是完全有可能的。

法院因为有债权人来追债，被告买了很多人寿保险，法院执行庭要求他把保险退了，这样的做法是否符合规定，这是打问号的。但这是实实在在的风险。当然，这并不是说，你不应该使用保险、信托这些工具，有信托比没有信托一定更好，关键是要找对专业的机构，把事情做对，工具用对。比如说，某国内知名地产公司在香港上市之前就设立了信托，上市成功之后，夫妻两人离婚了，消息发布之后，股价暴跌，两天内蒸发掉了 43 亿港币。公司又发布了信息，夫妻两人是通过各自成立的信托分别持股（实际上早已完成股份划分），他们离婚不会影响公司的股权结构，股价很快就回到离婚前的水平。从这个角度，这样的信托价值多少？可以说，它值 43 亿港币。因此，做了筹划一定比不做要好。

王岩：有很多中国公司在海外做投资，为了实现家庭财富多样化，很多中国家庭也在海外做投资，这在中国富裕阶层当中是一个很流行的话题。如何保护在海外的资产，如何使用信托方式来保护财产是一个全新的挑战。对中国家族、中国金融从业人员而言，这是非常关键的问题。下面请 Roger Healy 给中国家族在海外投资保护提供一些建议。

Roger Healy：我的看法跟前几位嘉宾不太一致。不管客户从哪里来，我们都要注意投资国家的税制体系，不能仅仅根据基础条件来做规划。如果你需要信托，那一定要雇佣你的投资管理人之外的信托公司来做。不要认为你能够把握未来发展的所有趋势，很多人在设立信托时一厢情愿的认为，我的孩子不会这么做，所以我就这么安排了。因此，提醒大家不要对未来做这样的假设，尽可能把事情做得灵活。在信托法中，通常我们不会设置它的灵活性，只要设置一个信托管理就行。我们不值得为减税来给自己的生活作出限制。我接待过世界各地的客户，有一些客户有一些特殊问题，他想把所有的钱放到特殊的辖区，永远受到保护，并且保密。我说那你的孩子要用钱的时候，怎么把钱拿回家呢？所以不论你有什么规划和结构，一定要考虑你最终目标。不能局限于个人交易可以完成，而是要着眼于未来继续使用这个投资的好处，着眼于它的红利。在所有暂时的情况下进行规划都是错误的，我们做的事情要有透明度。父母身后，家族资产落到二代手中，他们不知道如何去处理，如何去管理，不知道什么样的资产值多少钱，就把所有的财富都毁坏掉了。所以一定要培养下一代人的意识，让他们知道什么才是有真正意义的财富。假如，突然有一天财富公司跟一个中等收入家庭的孩子说，有一大笔财产来自于你的父母，你是受益人，他一定会惊讶万分。所以，一定要让家族人了解你的经济状况。

主持人：在受托人和家族，与信托公司、中间管理人之间，需要建立一个长期的信任。外贸信托在这方面做了很多工作。请卫总从您的角度谈谈，您给客户选择信托公司和管理人时，有哪些经验和建议分享。

卫濛濛：我本身就是信托公司的一员，由我来回答这个问题，还是有点挑战性的。从我们自身角度说，大概在四年多前开始做这类业务。在跟客户交流的过程中，感觉到做这类产品和业务特别核心的一点就是如何建立信任。信任是来自于几个方面：第一点，来自于高净值客户对我国经济大环境的信心，希望保有、传承我们的资产；第二点，来自于高净值客户对境内法律环境的信心；第三点，高净值客户对自己选择的服务机构的信心。评判的依据首先是专业性，您选择的这家机构，在财富管理领域是否足够专业。他们对家族信托涉及的法律法规的了解是否足够清晰，是否可以根据您的具体条件来设立相关的安排。其次是这家机构是否可以准确、客观的了解您的需求。我们很多客户在做财富传承的时候，会有很多个性化诉求。我们服务的一位客户，是一位老人，他的核心诉求是实现隔代传承。服务机构必须了解特殊家庭结构和委托人诉求背后的真实原因，才能设计出适合客户的最佳方案。设计家族信托架构之前，要做大量的工作。家族信托的成功设立，不是工作结束，而是未来更长远、更复杂的工作起始。在未来二十年、三十年甚至一百年的时间当中，这家服务机构能否提供持续长久的服务，它有没有搭建这样的体系，或者有没有这个服务能力。存续期内客户的资产如何保值，在保值基础上如何增值，这家公司在特定领域是否有很好的资产管理能力。在这家公司不熟悉的领域，是否有很好的资源调动能力，能够为客户找到合适的资产管理机构，保障被传承资产的保值和增值。

刚讲到，考察信托机构的第一方面是专业，第二方面是忠实。或许有人会有疑问，我们是一个商业关系，为什么会用到忠实这样一个词呢。这个忠实来自于几方面，一方面是忠实于信托订立的契约，一方面是忠实于我们的客户。

选择家族信托的服务机构，我的第三个建议，是选择一家稳健的公司。家族信托要做的事情是一个长周期的事情，我们给客户的建议是，财富保护、传承和保值是首要关注的点，财富增值是放在第二位去考虑的。所以选择一家稳健的机构，从这家机构提供的长期综合回报和效果等角度去评判，而非重点评判其是否能让您的资产获取更高收益。

2017 年是中国外贸信托成立 30 周年，在这个过程中，我们穿越了经济的波峰波谷，穿越了“牛熊”周期，我们希望自己累积的经验，能够在下一个三十年或者更长的时间内，忠实为我们的客户提供专业、稳健的服务。

提问：龚乐凡先生刚才提到的如果子女是外籍人，股权如何传承。既然你们研究了比尔·盖茨的案例，那么其中最精炼、最核心的要点是什么。我们主持人提到一句话，是中国没有什么真正的家族企业，我是很反对的。我来自山西，在明清时代一个晋商能够传承百年历史，这样的案例，不知道大家有没有研究过。当然今天我们不聊这个。希望各位把前面的问题回答一下。

龚乐凡：如果子女是外籍身份，有好的地方，也有不好的地方。不好的地方是，拟IPO企业的上市申报材料已经报上去后，在这个时候企业家要给予外籍子女股份的时候，第一不能改变股权结构，因为材料已经报上去了。未来IPO完成以后，这个孩子没有办法开证券账户，所以就没有办法以赠与方式给他股份。好的地方是，企业IPO正在筹划当中（如果还没进行股改、没有申报），有可能因为孩子外籍身份，企业家可以先给外籍子女一点点股份，那么外籍子女作为企业的原始股东自然在IPO之后能够自动拥有证券账户。第二，因为子女有外籍身份他可以在海外搭建架构来持有中国拟上市公司的股份，这为证监会允许。国内上市公司的海外信托也不乏先例，其中一个先例就是实际控制人为外籍身份（美国公民）。他在美国搭建了一个家族控股的海外企业的架构，然后在IPO之后，他把企业架构再转换为境外信托架构。我跟大家分享的就是说，做筹划是非常非常重要的，你能够及早地进行筹划，一件不好的事情可能变成好的事情。如果不及时做筹划的话，你本来可以利用价值，本身拥有好的条件也会变成一个不好的事情，不好的条件。

卫濛濛：龚律师做了宏观介绍。我们这边有一个比较现成的案例，更有参考价值。客户是一家上市公司的股东。在这个案例当中，客户的诉求就是在于所有权和经营权分离，而不是想通过信托方式把股票实打实的转到继承人名下。所有权和经营权在分离过程中，通过信托持有所有权，保持了他在上市公司持有权利的统一化，我们给其子女在做收益分配和传承过程中，需综合考虑国籍和所在国的税务登记等情况，并针对性做架构设计。

高皓：比尔·盖茨900亿美元的净资产里，微软股票占到他身家的1/8，而7/8的财富跟微软已经没有直接关系了，大概有一半是由盖茨的家族办公室——瀑布投资来直接管理的，另外一半已经广泛分散投资在不同国家和不同行业的企业之中了。例如，盖茨是加拿大国家铁路公司的大股东，还持有可口可乐、四季酒店、约翰·迪尔等知名公司的大量股票，同时购置了大量房地产物业和10万英亩农田，等等。盖茨在资产配置上的作为，跟大众想象中的科技富豪是非常不同的。投资组合熨平了经济周期对于盖茨家族财富的影响。

如果仔细计算一下比尔·盖茨财富的来源我们可以发现，1986年微软上市时，盖茨是微软占股45%的大股东，而今天却是仅仅持股2%的小股东。随着一代企业家年龄的增长，以及代际传承的发生，家族资产结构会从单一企业的股权转变为一揽子企业和资产的投资组合。例如，有学术研究表明，英国和德国的上市公司中，第一大股东上市六年后平均减持上市公司30%的股份。对于家族而言，一方面要实现本业的转型升级、创新发展，另一方面要更好地管理家族财富，同时规划传承。

第八章

资本挑战时代的股权投资方向

股权投资不仅作为金融工具服务于实体经济，而且以创新的方法、改革的路径创造新的有生命力的、有未来的实体经济。过去一年，业界称之为资本的寒冬，而市场由“资产荒”到“钱荒”的转换亦在转瞬间完成，这或许代表着资本挑战时代的到来。面对新的市场环境，财富管理机构如何将客户中长期的理财需求与实体经济的转型升级嫁接，为新主体、新业态、新动力的孕育提供助力？

股权投资应深入到产业之中

柯　珂*

我们认为股权投资的基因，决定了其应该更加主动、更加深入地进入到产业之中，为实体经济“赋能”，更为积极主动作为。中国建投集团，从一开始就很坚定地把我们的股权投资与中国实体经济的创新、变革和转型升级紧密联系在一起，逐步形成了我们的投资理念和逻辑，并进一步沉淀了投资文化和信念——我们是坚持以促进中国经济结构调整和经济增长方式转变为使命，支持并打造为中国产业转型升级有实力、有担当、有远见的伟大企业；我们坚持以技术进步和消费升级为主线，做根植本土、专注整合、全球布局的主动型投资。

这个时代的发展和外部环境的变化，也使得股权投资的参与者们必须寻求与实体经济更好的结合，才能获得长远的发展。在过去二十多年中，中国股权投资获利的主要来源是企业的自然增长、资本市场的套利、政策改革的红利等。如今，外部环境发生了很深刻的变化：从世界来看，全球经济虽缓慢复苏，但增长动能仍然不足，短期性政策刺激效果不佳，深层次结构性问题尚未解决；从中国来看，经济面临下行压力，产能过剩和需求结构升级矛盾突出，经济增长内生动力不足；从产业来看，传统产业的改造升级和新兴产业的培育壮大，对资本提出了包括战略引导、运营提升、资源网络等附加价值的更多诉求；从监管来

---

* 柯珂，时任中国建投集团总裁助理。

看，上至改革适应现代金融市场发展的金融监管框架，下至规范从业人员，都彰显了监管机构净化资本市场“脱虚向实”的决心。

面临世界和中国实体经济发展的多重挑战，以及套利空间和政策红利的消失，原来的短视化获利模式是难以为继的，也让我们认识到，没有实体经济的健康发展，股权投资也就丧失了获利的根基。寻找风口浪尖、关注短期收益，既无法建立有效的竞争壁垒，也缺乏技术含量，只有扎扎实实从产业的角度做投资，保持冷静和自持，才是真正的生存和发展之道。

因此，无论是基于股权投资的内在属性，还是基于当前中国与世界发展的时代特点，我们都认为，中国的股权投资已经走到了需要也必须对实体经济的发展更负责任、更有担当、更有远见的时代。

股权投资应该与国家的产业结构调整和经济社会发展做动态地、深层次地融合。通过投资境内外优秀企业，掌握核心产业和关键领域的战略资源，成为细分领域的领导者，通过全球资源网络和对产业的深度理解，紧密跟踪和推动产业升级与转型。在此过程中，作为投资者，我们应从相对被动的支持、协助，走向主动的引导、优化和提升，从而，以创新的方法、改革的路径，创造新的、有生命力的实体经济。

今天，十分荣幸能够与各位一起研究和讨论，希望通过我们的努力和实践，我们的股权投资能够在新的环境和形势下，更好地为新主体、新业态、新动力的孕育提供助力。

国企混改是未来 20 年最大的投资机会

熊　焰*

我今天想跟大家分享从股权投资的角度如何看待国企混改。大家都知道，企业国有资产在我们国家经济中占有非常重要的位置。国资委的资本总量大概到了 144 万亿，如加上金融、文化等其他中央部委监管的，估计在 200 万亿以上，这是一个极其巨大的财富。目前各国都有国有资产，不同国家的国有资产在其国民经济中的作用、位置是不一样的。在我们国家国有资产显然是国民经济的重要支柱，也是我党执政的重要支柱，这一点应该说毫不动摇。国有资产，过去几十年在中国存在，在未来我们可以预见到的若干长时间内一直会存在。当然我们也都意识到国有资产还存在着自身所存在的一些问题，有些问题是短期内无法解决的，问题的核心集中在国有资产效率不那么高、效益不那么好、活力不那么足、激励不那么到位等方面。

从今年开始起，国家在深化改革的事项上，把国企改革放在了重要的系统性改革的第一位。2016 年 12 月，中央经济工作会议把国企改革放在了重要的系统性改革的第一位，而且国企改革的方向非常明确，就是混合所有制改革。所谓混合所有制改革，就是要把纯而又纯的国有资本与其他所有制的资本，比如民营资本和国外资本融合起来，这是未来 10 年到 20 年内，中国经济体系中最重大的事件。站在投资人的视角

---

* 熊焰，时任国富资本董事长、青金所董事长。

上，也应该是最重大的投资机会。国富资本团队一直认为，混合所有制改革，是中国投资界最大的制度性机会。我们现在越来越清晰地认识到，上上下下取得共识，就是国有资产配置的逻辑，有人用一个所谓的五指理论来解释，即纯而又纯的国有独资企业就像大拇指，挺大但不会太多。而纯粹的民营企业，就像小拇指也做不大。多数是中间的三个指头，就是国有中有民营，民营中有国有，充分发挥优势，相互融合，共同发展。

国企混改是未来 10—20 年内最大的投资机会，第一个原因显然是国有体量如此之大，200 万亿以上，任何中国境内其他资产的体量都没这么大，因此它本身蕴含巨大的投资机会。另外，我们站在产权交易的角度上考虑，国有资本没有虚高估值的冲动，相对而言是扎实的，没有虚高的冲动。第三，它存在的巨大制度松绑的红利，同时存在着把它自身所携带的信用、资源、资金的优势转化为经济效益的可能性。

我所在的国富资本重要方向就是试图打造一个国企混改的基金集群，我们正在打造一支央企混改基金和若干支地方国企混改基金。我们的混改基金投资标准为：产业有发展，价值有空间，团队有持股，退出有安排。操作方式是，成为积极财务投资人；推动团队持股；与上级合作优化资产；并购优质资产；促进政策松绑。通过我们的作业使混改企业心情舒畅的做强做优，义不容辞的保值增值，光明正大的分享成果。总之，混改基金功能优化结构落实激励，理顺关系央地互动，释放活力提高效益。我们希望通过这样一种运作，能把国有企业的活力释放出来，对混改国有企业进行一种赋能，赋予它新的能量和动力，让它更好、更健康的发展，同时也与它的团队和出资人等，共同共享改革的成果。

对中国私募股权行业发展的思考

朱　宁*

我想谈三个内容：一是对中国私募行业的看法；二是中国私募行业发展和资本市场的关系；三是对于今后资本市场发展的建言献策，这是作为学者在这个时代应尽的责任和义务。

从私募股权来讲，过去10年，中国可能有两种投资者是最受别人羡慕的，一种是房地产投资者，一种私募股权投资者——有些私募股权投资者实际是投的房地产项目。我们作为研究者，总想深究一步，这些收益是怎么来的？国外也在探讨应该把私募股权和上市股权分开，当成不同的资产进行讨论。为什么私募股权能够比股票带来更高的收益？仔细分析一下，有几个主要原因：

第一是风险，我们讲金融、投资、收益，首先要讲风险。我们从周围朋友那里听到的，某人投资一个私募股权项目，赚了10倍或100倍；可投资者不但没有赚到钱，反而血本无归的案例，我们往往听不到。所以从整个投资项目来讲，私募股权风险比上市公司风险更高，毕竟上市公司经过了监管要求和信息披露，在信息不对称和财务管理方面比很多非上市公司要正规和安全得多。金融学告诉我们，高风险者高收益。为什么很多私募股权项目有这么高的收益，就是因为承担了更多的风险。

第二，为什么私募股权收益又很高？很多投资者知道，国内私募股

* 朱宁，时任清华大学国家金融研究院副院长。

权投资可能 5+2 的期限设置，或 4+3 或 4+2，很多私募股权需要承诺有很长的投资周期，但是散户投资者不愿意承担这么长的流动性压力。我们知道流行性越差的资产回报率应该越高。所以这是为什么私募股权比上市公司的股权带来更高的收益。

第三，高杠杆。之所以私募股权能够带来这么高的收益，尤其在海外很多私募股权进行所谓的 LBO（杠杆收购）或 MBO（管理者收购），很大程度上是采取了通过债券进行融资，增加资金杠杆率的方式，放大了自己投资的收益率。

除了这几个在海外广泛被大家所了解的高收益原因，还有一个就是国内一级市场和二级市场的割裂，或者二级市场对上市公司丰厚的估值回报。这点非常简单，两位来自海外的朋友都讲到了，为什么中国很多企业到海外上市，因为他们知道在国内上不了市，但凡觉得在国内有上市希望的，还是希望在国内上市，因为估值水平高太多了。2015 年股市异常波动下跌了 40%以后，很多企业还是不想在海外上市，很多已经在海外上市的企业希望在海外退市，拿到国内 A 股上市，这说明国内市场估值确实有吸引力。

在今后 3—5 年时间内，美联储很明确表示今年要缩表，这是对流动性和全球资金的限制。随着整个资本市场新股发行速度的加速，或者对下一步从审批制到注册制的改革，以及国内投资机会或选择可能越来越有限，过去我们所熟悉的游戏规则、制度环境和投资方式，可能都会发生很深层次的改变。这点其实很健康，在私募股权发展过程中，对整个国内股权市场带来很多非常正面的推动。例如过去一两年，尤其 2015 年以后债权市场有了很大的发展；例如一些上市公司对股权的争夺或者控制权的争夺，在这个过程中提升了公司治理。通过了私募股权企业，来更好嫁接中国和海外的资本市场，能够帮助中国企业更好进一步国际化，促进中国经济更好融入全球环境，私募股权企业和行业都扮演非常重要的角色，起到非常正面的作用。

对下一阶段整个市场的发展，我有三个对私募股权行业的期望。

第一，对整个中国企业融资方式和融资结构的期望。在国内大家还是认为股权是最重要的融资方式，中小企业融资难、融资贵，成为中国企业面临的很大问题，这不是中国面临的特有问题，全球中小企业都面临融资难和融资贵的问题。私募股权既有股权方式，也有高收益债的方式，可以给非常有前景的公司提供一站式、多元的融资方式，这无论对于中国企业的发展，还有中国经济的转型，都是非常重要的。私募股权行业虽然叫做股权投资，但肩负着帮助中国实体经济完成转型的历史生命，这是非常重要的作用。

第二，在中国20年资本市场发展过程中，公司治理其实已经获得很大提升，但是如果从一个国际化或者更先进的投资角度来看，不仅是中国，全球的上市公司在过去十年里面，都在反思自己的公司治理——大股东和小股东的关系，董事会大股东和公司管理层的关系，薪酬的体制，约束机制等，都有很多仍然需要中国资本市场和上市公司需要思考的领域。我们看到过去一段时间里，上市公司和私募股权行业，或者私募股权行业扮演“野蛮人”的角色，来推动上市公司的提升。这无论对中国的股权市场还是实体经济，都是非常有益的发展方向。

第三，国际化。在座有好几位有非常丰富的国际背景的朋友们，中国下一部分的金融进一步的改革，都和中国经济进一步融入全球化、一体化进程是密不可分的。这个过程中，无论是借助海外资本市场作为退出的方式，还是借助海外资金作为改善或者提升中国企业公司治理的推动力，或者利用自己丰富资源嫁接企业和海外市场，嫁接海外企业和中国的市场，也是咱们整个股权投资行业在今后10年甚至20年、30年一个非常大的发展方向。

股市发展阻碍：市场流动性和企业负债程度

Georges Ugeux*

我非常喜欢谈股权投资。股权投资、上市，各个阶段我都摸索过，我也了解治理的复杂性。最大的股东是国有的，国家应该如何治理、如何处理。

关于如何把控业务更顺利的进行，我们有自己的原则。开始时，我们觉得政府不应该持那么多的股份，但是后来发现，中国政府、国有资产在股权持有方面，非常复杂，我们也学了很多的知识。

起先资金只有一个来源，就是政府。然后中国的国有市场，其市值是 7 万亿美元。

如果你观察一下中国政府近期措施的话，有一些数字其实挺让人感到惊讶的。今年第一季度，已经在中国发了 73 个 IPO，加起来是 60 亿美元，这些并不是大的 IPO，因为数十亿的 IPO 早已发生了。这意味着什么？这就是说这些公司现在能够接触到股权投资了，因为在过去很长一段时间内，这些公司只能在纽约、香港进行股权投资，而且政府更偏爱的是国有企业。现在这个市场正在慢慢放开，所以对各位投资者来说，请各位仔细研究股权、股价定位是如何形成的。我想说的是，在未来还有一些事情有可能发生，相对较小的市场会有较复杂的情况，之

---

* Georges Ugeux，时任伽利略国际顾问公司董事长，摩根士丹利原董事总经理、纽约证券交易所原副总裁。

前说的 7 万亿市值相对来说还是比较小的，以及股权流动性的碎片化。我很清楚为什么在纽约有 ADRs 股，香港有 H 股，中国有 A 股、B 股，因为这几类股权的需求与供给比是不相同的。所以你面对的不仅是投资者，还有股价在不同地方的实质性不同。这同时意味着什么呢，那些大机构投资者，他们没有办法收购更多的中国股权，因为不是特别放心退出投资策略的流动性和容量。另外一个问题，我们在 2015 年也看到了，那就是散户的投资。最开始是 80%，但是市场突然恐慌，又出现安全网，所以就出现问题了。所以让中国更加强有力，更加成熟，必须有更加成熟的投资者。

我现在考虑最多的，也许中国现在应该接受养老基金的形成了。它们是在美国和欧洲最大的股权成分之一，比如说 PE，5 年、7 年、10 年之后，就卖了。但是基金是不会这么短时间卖的。我这里并不是说要减少散户投资，而是要提高机构投资的比例，这会为大家带来很多机会。通过股权创造的价值，比在债券市场创造的价值要多得多，因为债券市场是创造不了多少价值的。所以在中国这个市场上，最大的阻碍是市场流动性，另外是企业的负债程度。再回到刚才的 IPO 问题，如果你发更多的股票，如果这个公司流动性更高的话，那杠杆率就下降了。与此同时，也提高了经济增长，降低了不良资产率，促进了公司增长，也降低了因为企业负债所带来的系统性风险。

最后想说的，股权就是股权，这是我经常说的。你可以不停地变化，不停地多样化，但它其实非常简单，比如说固定资产，如果你做得太复杂，其实并不是好事。投资公司应该有更多的股权，应该有养老基金。因此，随着中国进入财富管理的全球化阶段，我相信中国股权市场的发展，一定会在这个过程中支持中国经济的发展。

澳大利亚应该参与“一带一路”

Tony Sacre*

我思考今天主题的时候，我看到了资本挑战时代的股权投资方向，我觉得应该改一下，不应该叫挑战时代，而是激动人心的时代。我们现在见证到过去几年间所发生的几件事情，都使整个市场变得令人异常兴奋。

首先是越来越多的资产源。比如说股市，大家都知道，股市是你把公司和资金融合在一起的场所，这也是公司和经济增长的主要渠道之一，这是从宏观的角度来说的。股权，市场的发展，一直发展得还不错。这样对投资者，就带来收益。与此同时，你能看到中国经济的增长，在过去 15 年时间，中国经济强烈增长。90 年代末的时候，我就是股市的交易商，当时如果你做外汇大宗商品，中国显示的利率数字对全世界的影响并不大，当时我们根本没有想到中国会像今天一样对世界产生这么大的影响。

几个月前我出席了博鳌论坛，其主题就是围绕“一带一路”投资展开的，这与我们今天谈的主题关系非常密切。我来自澳大利亚，澳大利亚和中国在很多方面，尤其是人文方面，有极为紧密的联系。澳大利亚有很大的华人社区，两国间经贸关系增长也非常迅速。澳大利亚的财富管理者，是想考虑中国市场，比如说可以通过代理来进行投资或者是进

---

* Tony Sacre，时任悉尼证券交易所 CEO。

行直接投资。澳大利亚的确拥有非常庞大的资产投资行业，我们有许多投资公司在里面，是否能在中国进行正确投资具有决定意义。我们最先要考虑的就是，应该投资什么，如果有机会的话是如何能够把资金带出国进行投资。当然，我只能代表澳大利亚，并不能代表所有西方国家。对中国投资我们有时会有担忧，如果你投了，钱什么时候能拿回来。所以我想说，在过去 10 年里我们切实看到中国市场化的努力，这是让人非常鼓舞的。中国正在以一种非常有步骤、有系统的方式来开放市场，因为没有人想重复 1997 年的亚洲金融风暴。如果中国发生类似危机的话，全世界都会有危险，所以我要赞赏中国政府的耐心。

投资行业之所以令人激动，要归功于无数不同的参与者，比如说 VC、PE 和众筹等等，这些业务可能和股票市场有点水火不容，但是我非常支持他们的发展。通过这些投资方式，利用资金推动公司与本土资金更好地相连，这点对于财富创造很重要。这样的话，就给大家带来了好处，从财富管理的角度来讲，要充分利用这些不同的渠道，然后应该向董事会、向客户做更好的解释，为什么他们会追求这样的方式吸引投资。我看到一个新的资本市场的价值链，或者是叫新生态。比如说从众筹做成种子，经过一段时间的增长，私募基金会进来进行私募投资，最后可能就会上市到了我们这儿。因此它就形成整个的循环，一个很好的生态。从澳大利亚的角度来讲，我们特别希望看到澳大利亚跟中国有更多的联系，这种联系应该增加。“一带一路”作为一个战略，正在得到广泛的宣传，我们随之也会看到有越来越多的投资渠道。对于澳大利亚的证券投资来讲是非常重要的，而且这种互联一定能够给全世界带来好处，带来价值。目前的情况是，本国的公司最先会使用本国的证交所，若能跨国界将会非常有价值。这就意味着，不同国家的贸易监管者需要进行有效的对话，以保证不会有监管套利的漏洞被人利用。

投资机构应以更强的控制力来管理资产

张　弛*

这个话题非常好，特别是在这个时机，一个是股权投资如何支持实体经济，还有在目前这么一个充满挑战、不确定性的形势之下，股权投资的企业如何能够更好地发展。我想从两个角度来谈谈自己的看法。

首先从定位的角度。股权投资企业自己对自己的定位，决定了你能走多远，决定了你能干到什么程度。如果定位是参股，跟着投，那最终的结果就是考虑未来一段时间，回报更多地来自于制度红利，来自企业自身增长，来自于差价。同时，如果把自己的定位放得更高，不仅仅局限于参股和小股权的投资，结果会有很大不同。我认为，股权投资企业应该把自身的定位，放到产业整合、产业协同上，以推动产业发展。同时，对于我们所投资的机会有更强的机会和把控。如果把自己的定位想清楚了，下一步做什么，就能够考虑得非常周全。为什么？如果我只做参股公司，或者只是参与公司，没有什么决策力；但如果是控股型企业，我能够买下企业，做产业优化和产业整合，能够把产业做大的同时，持续不断获得回报，不仅仅是资本市场回报，企业自身的现金流的回报，股权增值都非常明确。所以，如果把定位问题考虑清楚，自然也就清楚如何应对挑战，如何真正的把股权投资这个行业做成一个长期的、可持续的、稳定回报的事业。

---

* 张弛，时任中国建投投资有限责任公司副总经理。

分享一下中国建投的一个案例。去年，中国建投在欧洲收购了全世界第二大医药玻璃包装制造商，我们投这个企业，发现了一个点，一是规模总体不小，在有些领域，还有很多机会。这么大规模的一个企业，中国这么大的市场，中国的收入不到 10%，但我们发现中国这个行业增速却是全球最高。作为投资者，应该考虑的是如何把这个产业引入到中国，如何把这个产业的整合责任承担起来，即作为中国股东的资源。从今年开始，我们采取了一系列措施，发现中国的业务增速目前是全集团最快。我们也发现，中国员工有非常强的干劲，看到新的股东进来，看到对市场的重视，能够把产业做起来。从做投资的角度而言，我认为大家作为投资机构，应该以更为主动、更为控制力强的方式来管理和控制自己的资产，我们自身是有经验、有能力，同时也能够整合产业资源。和产业投资者相比，我们有很多的优势，有机制的优势，管理灵活的优势，同时我们没有产业投资者可能存在的一些路径上的历史遗留问题，或许我们更适合于走到前台，真正参与到行业的整合，真正地对一些有价值的行业，对国家有利的行业，做一些投资和并购，在我看来，这是股权投资企业可以真正考虑的一个方向。

其次是模式问题。以往的投资模式，考虑 IPO 或者资产重组上市，模式确实好，但是越来越多这样的机会，有可能已经投完了，未来再靠什么来挣钱，股权投资机构如何应对这些，机会亦越来越少。在这样的一个前提之下，我们应该自己去创造机会，投资一些我们认为有前景的产业，把这些产业通过自身的经营管理来提升，通过自身的组织能力，通过自身的附加值，把这个的运营效率、经营水平、现金流各方面能够提升到一个高度。同时，我们在提升的过程中，可以发现企业价值提高了，股权股票也提高了，在此过程中，不一定完全取决于二级市场、资本市场的波动，更多是把成长模式、盈利模式掌握在自身手中。在这一方面，股权投资机构应该考虑。而目前我们发现，在这个行业，真正认真沉下心来的公司并不多。如果真的把工作做到位，有很多标的企业，世界上有很多的机会，而这些机会是给予相对有准备、有布局的投资者准备的。

谈完定位问题、模式问题，最后也是做一个总结。就是说一说挑战，内部外部都有，机遇也是内部外部都有，但是就投资机构而言，如何真正面对挑战，解决问题，把握机遇，更多是看自己对产业的理解有多强，对机会的把控能力有多强，对管理的执行到位能力有多强，真正能够把机会和挑战掌握在自身的手中，这是我想跟大家分享的。

收益取决于股权投资机构专业水平

宋　斌*

世界在今年发生着不断的变化，国际形势风起云涌。中国经济推动供给侧结构性改革，取得了重大的突破。经济结构的调整，产业的转型，消费的升级，都是在一个新的时代下往前突进。在这样的关键时刻，中国财富论坛将股权投资在资本时代挑战下的机遇与发展作为主题，开展今天的讨论，是我们金融业内，特别是财富管理界和资产管理界期盼的事情。

刚才我听了柯总的精彩演讲，深有同感。因为我担任执行合伙人的云月，本身也是通过深入运营，提升企业价值的控股投资机构，也是运用的金融资本，但是做的是产业的事情，所以我对她的经验感同身受。同时，在我们中国股权投资基金协会，也是北京股权投资基金协会中，有很多会员不仅是北京的优秀投资机构，而且是全国、全球的知名投资机构。我们在行业分析中，还有对会员的调查过程中，我们也发现，中国和全世界的股权投资发展方向，都一定采取深入运营，只有通过自己创造价值，才能给我们的投资人带来丰富的财富回报。也就是说在中国，在全世界，我们财富管理的收益水平，一定是取决于专业的股权投资机构的专业水平，这是一个有源之水。否则的话，没有拉车的，只有坐车的，这个车还是走不动的。

---

* 宋斌，时任云月投资执行合伙人、中国 / 北京股权投资基金协会执行副会长。

中国的股权投资，这些年发展得非常迅猛，甚至于有一点变形，已经不能简单说是热点、亮点，有时候也变成关注点，也可能是我们改革的突破点。这个过程中，中国在变化，世界在变化，我们的产业投资也在变化。我们可以注意到，在财富端和资金端，财产结构的安排，收入结构的安排，收益结构的安排，都发生了巨大的变化。这是改革开放几十年来，到了一个突破性的时间点。同时，金融支持实体经济，已经提上了我们的头等大事日程，通过投资来积累民间财富，成为广大百姓以及富人阶层迫切的需求。所以二者是相辅相成的供求关系。

当然，我们也看到了有一些似乎矛盾而扭曲的问题。比如从财富管理角度来看，我们怎么来面对今天所见到的资金泛滥与资产荒的问题。同时也要看到在资产管理角度看，股权投资机构如何来解决资产错配与资金荒的关系。我们注意到最近的资金，更多的是往地下埋，在天上飞，但在地上走的，还是要重点发展。在这种情况下，不同类别的股权投资，不同行业的资产配置，应该如何做，已经成为我们要关注的重点。我们还注意到，个人财富与母基金之间相辅相成的关系，我们还注意到并购基金支持，与企业自身本身要发展壮大的关系，这些问题都是我们今天讨论的题中之义。

在具体投资方面，国企混改大有可为。在这当中，确实需要解决好各方利益的问题。首先要解决所有者缺位的问题，解决好权益安排的问题，解决好投入安排的问题。因为我们知道，每个私营企业本身都是持股者，但私营企业不代表一定能搞好。所以国有企业改革，除去调动经营者积极性之外，还需要更好地利用好杠杆力量，第一是资金的杠杆，第二是治理的杠杆，第三是专业的杠杆，第四是市场的杠杆。这几种杠杆的力量发挥好，以做基金的思路、方法，以对投资人负责的态度，来做国企混改，这个混改是我们欢迎的，也是大家所期待的，它也能够发展很好。

从两位外国专家的发言可以注意到，用西方的视角，观察分析中国的资本市场，以及改变的过程本身，对于我们做财富管理、资产管理，也是一个离不开的大范畴。在财富管理不断演变过程中，由过去激进式的投资策略，到现在相对规范的投资策略，讲得很有意义，非常重要。同时从我们的工作角度，是中学为主，西学为用。虽然东西方市场环境相似，但是东西方政策环境差异很大。在中国做投资，还是有一个善于取舍的问题。

中国经济发展前景确实非常光明，并且有非常多的机会，光是山东就有 9900 万人口，所以足够吸纳各种投资和产业。而且山东作为我们的地主又非常有智慧，把财富管理定位为青岛和山东的金融突破口，《财经》杂志承办财富论坛，也把股权投资作为重点的专场来办，我建议每年都把股权投资这个接地气的专题论坛办下来。

听到各位的讨论，以及与各方的交流，使我对于监管部门所做的工作，付出的努力，充满了敬意。我对我们的学者、教授的睿智，更是充满敬意。监督与管理，二者是有着很深层次差别的，这关系到我们市场经济体制健全过程中，如何把经济管理体制步步跟上，更加合理，更加符合于中国的实际，这是一个很重要的事情。

在股权投资过程当中，我们注意到一个特点，不仅仅在行业分布上，有很多的讲究，同时在同一行业上下游，投资企业之后，控股经营，上下游整合，产业链的整合，横向企业的联合，这方面都有许多价值可以挖掘，价格的提高，取决于价值的提升。

其实，还有很多 PE 投资和财富管理的问题可以探讨。比如说在中国的财富管理过程中，如何以专业的人做专业的事，做专业的管理者，这个方面还有很多的事情可以做；我们的老百姓，包括我们的富有家庭，包括我们的企业所有者，如何通过投资母基金发展投资事业，这也是中国一个方兴未艾非常大的空间；同时，通过股权投资机构，与上市公司，与企业集团，包括未上市的企业集团联合，联手进行整个行业的拓展，做更多的跨界投资，这个也是中国企业做大做强一个非常好的途径；通过做大龙头企业，能够带动更多的中小企业发展，也是一个对国有利，对民也有利的大工程。从资金流向来讲，不仅仅中国的资本在走向海外，实际上海外的资金也会回流到中国，比如华侨的资金，更加看好中国的海外资金在往中国走。

对 话

宋斌：谢谢 Tony。我感觉到 Tony 对中国非常喜爱，刚才我也答应他，我会在中国帮他宣传悉尼证券交易所。我很想问 Tony 一个问题，您认为中国经济在未来 3—5 年，1 年、3 年、5 年，是一个更大的增长，还是持平，或者是什么样的状态，能给我们一个判断和理由吗？

Tony Sacre：谢谢。我想澳大利亚的投资者胃口是非常大的。从人口角度而言，澳大利亚是一个不大的国家，我们只有 2300 万的人口，中国一个城市的人口就差不多相当于我们一个国家了。从这个角度来讲，中国是个很大相对富有的经济体，有很多与财富管理相关联的行业，他们都在寻求回报。当看到一个成熟经济体的良好发展势头，财富管理者便会查看好的证券投资组合，希望收获比承诺股东的回报率还要高的利润。中国给予了这些公司一个很好的回答，他们想在中国找到投资机会的需求和欲望都非常大。有一点我想提醒的是投资者有内部控制机制，他们想知道，一是对投资的中国公司是否有信心，目前来看他们有强大的信心，而仍存有的顾虑，或者需要对这些海外投资者有更多指导，就是如何把钱拿出来。他们在这里投资，收获到不错的回报，避免了汇率风险，相比卖掉股份，他们第二步考虑的是并购。对于投资，若我来做财富管理，从一名澳大利亚人角度来讲，我会考虑一些与澳大利亚有牢固关系的中国公司，比如这些公司在澳大利亚也有业务，或者与其有贸易融资关系，这些能够巩固两方合作的关系，我认为非常重要。

宋斌：我想打破一点常规，因为大概还有 20 分钟的时间。我想把第一个问题交给柯总。我们今天讨论的是一个财富管理在资本挑战下的股权投资方面的问题。那我也很好奇，作为一个大型资产管理机构，一个大的投资机构，在进行资产投资的行业配置上，在其选择和均衡上，你们怎么做到比较合理的？比如把科技的创新，把我们制造业的转型，把消费的升级，能够做一个全产业链的布局？

柯珂：我想任何一个投资机构所选择的投资策略、投资模式和行业分布，都是根据它自身的资源禀赋、诉求、目的来决定的。所以每家机构还是有比较大的差异。中国建投从2009年转型做投资以来，大概也经历了八年时间，首先阐述一下中国建投主要的投资理念和策略。

一是我们坚持行业专注，或者说我们只是在我们认为相对比较熟悉和符合要求的行业和产业当中进行布局。这个我后面会解释。就您问的问题，就是为什么选择这几个行业。我们现在所选择的行业，主要是制造业、消费和信息技术。二是理念，我们会在产业链条上进行布局。也就是说我们不希望做一个孤零零的投资，希望通过我们的投资和布局形成一个非常良性的生态环境。三是在全球进行布局，也就是说我们在全球寻找中国和发达国家有些行业发展的差距，但同时中国在某些特定领域又有发展需求，对这样的一些领域和行业，我们在全球寻求龙头企业进行布局，通过我们的投资来拉动中国相关产业的发展和升级。

我们为什么会选择制造业、消费品和信息技术，即沿着技术进步的逻辑来寻找我们的投资。从全球技术发展的角度来看，有能源革命、信息革命，我们也是沿着这一链条来确定我们的投资方向，建立我们的投资逻辑的。我们为什么会沿着技术进步的路线来确定我们的投资逻辑和标的呢？首先我们是一家国有企业，还是有国有企业的历史使命和担当责任的，中国制造业一定是核心产业，为中国在大国到强国战略中，发挥我们的微薄之力。第二个原因，就是跟我们集团的资源和能力的禀赋是相匹配的。我不知道我能不能回答您的问题。

宋斌：讲得非常好，既回答战略的需求，又有企业自身战略定位的考虑，这样三驾马车，信息技术、消费业加上制造业。

柯珂：对，三个行业看起来好像不是特别相关，但是我们有一以贯之的逻辑，就是以技术进步的逻辑贯穿的。

宋斌：谢谢。我还想问一下，熊总，您的经历非常丰富了，在您做国企混改的时候，股权投资中有行业偏好吗？或者您比较看好的是哪些行业呢?

熊焰:国富资本经过两年左右的摸索,已经形成以国企混改为中心,旁边有两三个侧翼的投资行业布局。国企混改,我们认为是一种行为投资,只要是好的国有企业,不在落后产业的国有企业,有团队持股、有上市的可能的企业,都在范围之内,这是行为投资。国富资本有一个总的说法,叫做专注擅长、拥抱未来,就是我们只干我们会干的事,有擅长的事,同时要面向未来。我们的拥抱未来,一个是大数据,现在正在募集北京大数据产业投资基金,这是一个面向未来。另外,也是积累了很长时间,就是清洁能源与环保方面。

宋斌:谢谢,当年熊总离开北京所之前,我们有过一次长谈,有三个重点方向要做,今天他在这三个重点方向都取得了显著深入的成就。朱宁教授,我还有一个问题跟您请教,今天早晨我在贵宾室见到方星海主席,从业内建议,从股权投资行业来讲,我们希望能够叫做"管好市场,搞活行业,鼓励出力拉车,拒绝免费搭车"。那您觉得从整个政策制定方面和导向方面,如何大禹治水,既把风险控制住,又把行业活力激发出来,您觉得应该从哪些方面突破?

朱宁:这个问题比较难,之前没有准备。两方面的内容,去年我出版了一本畅销书《刚性泡沫》,其中一个很重要的理念,就是让市场最大限度发挥资产配置的作用。现在在国内存在一个现状需要改变,我们说出力拉车,但有大量的投资者认为自己不出力也可以坐在车上往前跑,而且可以赚很多钱。我个人做行为金融研究,90年代初,美国散户交易占整个市场交易量超过50%,在2015年散户在市场交易量比例不到20%;如果我们看过去20年代中国的资本市场,在90年代的时候,散户交易可能接近100%,现在的散户所占比例可能还有80%,甚至在股市波动的时候是90%。这反映我们很多散户投资者非常积极参与股市,这本身是好事,西方很多发达国家鼓励散户进入市场。而国内很多散户进入市场,是在自己没有最起码的金融知识、没有最起码的上市理念和最起码的了解前提下,认为自己也可以赚钱。

为什么这样认为呢？因为所有上市公司都通过了证监会的审批了。很多投资者觉得投资股市就应该赚钱，不应该承担风险。根据我们在海外的研究，在经历了2008—2009年的全球金融危机，美国大多数投资者突然意识到，要投资就要承担风险，就要对金融有起码的了解，或者相信私募股权或公募基金专业的机构。这一点是对市场对风险的尊重，是对投资最基本的了解。我们证监会过去做了很多的投资者教育和保护的工作，但是对投资者最重要的教育，是要教育他们意识到自己对投资是不是真的有相应的能力和判断。我在回国几年，做了很多次公开演讲，希望大多数投资者意识到，散户投资者里面只有20%有能力的人，才有可能在股市里面持续赚钱。但是投资者人人认为自己是最优秀的10%的投资者。所以仍然要回到投资者的层面，要意识到什么是让财富保值增值最合理、最有效的方式。我觉得国内的投资者对这个没有特别清楚的认识。这是第一点。

第二点，回到关于私募股权的监管。在海外，私募股权是几乎不受到监管的投资行业，无论是所说的对冲基金，或者是私募股权行业。我们必须要知道，这是一个对特定人群采用特定的投资策略，有不同于上市公司特定收益风险和收益组合的资产，所以从监管者角度来讲，应该能够给这个行业留有更多的发展空间。而这个行业发展之后，其实对于上市公司本身会形成很正面的推动。像我刚才所说的，所谓监管，监督和管理两者不可分。管理多了，监督就少了。海外监管者更多职能是监督，这样日常的管理压力就减少了。

宋斌：那好，给张总一个小问题。你在国外投了很多项目，您觉得中国股权资本投向境外，我们是一个投行的投资，还是一个实业性的投资，是套利性的投资，还是联动成长性的投资，未来会有什么样的发展方向和策略？

张弛：我们在确定做境外并购之前，一直在讨论这个问题。可以这么说，目前国内很多机构，都在做境外并购，希望能重组、上市等。但是我们看法不太一样。我觉得在境外做投资，首先最主要考虑是基于我什么样的能力在挣钱，我最主要的收益，来自于哪里，我觉得要回答这个问题。在操作时，要做一个选择，我们希望能够基于企业自身的经营和发展，基于股东的资源注入，能够让这个企业基本面提升，通过这个方式挣钱。通过其他的手段和方式挣钱，目前我们相对采取得比较少，原因在于，资本市场的红利往往很难踏准。另外，收购国外企业，很难获得像中国大部分的投资者理解的，8%、10%、12%这样的增长，很多的增长其实是需要来自于专业的管理，来自于精细的，对产业的理解剖析，甚至需要对企业自身做一些手术，裁掉不工作的部门，切掉不盈利的模块，甚至有可能对企业的生产过程，自身的运营体系动刀。在这个过程中，很多结果是相对可控和可预期，但是所操作的过程，需要非常高的专业技能，以及对企业的运营和管理的技能。从自身资源和自身能力的角度来考虑的话，我们会选择一个相对能够执行，需要较高资源投入的方式，提升投资回报。但是也不排除市场有其好的投资机会和模式。从我们的选择而言，更多是基于基本面，即对行业的理解和整合，我们从这个角度来获取收益。

宋斌：我们发现了很多重要的热点，跨境投资、混改，政策的优化调整，海外投资者在中国的信心，都是我们今天的热点词。看看哪位听众有问题。

提问：Tony 你好，我想在过去的 3—5 年，中国很多有钱人移民到澳大利亚，请问澳大利亚政府对他们炒高澳洲的房地产，你是怎么看的？以及澳大利亚政府是否考虑一些解决方案，让这些中国的投资人更加优化他们的投资渠道，比如说澳洲制奶业、畜牧业、酒业等等。

宋斌：我能把你的问题再提炼一句吗？你觉得中国应该组织基金到澳大利亚投资吗？

提问：您这样说当然更好，但是我先描述了一个现象。

Tony Sacre：你说的对，确实有很多富裕人群移民到澳大利亚，他们也在购买房地产。但现在情况也变了，过去他们只是集中在悉尼，现在不仅在悉尼了。确实，澳大利亚华人社区越来越大，尤其在悉尼。而且他们投资也非常成功，是长期的成功。从1850年淘金热的时候，就有很多华人到达澳大利亚。他们在寻求新的投资领域，这是肯定的。最吸引他们的是跟澳洲、跟中国有关的资产类，他们知道中国人有需求的资产类，然后对他们熟悉的领域进行投资。你应该对你熟悉的领域进行投资。刚才嘉宾也谈到，只有10%的投资者是正确的。还有文化、医疗卫生、养老业的投资，还有互联网的投资，这都是新的投资领域。

宋斌：再开放一个问题。

提问：问张总一个问题。首先你认为对的东西，往往在组织内部形成阻力。第二个问题是选择问题，往往有些公司会出现，选择时有很多方向的抉择，现在可能无法创造大量的价值，但是在未来可能有好的预期。当你接触了，难免会做选择，哪部分舍弃，哪部分不舍弃。您在具体实践过程中有什么经验可以分享？

张弛：我觉得用一句话来回答这个问题，非常简单，当你遇到问题和选择的时候，作为投资人而言，需要非常明确的要素，就是你是不是真正的理解这个行业和其运营模式，是否了解这个团队，在此基础上，基于行业正确的理解，基于对商业正确的理解，来做出我们的选择。不一定每次都对，但是大部分情况下，从产业角度去分析判断，实际是对股权投资而言，是非常正确的方式。

宋斌：谢谢你的武林秘笈。

提问：我想问一下熊总，您说过国企和私营企业有不同优势，您认为在混合所有制改革过程中，国企和其他资本分别用一种什么样的占比，才更有利于深化配置？

熊焰：一个企业如何发展，各种不同所有制占多大比例，这是高度个性化的问题，不存在普遍性，还是要有利于它的发展，各种所有制资本制衡。我们一直认为资本是唯一重要的能制衡行政权力和那种傲慢的力量，我们希望包括民间资本的进入，都是这样一种制衡的作用。

第九章

战略转型下的保险改革创新

经过多年的高速发展，保险业总资产已超过15万亿元。加快发展现代保险服务业，对完善金融体系、扩大社会就业、创新社会治理方式和保障社会稳定运行都具有重要意义。围绕供给侧改革和国家区域经济发展战略谋篇布局，中国保险业如何在转型期改革发挥最大作用，保险业如何探索新的投融资机制，如何对基础设施、水利、生态等重大项目给予长期资金支持，都是值得思考的课题。

推动保险业振兴实体经济

赵　健*

2014年8月，国务院正式发布保险业“新国十条”，明确了保险的现代服务业定位，促进了保险业加快发展。2016年，保险业总资产已超过15万亿元。与此同时，保险业也积极为供给侧结构性改革、“一带一路”建设、国家区域经济发展、国家重大改革举措提供支持。

上个月，为全面落实党中央、国务院关于支持实体经济的决策部署，中国保监会发布了关于保险业支持实体经济发展的指导意见，提出促进保险业持续向振兴实体经济发力。具体支持措施正在加快制定和实施中。

保险业的发展与实体经济是相辅相成的，两者间的关系是“共生互荣”的关系。实体经济的繁荣发展离不开保险业的“保驾护航”，保险业的发展壮大以厚实牢固的实体经济为坚强后盾。在当前经济环境下，要充分发挥保险业在经济补偿、风险管理、资金融通等方面的功能作用，大力支持实体经济发展，助推我国经济顺利爬坡过坎，行稳致远，真正体现保险业的责任与担当。

近年来，青岛保险业在服务经济社会发展方面也做了大量卓有成效的创新和贡献。比如探索新的投融资机制、解决中小企业融资难、支持实体经济创新战略、推动商业养老保险发展、构筑民生保障网等。昨

---

* 赵健，时任中国保险报业股份有限公司董事长。

天，山东省王书坚副省长提到，2017 年 3 月青岛在全球金融中心指数榜单的排名已跃居第 38 位。保险业就在其中发挥了重要作用。保监会梁涛副主席也表示，保险在风险保障、资产管理、跨周期财务安排等方面的特点，正好契合了新时期财富管理的全方位多层次需求，具有安全性、全周期、专业化的优势。今天下午，我们将举行两场分论坛，分别是“战略转型下的保险改革创新”、“保险创新实验区的探索与实践”，一个聚焦顶层设计，一个聚焦微观落地。中国财富论坛作为国际性的财富对话平台，希望未来更多关注保险业，为青岛、山东乃至全国保险业的发展贡献智慧。

保险资金已成为价值发现者和引领者

曹德云*

我就战略转型中的改革创新大背景下，保险资金如何支持实体经济做一个简单的情况介绍。国内外实践证明，保险资金作为期限长、规模大、来源持续稳健的资金，发挥着非常重要的作用，特别是在基础设施建设领域成为主要的资金提供者。如日本，主要经济行业贷款的30%，由保险资金提供。在我国，随着保险资金累计规模的扩大，在国家许多重要投资领域发挥着积极作用，显现出长资金、大资金、稳资金的优势，越来越受到政府与市场的重视。保险资金和养老资金是金融市场长期资金的主要提供者，就保险资金来看，资金运用余额已超过14万亿元，其中近八成以上是寿险资金，平均期限在10年至15年以上，总量超过12万亿元，以其特有的优势在实体经济和金融市场上具有不可替代的作用。目前，我国养老金的总规模在7.5万亿元，真正能够用于投资的在2万—3万亿元。一方面，保险资金是银行长期贷款的重要资金来源，超过2万亿元的资金存在银行，70%以上是三年期以上的协议存款。随着保险资金投资领域的不断拓宽和投资工具的日益丰富，保险资产配置结构日益分散化和多元化。截止到2017年4月末，保险资产配置中银行存款占比14.98%，债券占比33.42%，股票和投资基金占比12.7%，另类投资占比28.4%（含保险资产管理产品），其他投资占比

---

* 曹德云，时任中国保险资产管理业协会执行副会长兼秘书长。

10.52%。

综合来看，保险资金以四种途径参与市场经济运行。一是通过银行存款转化为银行贷款，对实体经济间接融资；二是通过购买债券、股票等金融工具对实体经济直接融资；三是通过股权、债权等方式对实体经济进行项目融资；四是通过回购、拆借等方式给市场提供流动性。仅从项目融资看，累计通过投资计划、产业基金、私募基金、信托计划等方式投资实体经济超过 4 万亿元，投资领域广泛涉及交通、能源、市政、棚改、环保等行业。保险资金在支持国家战略实施上也作出重要贡献，截至 2016 年末，从产品注册情况看，保险资金投资“一带一路”沿线省市 5923 亿元，投资绿色金融 5258 亿元，投资长江经济带 1509 亿元，投资棚户区改造 989 亿元，投资京津冀经济一体化 736 亿元，投资振兴东北老工业基地近 300 亿元。在服务实体经济发展中，保险资金已经成为价值的发现者、引领者和创造者，为经济健康运行提供重要资金支持。

从未来情况看，我国经济运行中的产业升级、模式转换和技术进步逐步加快，保险资金要善于抢抓机遇，在积极参与国家战略实施中，实现行业价值。2016 年全行业保费收入突破 3 万亿元，资产规模突破 15 万亿元。2017 年保费规模将有望突破 3.6 万亿元，资产规模接近 17 万亿元；到 2020 年度保费收入规模将达到 4 万—5 万亿元，资产规模有望达到 25 万亿元。庞大的资金规模需要得到有效的配置，才能实现保险资产的保值增值，维护广大投保人的利益，才能为国家发展和民生建设提供更大支持。为此，保险资金要紧贴实体经济需要，紧贴国家战略需要，紧贴行业发展需要，坚守长期投资、价值投资、稳健投资的理念，坚守风控至上，安全第一的准则，为实现国家强盛，民族振兴，百姓幸福，行业做强的宏伟目标，作出积极的贡献。

战略转型下保险资金的运用创新

张　弛*

今天主要探讨三方面内容，分别是基础设施及不动产投资，城市基金投资以及困境投资。就泰康资产而言，我们非常重视与保险资产具有天然匹配性的基础设施及不动产投资。这和我们保险基金有非常相似的天然匹配性，不管是从项目特征还是融资需求来看，投资规模量非常大，回收周期非常长。大家知道，基础设计和不动产投资是保险资金传统投资领域，当下股票市场、债券市场波动较大、预期收益率不高，而不动产投资具有安全性、抗周期性和回报稳定的特点。

我们重点发展的领域是物流地产和医养地产，这两个投资领域是保险资金和实体经济项目能够合作共赢的领域，泰康公司在这方面有很多投资。简单说，泰康资产在海外的物流地产投资，这两年我们做了两笔很大的投资，一是投资美国的一个项目，这个项目遍布全美 269 个物流资产，包括许多著名零售商，这个资产包为我们泰康资产赚了很多。2016 年 7 月投资了日本的一个项目，这个项目由日本全国 169 个物流资产组成，全部位于核心城市，德国奔驰、日本三菱集团等都是他的租户。在医养方面，我们也做了不少投资，投资了美国、英国 450 处的医疗养老地产，同时在基础设施方面也做了很多工作。

而在此过程中，大的创新就是把具有引导意义的基金作为重要方

* 张弛，时任泰康资产管理有限责任公司副总经理。

向。它和基础设施与不动产投资有相似性，也有一些区别，最大区别是投资方向有很大的改变。相对于单纯的基础设施不动产投资，城市基金更为庞大，对于支持国家战略、支持实体经济的保险来说，有很强的引导意义和规模效应。我们泰康做了很多实验，整个项目投资徐州的市政、交通、通信、不动产等等。我们也在更多城市进行开发和合作。

还有，简单谈一下在目前流动性困局下不良资产处置。过去对不良资产的投资没有很多经验，我们可以学习海外的经验，我们刚刚也特别留意到，曹会长提到了不良资产业务的跨周期和高收益特征。对于保险资金来说，我们有帮助企业走出困境的能力。我们对整个经济形势有大的把控能力。我们大型保险机构有长期封建的固定投资和投资经验，在行业分析，公司研究方面有很好的能力。

最后，为泰康资产做一次广告，我们现在管理的资产有 11000 亿左右，我们从去年应该和青岛市包括青岛市的重要企业，包括海尔，共同做了创新另类投资的品种，希望泰康资产进一步为青岛市或其他合作伙伴的发展作出贡献，也为泰康资产带来更大的收益。

关于保险业助力“一带一路”建设的思考

王　稳*

主要谈一下保险如何助力“一带一路”建设。按照中央经济工作会议的精神，总的经济政策基调是“稳中求进”。这个“稳”主要是稳住资产价格，因为财富管理主要是资产管理，所以资产管理或财富管理的政策环境是：汇率一定要稳，股市也要稳，房地产市场经过快速上涨后也要稳；金融风险的化解也是为了稳定，外贸近期有所回升，从经济增速来看也是趋于稳定。

“进”就是我们坚持以供给侧结构性改革和全面开放为新的增长动力。中央明确提出三大战略：京津冀一体化、“一带一路”和长江经济带。今年财富论坛的一个主题词是“全球化”，其意义应该包括两个方面：一是资产管理的全球化配置，二是全球化背景下的财富管理和资产配置问题。因此，推进“一带一路”建设，不仅对财富管理，而且也对保险业的改革创新提出了全新的需求。

关于“一带一路”的内容

一是“一带一路”对保险创新的意义。“一带一路”的核心可以概

---

* 王稳，时任中国出口信用保险公司首席经济学家。

括为“123”，“1”是一个目标，建设人类命运共同体；“2”是“一带”和“一路”；加上非洲拉美两翼；“3”是三个原则，即共商共建共享。建设内容可以概括为“568”，“5”是五通，“6”是六廊，“8”是八个重点合作领域。“一带一路”倡议，是习主席外交思想的重要体现，是中国马克思主义的最新进展，具有非常重大的现实意义和理论意义。因此，对保险业来说，这既是一个重大机遇，也是一个重大挑战，对今天论坛的主题特别是财富管理也是非常重要的。保险行业越来越多地管理着老百姓的养老金和保险风险准备金，这就对于保险业的资金管理和配置提出很高的要求。

二是“一带一路”体现了中国版的全球治理体系，或者叫做全球化中国发展的新阶段。“一带一路”沿线国家有丰富的资源，有广阔的市场，这些丰富的资源和广阔的市场可以转化为丰厚的资产回报。比如，俄罗斯现在的无风险资产收益率 9.75%，这个资产回报率对于我们的保险资金来说是非常好的机会，比如泰康公司的资产管理是比较好的，达到 8%左右的收益率，还是低于俄罗斯的无风险资产收益率 9.75%，这种利差对于财富的全球配置来说是非常大的机遇。

三是“一带一路”的最新进展。由中国信保支持的亚吉铁路等一批早期收获项目已经完成；金融合作方面仅哈萨克斯坦一个国家就有 460 亿美元的产能合作意向投资和 600 亿美元的信贷规模；人文交流方面也有很大的进展。

关于全球风险分析

全球经济在回暖，同时政治风险的不确定性也达到了历史高位，据我们测算，2017 年全球政治风险的不确定性指数达到了 267，不论是发达国家还是发展中国家风险都是相对显著的。具体到“一带一路”沿线国家的风险状况，根据中国信保 2017 年国家风险评级和主权信用风险评级的结果，国家风险显著的有 47 个国家，主权信用风险显著的有 39 个国家。

关于信用保险的作用

从理论上说任何资产都是风险资产，风险资产一定是而且必须是可以交易的。从保险业的角度来看，后续改革和创新的基本原则和路径，就是为可交易的风险资产提供更多的风险保障供给，也就是说保险业一定要建成一个完善的保险市场，核心问题是合理的价值发现机制和竞争机制。全球化的资产配置如果扩展到全球的资产配置，就会面临更多风险。这个“更多”主要指国家风险，国家风险有五种类型：战争、内乱、征收、汇率和交易对手五大类。从保险的供求角度看，这些企业和资产成为政治风险保险的需求方，供给方就是从事政治风险保险业务的机构。1919 年英国成立了出口信用保险局，是世界第一家官方支持的出口信用保险机构，而 2001 年中国信保成立以来累计赔付达到 100 亿美元，是全球最大的官方信贷促进机构。

信用保险的作用体现为项目和资金支持、担保和增信等。目前我国的政治风险市场是失衡的，需求特别大，但作为供给方来说，只有中国信保一家机构从事海外保险业务，供给严重不足，不论是机构、资金还是人才方面都是严重不足，需要在未来继续加大供给侧结构性改革。

保险公司如何进行资产配置

Gerhard Hinterhauser*

在此，我要谈谈资产负债管理这个话题，以及保险公司的资产管理与其他资产管理最大区别，我也会聊到保险公司如何从将未来风险与资产负债完美匹配，转移到投资优质的投资和证券组合来促进其业务发展。

首先，为什么要做资产债务？当我们保险公司在签署合同的时候，报表上会产生债务。不同的产品带来不同性质的债务：比如寿险债务的时间较长，财产意外事故险如汽车险较短，一般是一年保期；保险产品的保底收益产生的负债；与资本市场关联的投连保险产品产生的负债。

保险公司必须保证在任何时候都能够覆盖到自己的债务，当有人要求赔付时，公司就要赔款，这是我们的本质。当然监管机构也会确保赔付的落实，主要工具是一些复杂而全面的风险系统，比如巴塞尔协议II，或者中国的CROSS。即便如此，每一个保险公司仍要保证赔付的承兑，这种资产负债管理是保险公司所有资产管理的出发点。具体的实施办法每个保险公司不同。我们创建了一个复制投资组合，比如一个资产投资组合能够把资产负债表的负债现金流与资产的资金回报相匹配。当然，这是一种理论模型，过一段时间后，通过一些附加手段，使其实

---

* Gerhard Hinterhauser，时任慕尼黑再保险集团资产管理有限公司董事总经理及首席执行官。

际落实在资本市场活动中。

创建复制投资组合，要求对负债现金流有高质量的保险精算数据，慕尼黑再保险经过长时间的发展已有很多累积。复制投资组合因此意味着保险公司的中立位置，所有的负债完美的与资产相匹配，既不会产生损失，也不会有创收。当然，资产管理是保险公司的收益来源之一。沃伦·巴菲特公开声称保险公司最吸引人的地方是，通过锁定保险费，可以即刻获得大量资金，之后再支出索赔金。如果管理的好，这部分资金将会产生诱人的利润。

所以，保险公司如何把业务从一个中立的位置，发展为可以实际盈利的资产管理呢？创建复制投资组合是保险公司中资产负债管理部门的职责，而慕尼黑再保险下一步计划是，与慕尼黑 ERGO 资产集团达成战略资产配置的合作，实现中立位置的盈利目的。因此，理论上讲资产负债管理模型结合了资本市场的专业知识和内容，借此，投资组合变得具有多维度，拥有不同的资产分类，比如债券、股权、地产，以及替代保险公司投资活动基石的其他资产。此战略资产配置每年都会被评估一次。若市场对战略资产配置预测正确，通过投资组合中这些大型模块的结合，保险公司可以从一个不盈不亏的中立位置，转向实现资产管理盈利的第一步。

之后应该做什么呢？下一步就是要进一步细分战略资产配置的模块，叫战术资产配置。这可让资产经理人更深入到每一个资产分类，并且对市场变化作出灵活反应，一般会把反应时间设定为 3 个月到 6 个月之间。如果说战略资产配置中的股权配置占整个投资组合 15%，那么这个 15%会分解到不同的市场，如美国、欧洲和新兴市场。债券同理，如果说 70%的战略投资组合是这部分固定收益，现在就会被细分为不同的评估等级、货币等等。战术资产配置的目标当然是获得比战略资产配置更多的回报。

让投资组合经理人管理单个证券组合，是我们多层次投资的最后一步。基于战术资产配置的相关表现，其相关基准也已形成，这个基准便是投资经理的投资行为指导。这些基准的优异表现反过来会保证战术资产配置的目标结果表现优异。因此，我们创建了一个资产负债管理和投资方式，从一个资产与负债相匹配的中立位置，通过一个战略和战术性的资产配置，发展为投资实际的证券组合，并且每一个结构的结合处都会比上一层级有更高的回报。

若完成这个价值链，则需要一个的全面的风险和合规流程，以确保每一个保险公司的风险预算和其他制约条件能够被严格监控。

在负利率的环境中，比如目前一些欧洲市场，资产与负债相匹配变得更有挑战性。资产投资组合中很大一部分的负回报必须由资产小额配置得到的回报抵消。这便促使保险公司不得不承担更多风险、投入到一些之前不愿触碰的领域。因此在过去的几年中，保险公司的资产配置变得更加复杂。10 年之前，承保人主要在固定收益和一些股权、地产上进行投资，现在开始雇佣或内部建立专家团队，帮助其在多种替代资产比如农业、新能源、基础设施建设进行投资。同时，对指数产品或交易型开放式指数基金的被动投资，在保险业越来越流行。

这个趋势会进一步加强保险产品，使其从提供保底收益的传统保险产品，到进行相关产品的投资，把保单回报、指数基金等相关投资产品连接到一起。资产与负债匹配的基本要求仍和以前一样，但是，当前的环境越来越复杂，监管架构和保险资产管理手段也随之愈加复杂。

对 话

朱俊生[*]：我们每个人大概回答4分钟左右，我把问题一次性提问给大家。刚才曹会长讲，保险目前在其他投资，特别是另类投资的战略是非常高的，协会一直在推动和地方政府的合作，今天青岛市政府代表也在这，在这方面有哪些合作，具体体现在哪些方面。5 月 4 日，保监会推出的若干意见中，有哪些举措，进展有哪些？

曹德云：我们协会 2014 年 9 月份成立，有会员 420 多家，13 个类别，所有的金融机构几乎在我们协会都有会员代表。协会的一个重要职能，就是促进保险资金与实体经济的对接。具体是促进保险机构和地方政府相关单位进行项目对接。我们开发了一个项目对接平台，利用互联网技术来促进解决投融资双方之间信息不对称问题。这个平台已经运作了一年多的时间。目前有 41 家签约机构，其中包括 13 家保监局。他们是项目信息的提供者，所有会员作为项目信息的使用者。目前有 15 家保监局和地方政府部门在我们的平台上开办了项目信息旗舰店，总共有 5400 多个项目展示，项目融资需求总体规模超过 11 万亿。在过去，我们经常跟地方政府举办线下的项目对接，现在把线下改为线上，降低了成本，提高了效率。这些项目当中，有一部分已经进入到调和谈判的阶段。除了这个措施之外，我们还到各地方政府去宣讲或者解读保险资金投资政策。

大家都知道保险资金是好资金，期限长，规模大，持续稳定，与基础设施建设很匹配。但怎么去用，通过什么方式用呢？大家还有很多疑问。我们协会和十几个省市有对接合作，通过政策宣讲解读，回答大家的疑问，为项目合作创造有利条件。最近，保监会发布的关于支持实体

---

* 朱俊生，时任国务院发展研究中心金融研究所教授兼博士生导师。

经济的文件，提出了很多新的政策措施。其中有一部分是关于业务板块的内容。其中一点就是鼓励保险资金通过并购新建或者参股等各种方式，来创建医疗机构和养老社区。到目前为止，我们统计大致有 9 家保险公司，计划中和建设中的养老社区是 29 个，至少有 4、5 个已经开业了。这些养老社区如果全部建成之后，整个投资额接近 700 亿，为老年人群体提供 4 万多张床位。我想，对民生建设，对社会稳定，对社会公众生活水平的提高，都具有积极作用。这个文件，还允许保险资产管理机构设立市场化的债转股专业机构，设立不良债权处置基金，这些都给保险资金打开了新的空间。文件还鼓励保险资金通过 PPP 的方式参与基础设施建设，支持国家战略实施。保监会也将根据文件落地的需要，对现行的政策和标准进行完善，为保险资金支持服务实体经济营造更加有利的环境。这些措施落地后，保险资金对接实体经济将会达到一个新的高度。

朱俊生：我想问张总，基础设施和不动产，特别是城市基金，你们确实在这方面很多，在曹会长这边资管注册 336 亿，去年你们在行业是第一位的。基础设施、不动产和地方政府合作，公司最关注的是什么？第二个问题是股权投资这块，泰康做得也不错，它的投资和其他不一样，你们去年投资了一些知名的企业，你们在股权投资这方面的导向是什么？这个有什么经验和我们行业分享？

张弛：不论哪个问题，关键都和保险资金的本质特征有关系。保险资金规模比较大，期限比较长，收益要求相对比较稳定，资金来源很长，很稳定。在这种情况下，不管是基础设施建设投资，还是股权投资方面，我们归根到底还是关注另类投资的信用风险的评估。包括保监会对我们另类项目的风险控制也有相应的要求和指标，各种各样的投资会影响我们的操控能力。最最关注的还是信用风险的评估，从目前来看，整个信用风险对保险资金来说，最大的来源还是在新兴领域，包括复杂交易结构。大家知道另类投资有很多交易结构，可以适当减少保险风险的影响。对于保险资金来说不是每个项目都要投，每个项目都要做。我们自己本身是有相当强的或者说花了很多时间在信评方面做了工作。信评的独立调查和独立经调是非常重要的。有时候我们不看外部的信评，我们的投资管理团队分布在不同的企业里，通过这样的方式减少风险，进一步扩大投资优势。第二个问题讲到股权投资，首先要看战略性的投资。泰康有一个大战略，保险、资管、医养三大体系。我们在医养方面完全贴近公司战略。我们不仅仅是通过精算来算出来的，而是通过服务的支持，我们投了很多养老院，投了国内最大的心血管医院，包括很多大的医院。我想这样一些模式、股权都是为大战略服务的。

朱俊生：非常感谢。第一个问题保险服务“一带一路”的机遇和挑战，青岛是新亚欧大陆桥经济走廊的主要节点城市。第二个是海上合作战略的支点，青岛既涉及一带也涉及一路。青岛在“一带一路”作用中怎么发挥保险的作用。“一带一路”沿线有很多新兴经济体国家，保险去服务它，保险自身怎么平衡？

王稳：国家相关部门在“一带一路”的区域定位方面是有明确规划的，青岛有它自身的定位，无论从哪个角度讲都应该在“一带一路”建设中发挥重要作用。它既有海又有陆，陆海兼顾。对青岛在“一带一路”建设中的作用，有几个建议。

第一就是自贸区可能是一个引领，包括自由贸易港的建设等一些方面的创新，当然自贸区是一个非常宽泛的概念，包含保险在内的金融投资体系是一个重要的支撑，信用保险在其中是一个非常重要的工具，当前我国从事短期信用保险的机构，既包括了中国信保这样的政策性保险机构，也包括人保、平安等商业性保险机构。举个简单例子，企业海外资产面临大的风险主要就是汇率限制风险，2015 年中国出口俄罗斯的汽车是全行业亏损，主要原因就是卢布汇率变化引发的风险，中国信保一家分公司就赔了 1 亿多美金。通过银行来锁定这个汇率波动风险的对价是 10%，而信用保险的对价非常低。青岛连通世界，“一带一路”规划里强调五通，青岛的五通也是非常重要的。青岛的外向型人才也非常关键。

第二，从企业本身的风险管理，特别是保险企业的风险管理体系来说，保险作为一家管理风险的企业，国内很多的保险公司，对自身的风险管理，与慕再等一些跨国公司相比还有一定差距，我国大部分保险企业自身的风险管理是落后的，实际上风险、战略、绩效是同一个话题的不同侧面，在保险公司中绩效管理和风险管理应放在同样的地位。目前国内保险公司自身的风险管理体系，包括模型和技术方法其实是不成熟的。这几年中国信保十分重视自主的风险分析逻辑框架和信用风险评级技术方法。中国信保 2016 年发布了对全球 192 个国家的主权信用风险评级，CCTV《新闻联播》以“国内首份全球主权信用风险评级报告发布”为题进行了重点报道。

朱俊生：中国目前的保险业也在考虑国际投资，因为我们面临着利率比较低的环境，大家很关注资产荒，中国保险企业也在进行海外投资。慕尼黑在全球资产配置中有很多经验，我很想知道你们的经验和对我们的启发。慕尼黑在中国有没有配置资产的实践。

葛强：慕尼黑实是国际保险行业非常活跃的成员。我们资产和债务之间的匹配，定义我们的债务风险，看一下投资组合，绝大多数投资都在欧洲市场，也有很多在美国，在亚洲有比较小的部分，因为亚洲代表了新兴市场，这些市场跟我们风险偏好并不是很一致。我建议中国公司到海外投资的时候要考虑到，海外的利率环境甚至比中国要差，一定要很小心，不要购买过多的海外资产，要跟你本地的债务来比较。除非你在海外已有大量业务，那可以进行大规模的海外投资。除此之外，大家还是谨慎一些，把相当部分的资产保留在自己国家的市场当中。因此，你的投资不需要有像对冲基金那样好的表现，只需要匹配资产负债，并在风险期货上盈利。

对于中国市场或者亚洲市场，慕尼黑再投资保险也有项目。我们目前最大的投资就是 PICC，已经有 7 年了，这是比较成功的。我们正在香港管理一个比较大的亚洲投资组合。慕尼黑再投资在韩国、新加坡、马来西亚、中国香港都是有的，很大的投资组合是在亚洲地区的债券上面的，从香港来管理的，通过我们在中国人寿的子公司，在中国做了另类投资。

朱俊生：接下来还有时间直接交给下面的听众，大家有什么问题，一分钟之内说完，台上的嘉宾两分钟之内回答完。

提问：保监会出台了越来越多政策，对万联险等有比较严格的要求，在这种严监管下，对未来保险业发展有什么影响。第二个问题，在目前的情况下，互联网保险在未来的保险业务发展中扮演什么角色，对传统的保险公司来说，应该怎么应对互联网保险的冲击呢?

曹德云：保监会最近下发了 1+4 的系列文件，这个文件是新的政策组合，它既体现了对党中央关于金融活经济活、金融稳经济稳的理念，同时给行业留下了进一步创新发展的路径。这一系列文件对保险业能够有更好的政策环境、有更好的监管环境是有利的。

张弛：感谢您的问题，特别遗憾，我们泰康资产负责投资的，和保险销售没有特别大的直接业务。换个角度回答您这个问题，毫无疑问互联网金融经过三四年的发展，公募基金互联网销售达到很大的规模，传统的销售短期看替代不了互联网的销售。不管马云也好，京东也好，他们又去收购实体点，不是做传统营销，而是怎么样和他们的业务结合起来。我只能从投资角度来回答你的问题。

提问：我想问一下王老师，您在介绍政治风险的时候，中国出口信用保险有很多在从事海外保险的业务，我希望您进一步把这个地方扩展一下，中国出口信用保险在海外投资保险相关方面的经验和未来的发展。

王稳：这个问题对于一个教授来说，非常麻烦，我们教授把简单问题讲得特别复杂。海外投资保险刚才讲了，华为或者中石油、中海油都是我们的客户。大家知道华为这些年之所以成功，外媒报道有一个神秘的国家力量，这个力量就是中国信保的海外保险。海外投资保险，国务院的政策叫应保尽保，海外经营的风险就是政治保险，也是海外投资保险面临的主要风险，这种风险中信保有各种各样的工具来分析这些风险。更多的我们可以下边沟通。

朱俊生：接下来每人 30 秒到 1 分钟做一个总结，对青岛市如何完善保险机制做一些寄语。

曹德云：我坚信在未来，我们国家的经济金融改革具有不可替代的作用，它将大有可为。

张弛：保险资金经过这么多年的发展，我们有很多经验，各种各样的基础经验。互联网还是取代不了人的，我们可以向这方面多多考虑。

王稳：我是一个理论工作者，也是一个公司业务部门的管理者，其实当我参与到今天的保险市场的时候，我感受到了新国十条提出的，支持国家战略，对接国家战略，使新国十条，真正落到实处。祝青岛市北区的创新示范区早日成功。

葛强：这个论坛进行非常好，有非常好的经验，有很开放的讨论，让我了解中国的保险行业。

朱俊生：听四位嘉宾讲后，我理解实体经济非常大的关键，就是更好发挥保险核心功能，怎么提升青岛保险业的渗透率，发挥保险的经济补偿功能。保险就是分散风险、转移风险，保险提供了保障就是发挥作用。保险发挥防灾减损的功能。保险可以做事前的防范，保险公司理论上是风险管理的咨询公司，通过风险管理给社会创造价值。怎么发挥保险资金的融通功能，优化金融机构。直接融资和间接融资是失衡的，我们怎么更好通过股权投资债券投资进入实体经济，让我们的融资结构更加合理。

保险负债也要进行转型，让保险资金成为长期资金进入市场。今天市政府也在这，我特别想说，推动保险资金进入实体经济，更重要的是发挥企业家精神和才能，资产泡沫会损害企业家创新，就是一种通货膨胀，会打击企业家创新。这种责任不仅在于企业家，更在于导致通货膨胀的机制，比如信用扩张等等。我们加强法制，怎么进行产权保护，让企业家精神的发挥能有更好的外部环境，保险和实体经济的结合才有更深的根基。

第十章

保险示范区的探索与实践

创新已成为推动我国保险业发展的重要力量。近年来，保险业开展了大量卓有成效的创新探索，利用物联网、云计算等科技完善产品、服务和评价体系，在探索行业发展与社会治理方面取得了重要突破。青岛市市北区正在全力打造保险示范区，以保险业推动商业养老保险发展，构筑保险民生保障网，促进城镇建设。如何推进保险业改革，是保险业和地方政府需要共同思考和研究的重要课题。

努力打造保险业创新发展的“市北模式”

杨旭东*

青岛是一座充满活力和魅力的海滨城市。作为青岛的主城核心区，市北区商贸物流发达，产业基础雄厚，孕育了青岛港、青岛啤酒、海尔集团等众多国内外知名的企业。近年来，市北区解放思想、更新观念，加快转型升级步伐，突破性地发展蓝色经济、现代金融、科技创新、文化创意等主导产业，全区财政收入突破100亿大关，综合实力不断提升。特别是近年来随着青岛国际邮轮港、滨海新区、中央商务区、新都心等重点项目的开发建设，城区的发展活力进一步释放，发展的潜力进一步增强。今日的市北，正凭借良好的区位优势、载体优势和环境优势，展示出广阔的发展前景和美好的创业未来。

这次分论坛的主题是“保险示范区的探索与实践”。市北区作为青岛传统的老城区、老工业区，人口总量大，对于保险产品、保险服务的需求十分旺盛，保险市场有很大的发展空间。这几年，我们加快实施“保险+”战略，以建设“保险示范区”为目标，积极探索运用市场化机制，先后引入各类保险机构22家，陆续推出电梯安全责任险、巨灾综合保险等险种，努力打造保险业创新发展的“市北模式”。我相信，本次论坛的举办，必将对我区保险示范区的打造和经济社会发展起到积极的推动作用，更重要的是探索新形势下“地方政府+大型企业”、

---

* 杨旭东，时任青岛市市北区委副书记、区长。

“金融保险 + 社会民生”的合作新模式和新范例。

我们真诚地希望，通过此次高峰论坛活动，能够使更多的来宾了解市北区，关注市北区，为市北区的保险产业发展建言献策！同时，我们将以优美的环境、优质的服务、优惠的政策大力支持保险行业各类机构在市北开拓业务、发展壮大、成就辉煌！

保险旨在保障，而非投资

朱云来*

我对保险行业是情有独钟。我们从 2000 年开始做保险业研究，跟慕尼黑再保险有过接触，我也在学习这个行业。我这有张图，大家来看一下中国保险业的标志性发展，从 1998 年开始到 2015 年，2003 年是 1 万亿左右，2015 年最新数据是 12 万亿，10 倍的成长。体量相比其他金融行业，是小了很多——银行业可能是 200 万亿的概念。但别小看 12 万亿，从 2003 年到现在，老百姓累计的结余是多少？真正累计的储蓄在 71 个亿左右。假定这些保险主要是这些老百姓买的话，也占了资产的百分之十几的份额，并不算小。我认为还是可以发展的。

在房地产市场我们说“房子是用来住的，不是用来炒的”，套用到保险业，保险应该用来保障的，而非投资。说保险业提供了长期资金，我有保留意见。保险首先应该是保障，尤其是长期的保障。长期的社会变化是非常大的，你拿去投资了，能保证拿回来吗？将来需要赔付的时候，还有钱吗？应该是宁愿不花这个钱，也不能损失了。当然投资还是要的，但保险的投资要非常小心。例如去投电厂，看看过去 10 年投的电厂现在什么样了？大半年都用不上，开不了机，这样的电厂肯定是赔钱的，这样的长期投资你要投吗？保险还是要保险。你这个保险都不保险了，或者保险干脆不是保险了，是变相的投资。有一部分原因是资本

---

* 朱云来，金融专业人士。

市场的膨胀。保险公司辛辛苦苦挣来的一点承保利润，已经没有意义了。资本的膨胀使得行业不得不跟着市场走，但是这个游戏长不了。

青岛市北区把所有部门的领导都请来了。市北在搞保险示范区，保险的事非常大，是全国的事，一个区能起什么作用呢？我后来想有道理，因为我跟这些保险公司也有些接触，这个社会真的需要保险，也应该有很多保险发展的机会。但从公司的角度，发展业务也很困难，因为牵扯到社会方方面面，比方说医疗保险，伤残保险，需要一些基础信息。反过来从政府来讲，一个区县政府是中国最基层的政府了，像市北这样的区，中国有 800 多个，把县加起来我们有 3000 个基层单位。基层政府的责任非常重大，要做服务，要兜底。我们觉得政府的能力很大，但实际财力是有限的，社会发生了事故、意外，政府也希望借助商业保险解决这些问题。其实，这是一个非常正确的路子。政府的相关系统，可以提供社区的基础信息，要不然保险公司绝对没有这个力量，没有这个资源和信息，来了解这个社区到底发生了什么。

保险也不是万能的，有的东西是可保的，有的是不可保的。我之前要想做健康保险，但从保险公司来说，做健康保险很难，因为经常各种作假，无限度的医疗，其实也很难弄，这点也需要政府的支持，很多医院是政府管的。医院改革我也研究了近 16 年了。大部分信息都是在地方政府手上，没有这些基础信息，保险公司也无能为力。

好多嘉宾提到意外、伤残，包括失业，保险公司也都可以考虑。一个人在刚工作时没有什么财产，但是人本身就是一个很大的财产，毕业了学好了知识，能工作挣钱，这就是资产。但一旦有了伤残怎么办？保险就是要处理意外之后怎么办。要不然政府还得管一辈子。保险就是一个社会共担的概念。意外是确定性的概率，总要发生的，毕竟是小概率事件。如果社会一起共担这个成本，例如医疗保险，不生病也要买，几百块钱，但是万一得了大病也有保障。这个道理很简单，也非常有用。地方政府是最了解这些基本信息，如果能提供必要的信息，能够让商业机构既能对社会有利，又能做有盈利机会的产品设计，就可以促进保险行业的发展。

保险要服务经济发展和民生保障

姚庆海*

这次金融业和保险业专门与政府对话，市北区开了一个非常好的头。政法委、组织部、财政局等各个部门共同探讨保险业如何为经济社会服务，为城市发展服务，为民生保障服务，为实体经济服务，是个很有意义的话题。在这里我代表中国保险学会，向大家汇报一下，我们最近所做的工作，以及关于创建保险创新示范区的一些建议。

中国正在经历由传统社会向现代社会的转变，推动转变的第一力量是科技，第二则是改革开放。改革开放使我们由传统农业社会走向信息社会、工业社会、现代社会。特殊历史条件下，对保险业来说如何才能更大发挥作用呢？保险业传统意义上属于金融业，金融业也在由传统金融业向现代金融业转变。传统金融业的主要功能是资金汇聚和资金运用，同时解决交易的支付结算。现代金融业增加了一项功能——风险管理，风险管理在现代金融体系中作用日益增强。金融交易保证了跨时空结算的可行性，跨时空交易推动了社会发展。在这个过程中，保险业的发展如何来服务由传统社会向现代社会的转型，如何来服务金融业由传统金融向现代金融体系的转型，值得我们思考。目前，中国金融为实体经济服务功能普遍弱化，金融市场体系不完善，金融市场结构不完善，最重要的体现在金融与实体经济脱节上。这里边很大的一个因素就是缺

---

* 姚庆海，时任中国保险学会会长。

乏长期资金有效的形成机制。形成机制的不足，造成了中国金融为实体经济服务缺乏长期资金来源。另外，造成资本市场不完善，资本市场波动巨大。

发达国家都有过类似的经验，在某一阶段保险业快速发展带动了金融业的发展，带动了经济社会的快速发展。中国目前正处于保险在金融体系中崛起的特殊时期，保险在经济社会中功能凸显的特殊时期。以前，保险业在中国金融体系中分量很小，90 年代中国的金融体系以银行为主。当今中国保险业异军突起，关键在保险机构给社会提供了长期负债，这个长期负债分布在养老、健康管理、长期寿险等领域。这些长期负债一方面汇聚了可贵的长期资金来源，另一方面补足了中国当今社会严重的风险保障不足。中国风险保障不足体现在养老、健康管理、社会风险管理、农业风险管理等风险保障不足上，我们需要补足风险保障不足的短板。随着保险业发展带来的金融风险保障产品，保障了中国金融社会更加安全，保险业发挥了社会稳定器作用、发挥了民生保障的作用，促进了经济社会的和谐发展。

中国社会转型发展过程中，保险在现代化治理方面也作出了巨大贡献。传统社会治理主要靠政府手段，政府承担了风险管理、民生托底和社会保障功能。在现在社会条件下，仅靠政府手段已无法满足社会的风险管理、民生托底和社会保障需要，需要政府、市场、社会和个人全面参与，共同推进社会治理体系现代化和社会激励机制的完善。在这点上保险发挥了重要作用。保险作用的凸显，使中国社会体现出由风险发散型社会向风险收敛型社会的转变。风险约束机制，降低了社会风险的成本，使社会更加安全、和谐、有保障，使经济运行更加顺畅，保险在推动经济社会发展中有重要意义。

基于此，最近各地都在推动保险为经济社会服务。2014 年国务院发布了《关于加快现代保险服务业发展的若干意见》，对于现代城市注重用保险机制推动实体经济发展、保障民生、服务经济社会，具有极强的指导意义。中午和杨区长进行了交流，青岛市北区特别重视运用保险机制来服务经济社会发展，这代表了新一代党政领导对保险的重视。下一步，青岛，特别是市北区创建保险综合创新示范区，能给经济社会发展带来全新面貌，不仅仅保障了民生，促进了发展，更可以助力经济发展动力转型。特别是制造业竞争力的提升。大家知道，现在的国际标准产生于一百年前的保险业。保险业在推动提升中国制造业实体经济竞争力方面和国际接轨，促进中国标准国际化，使保险业更好的服务中国制造业走出去。青岛作为“一带一路”的重要核心区，在服务于“一带一路”重大项目和重大设施建设，要扮演重要角色，希望市北区调动“一带一路”资源，形成“一带一路”风险保障合作机制平台，加强“一带一路”保险合作。我们还希望运用青岛得天独厚的优美的自然环境，打造保险养老社区和保险结合，健康管理和保险结合。将保险引入养老产业，降低了养老成本，形成了良好的关系，养老和健康保障体系变成了政府、市场、社会和个人参与。

打造“保险创新示范区”的背景与实践

刘大川*

我主要结合青岛市北区区情和我们打造“保险创新示范区”的具体实践，围绕着为什么和怎么做这两个主题，从三个方面谈谈个人的体会。

第一个方面，为什么要做“保险创新示范区”这件事。

第一，目前全国保险业的发展进入了非常好的窗口机遇期。中央与国务院对保险业发展非常重视，最近这段时间出台了一系列政策，把保险放到了整个经济发展布局中统筹考虑，明确了保险的定位和目标。我非常注意这五句话：“保险业是完善金融体系的支柱力量”——把保险业作为金融业的重要组成部分；“也是改善民生保障的有力支撑”——体现了我们一切为了人民的主题；“创新社会管理的有效机制”——和社会管理有机结合；“促进经济体制增效的高效引擎”——山东省最近提出了新旧动能转换问题，保险业的发展和山东省、青岛市，包括市北区发展有非常好的结合；“转变政府职能的重要抓手”——山东省青岛市围绕着保险业创新发展出台了相关措施，我们作为基层政府，从抓工作落实角度来讲，促进保险业发展也是我们当前面临的一个重要课题和需要完成的一项艰巨任务。

第二，发展保险业是我们社会经济发展转型的需要。我们大部分人

---

* 刘大川，时任青岛市市北区副区长。

对保险的理解还停留在原来的观念，觉得保险仅仅是出现重大问题之后进行经济补偿的手段。实际上保险的内涵和外延已经拓展到财富管理、风险管理、社会治理等多个领域，成为一个多元化的金融工具。如果把保险的体制机制用好了，用活了，那么在政府和保险公司层面，都将受益匪浅。

我们下一届的市北区委区政府明确了“一二三四五六”的发展战略：

一是核心区的功能概念。以前市北区的定位是中心区，现在定位是核心区，从核心区到中心区不仅仅是一个字的变化，而是体现了市北区下一步要在经济、社会、人文等方面都要打造核心区的功能作用。

二是两个轮子。一个轮子是城市生长力。需要我们把各类资源要素集聚，通过经济增长等多渠道实现城市的生长变化；另一个轮子是青岛国际邮轮港。国际邮轮港是我国批准的第四个邮轮港的综合实验区，也是市北区的一个重要发展战略。整个邮轮港面积约 4.1 平方公里，总规划面积约 580 万平方米，首期启动面积约 77 公顷。这是青岛实施新旧动能转换过程中在主城区最大的阵地，整体项目约有上千亿投资，保险资金将在其中发挥举足轻重的地位。

三是三大示范片区。以馆陶路和啤酒文化区作为城市历史文化的示范园区，在这个区域和邮轮港片区之间进行新与旧的结合，在老的城市空间里注入新的产业能力，在这一过程中要处理好新旧发展的关系，这里边也蕴含了非常大的保险价值。第二个示范片区是中央商务区与理工大学产城融合的示范区，这个区域里有居民、白领、高校、企业等各类主体，怎么实现方便舒适共生和谐是当前面临的重大课题。第三个片区就是以新都心为中心的创新要素集聚片区，我们已经在这个片区创建了青岛市国际人力资源服务产业园，下一步准备打造智库大厦、智库集群等业态。

四是四场歼灭战。第一，市北有棚户区 4.9 万户，目前还剩 1.6 万户，今年要彻底消灭棚户区。第二，2018 年要全面消灭老旧楼院。第三，2019 年要全面消除违法违章建筑。第四，2020 年老工业企业要实现全面搬迁，通过企业搬迁实现区域产业置换。

还有发展“五大中心”与“六大创新载体”，这个就不做具体介绍了。主要是针对产业，涉及橡胶材料、装备科技、新能源汽车、生物科技的创新园，云计算和大数据中心等。

可以说，不管是产业的更新还是城市的更新，对保险业来说都蕴含着很大机遇，除了保险资金的使用，在整个工作的建设过程，到后期运营和管理过程，对保险的需求也是非常巨大。市北的发展迫切需要保险的保障和支持。

第三，保险是保障和改善民生的需要。市北区是一个老的工业区，人口多，弱势群体也不算少，社会保障、社会治理的压力也很大。市北区常住人口约 108 万人，人口密度约 1.6 万人 / 平方公里，台东地区人口密集更是达到了 6 万人 / 平方公里，人口密度比香港都大。低保人口约 1.6 万名，低保边缘家庭约 8300 户，持证残疾人约 2.5 万人，60 岁以上老年人约 22.3 万人，做好各项社会服务是我们政府责无旁贷的责任，光靠政府一己之力很难达到良好的效果，丰富的人口资源与需要对保险来讲也是一个很大的资源空间。

第二个方面我想说一下怎么做这件事，这些年我们区注重加快实施“保险 +”战略，围绕保险创新做了很多工作。

第一是抓保险产品和服务创新。我们陆续推出了电梯安全责任险、巨灾综合责任险、见义勇为积极分子人身意外伤害险等险种。通过保险解决了很多难点与痛点问题。我们今年有六项保险业务列入了我们为老百姓办实事的范畴当中，下一步将持续把这项工作推向深入。到目前为止我们全区保险机构有 22 家，其中分公司 6 家，今年 3 月份在到宁波调研和学习的基础上，我们在全市率先出台了《关于加快现代保险业创新发展的实施意见》，确定了一批政策措施。在这个《意见》中提出了围绕保险创新，开发一批服务经济建设、民生试点和社会治理的保险产品，打造一批有市北特色的保险服务品牌，增强整个行业的竞争能力。

未来我们要做的事比较多。比如说建立保险智库和保险创新研究院。今天借助财富论坛这样一个平台，让非常高端的专家来给整个市北区的发展提出建议和意见，这本身也是保险智库的重要内容。保险创新研究院是和中央财经大学合作成立的，中财大的保险学院是位于世界前列的，将来在市北区设立实验室，对本地人才的培养和培训是非常有意义的一件事。

第二是加快保险机构的招商引资和资源集聚。区委区政府领导定期拜访重点保险机构，就市北区发展达成了一系列的共识。今天在座各位专家也对下一步市北区如何发展保险业提出了意见，就是保险业发展重点在于创新。围绕下一步发展，我们主要分了三类：第一类是创新突破类，包括食品安全、预付款的商业保证保险等 5 个险种；第二类是深化实施类，一共是 6 种，借助打造示范区的平台和机遇持续深化做下去；第三类是方向探索类。创新突破类我们举个例子，食品安全责任险是一个非常好的模式，能够实现政府、保险公司和老百姓多方受益，政府一年拿几百万资金来撬动保险公司加大保险产品投入，深化产品设计和平台开发。同时，相关的执法单位对保险人员进行培训、考试，通过考试核发有效证件，持有证件的保险人员通过终端可以进行相关方面的研究，并采集资料，这样，久而久之就可以形成一个大数据库，通过这种模式，政府资金发挥了四两拨千斤的作用，不仅给执法单位提供了执法依据，而且可以帮助保险公司锻炼队伍、锁定未来的保险客户，而对老百姓来说，大家关心的食品安全问题，也有望得到妥善解决。

第三是对我们正在做的事情。我们有几个方面的保障来做好保险创新工作：第一个方面是理念，就是从政府角度解放思想，和保险公司共同合作，推进全社会来理解保险，使用保险。第二个方面就是坚持问题导向，找准保险创新的发力点。第三个方面是加强知识引导，推动行业的创新发展。市北区也陆续出台了扶持保险业发展的相关意见，对保险业发展做了通盘的考虑。未来几年市北区将继续加大对保险服务发展和创新的支持力度，不断积累经验，把市北区打造成为全市、全省及至全国比较有竞争力、创造力的地区。

提升保险在青岛财富管理试验区的战略地位

刘智夫*

我想结合青岛保险业发展实际，谈下保险参与财富管理区建设的一些情况。

从青岛保险业的实践来看，保险为财富管理区建设提供了多元化服务，进一步丰富了财富管理的内涵。2014 年 2 月，青岛财富管理试验区设立，为保险业发展注入了新的动力。青岛保险业立足“保险业姓保”定位，充分发挥试验区建设的双轮驱动作用和资源聚集效应，统筹推进服务领域、险种、模式创新，助力财富管理试验区加快发展，也将保险业服务全市民生大局推向了新的高度。

首先是培养市场主体。2015 年中路财产保险公司获批开业，弥补了青岛保险法人公司的空白。截止到 2017 年 6 月，青岛共有保险机构 65 家，其中财产险 34 家，寿险 31 家，机构数量多于同类城市；中资公司 48 家，外资公司 17 家，中外资保险公司相互促进、共同发展的格局初步形成。保险专业中介法人机构 55 家，外地住青分支机构 64 家。良好的社会经济环境和试验区政策，吸引了投资者来青设立人寿保险、外资保险、再保险法人机构，申请的相关工作正在有序推进，这些将进一步丰富和完善青岛保险市场体系。有的公司还设立了财富管理业务、保险理财工作室等财富管理机构，各类专业化的保险服务形式不断丰富。

---

* 刘智夫，时任青岛保监局副局长。

第二是推动保险资金投资运用。通过深入研究、积极利用保险资金运用新政策，加强与保险总公司、保险资产公司联系沟通，为青岛财富管理试验区建设提供了相对低成本和长期稳定的资金。据统计，截止到2016年底，保险资金在青岛运用余额205亿元，比2015年末增加了53亿。其中，中国人寿出资参与了青岛地铁四号线PPP项目，成为中国首个保险资金中标的轨道交通项目，并创新性地在PPP项目中引入了私募股权概念，在全国范围内有一定的示范效应和借鉴价值。

第三是促进保险理财业务稳步增长。2016年青岛地区理财型保费收入80.8亿元，占全部寿险保费收入的45.3%。中国人寿、泰康人寿、平安养老、太平养老等四家公司累计为青岛156家企业6.68万员工，提供了企业年金服务，受托管理业务缴费合计5.56亿元，同比增长36.7%，受托管理资产27.4亿元，同比增长23.6%。保险已成为公众多样化的理财方式之一，财富管理的内涵更加丰富。

第四是打造养老上下游企业。鼓励保险公司参与养老医疗等财富管理相关产业链的融合。新华人寿在崂山区设立新华健康保险管理中心，已累计为3万名居民和300余家单位提供了高品质的健康管理服务。以医养结合为特色的养老社区建设不断提速，目前已有多家保险机构将青岛列入健康养老服务基地选址目标，其中泰康人寿已经完成位于李沧区的“山东地区医养结合旗舰店”选址工作。下一步，青岛保险业将进一步加深保险与健康管理产业的互动与融合。

第五是创新社会民生服务领域。开展区域特色的保险试点，青岛保险业在多个项目方面走在全国前列。在全国首创政策性“保险＋期货”指数保险产品；首创科技型中小企业专利权质押贷款保证保险，开辟了小微企业低成本融资模式，《人民日报》头版头条进行了报道，至今已经帮助53家企业获得贷款1.88亿；胶州市、平度市等相继开展小额贷款保证保险试点，建立“保险＋银行＋政府”合作机制，共支持贷款企业210多家，协助获得贷款3000余万元；保险公司同时承办城镇职工和居民大病保险，总保费达8.78亿多元，惠及群众415万。在全国率先建立长期护理保险制度，获得 2015 年中国政府创新奖最高奖。此外还成功争取到全国首批商业健康险税优试点城市，成为带动青岛健康险市场发展的重要引擎。青岛成为了商业保险机构全面进入基本医疗领域的首个城市。

近年来，在社会各界高度重视和关心支持下，青岛保险业以其独有的功能和价值，极大丰富了财富和风险管理的内涵，为企业、家庭、个人提供了多元化的财富管理视角和解决方案。下一步，青岛保险业将继续为财富管理试验区建设贡献力量。作为全国唯一以财富管理为主题的试验区，其发展建设需要各方面的共同努力，保险业在这方面应当肩负起更重要的责任，从健全完善金融体系的角度为财富管理试验区助力。

首先是发挥社会“稳定器”功能，为财富管理试验区建设提供更好的风险保障。财富管理试验区是一个创新体系，对区域经济发展有着广泛深刻的影响，在推进财富管理试验区的过程中，创新将带来一批需要管控的新型风险，需要保险业提出全方位多层次的风险管理方案，推动大病保险政策向健康领域倾斜，健全与公众利益关切的商业保险，开发属于我市医疗特点和市民保障需求的医保补充产品，参与构建多层次的财富管理产品。

其次是发挥经济“减震器”功能，更好服务于青岛经济社会发展。保险业将以大力提升创新能力和服务水平为重要举措，优化产品结构，进一步提升行业在经济社会中的贡献度，助力青岛市新旧动能转化战略。扩大科技型中小企业保证保险的覆盖面，稳步推进“保险 + 期货”、“农业保险 + 小额信贷保险”模式，缓解小微企业融资难问题等。保险业也将继续加强与相关方面的沟通协调和政策对接，提升保险在财富管理试验区建设中的战略地位。继续推进青岛法人保险机构建设，不断提升保险总部经济优势。在资产管理中开设信保板块，加强与中保投资有限责任公司、上海保险交易所等机构的联络协调，支持青岛财富管理产品交易中心建设和“一带一路”战略的实施，使保险业真正成为青岛财富管理区建设和经济社会发展的重要保障。

展望未来，经济发展是保险业发展的坚实基础和重要前提，是保险业改革创新的原生动力和服务支持的对象。服务经济社会发展，不仅是保险业义不容辞的责任，也是行业拓展自身空间的需要。保险业将与其他金融业共同携手，深化改革，推动创新，共同创造金融业发展和经济增长的美好明天！

保险行业未来的颠覆性机会

殷晓松*

前面几位演讲者从学术、监管、政府角度发表了自己的看法。我主要是站在保险企业经营主体的角度来谈一下我的看法。德华安顾人寿是迄今为止唯一一家注册地在山东，商业运营总部也在山东的寿险公司，入驻山东已经三年有余，在持续推进深耕山东和数字化战略的经营实践中，在政府合作与支持、创新发展与经营、信息技术变革与赋能等方面积累了一定的经验。

首先，保险试验区的建设需要也必须由保险行业经营主体与政府共同研究、推进。只有这样，才能把行业自身难以消化、难以解决的问题解决掉，也只有这样，才能更好的发挥商业保险作为社会保障体系延伸的这一基本定位，为山东省、青岛市新旧动能转换提供更多的支持。当前一些先行先试的扶持政策，其基本的出发点，就是政府通过购买服务或委托经营的创新方式，发挥市场在公共产品供给上的优势，比如大病医保、城镇职工医疗保险经办，当然也包括健康管理服务、责任保险、信用保险等等。

作为一家寿险公司的经营管理人员，我主要谈一下健康险和长期护理保险。当前，大家普遍认识到健康险和医疗险的春天到了，民众对健康险和医疗险的购买意识大幅度提高，这说明春天到了，但要说到秋

---

* 殷晓松，时任德华安顾人寿保险有限公司董事、总经理。

天，还很遥远，要走的路还很长，秋天是结果实的时候。商业医疗健康保险的发展和渗透很大程度上受到医疗改革、税收支持和医疗控费等体制、机制的制约，这需要政府和保险业界一起研究、一起寻求解决方案。当然，现代信息科技的发展，可以为医疗控费体系的完善提供技术支持，比如说区块链技术可以重构信任基础和价值传输路径，利用其去中心化、分布式、不可篡改的特性提升医疗险的定价、承保、理赔、风险控制等方面的流程效率。另外一个需要一起研究和解决的问题是长期护理保险，九十年代初我在澳洲一家再保险公司工作的时候，几家再保险公司已经在努力研究其持续运营机制，但直到现在也没有取得突破性的进展。在德国，有一家知名养老护理机构，在其相对完善的护理标准和体系运行基础上，让家庭亲属为有需要的人员提供护理服务，并为提供护理服务的家庭亲属付费，从效率的角度上，对国内的长期护理产业也有一定的借鉴价值。

第二个方面，保险是打造区域金融中心，特别是财富管理中心战略必不可少的一部分。昨天梁主席讲的内容，包括今天姚会长讲的内容都非常到位，保险是金融行业里唯一提供大量的、长久期资金的行业，负债期限可以长达七十年、八十年，这是其他的金融部门和金融机构无法做到的。中国保险业保费规模已经是全球第二位，但是保险的密度和深度仍然非常低，保险业仍有很大的发展空间。对于德华安顾人寿来说，我们的负债业务始终坚持“两保一长”的经营原则，第一个“保”是保障，第二个“保”和“长”加起来就是提供长期有保底收益的储蓄。归结到渠道战略上，很大程度上是我们更为重视个险渠道业务的发展，因为保险产品和服务具有长期、弱刚性等特性，不仅需要晓之以理，更需要动之以情。当整个行业进一步凝聚在保障和长期保底储蓄这种业务上面，行业的快速发展肯定能给经济建设提供更大量的长期资金，支持实体经济的发展。

建设区域金融中心和财富管理中心，要吸引保险中介机构、科技创新机构、保险服务机构，重点还是人才的引进，我的建议就是应该充分考虑青岛的宜居环境的优势，要在人才的吸引和留存方面给出有特色、有力度的优惠政策。

最后一个方面，我们应该利用财富管理中心、保险试验区这样的机会，真正去创新，构建差异化的核心竞争力。保险未来的热点在哪里？对保险行业来说，有哪些会产生重大影响甚至颠覆性影响的机会？一个是保险科技，也就是以前所说的互联网保险。保险行业特别是寿险行业，是非常复杂的，晓之以理比较难，还需动之以情——因为它的消费刚性很低。结合保险的特性，AI 技术的突破性发展对于服务和销售的一部分环节比如说需求分析、承保和理赔服务，会产生一些重大影响；保险的运营环节不仅需要“在线”，还需“在场”，VR 技术的突破和成熟，对保险有根本性的冲击和颠覆；还有就是区块链和生物科技，对于保险的组织形式、信任构建、理赔服务、定价基础都将产生重大影响，相互保险在相当长时间内是保险业的主要组织形式，但受到全球化和资本扩张等方面的限制，导致前面几十年有一定萎缩，但在互联网和区块链等信息技术快速发展的条件下，或许将重新焕发生机。

德华安顾人寿作为唯一一家运营总部设立在山东的寿险公司，总部就在身边，2016 年，德华安顾人寿的外方股东德国安顾集团股份公司与山东省政府签署了战略合作协议，我们和山东财经大学也进行了多方面的深度合作，成立了山东财大——德华安顾保险研究中心。我个人是中国精算师协会的创始会员，公司有一批专业的精算队伍，我们在精算、IT、数字化、运营、投资等方面具有明显的总部优势和区位优势，有责任也有能力为青岛保险试验区的建设出一份力。

对 话

于华[*]：请问姚会长，想替当地政府问一句，你能不能列举一下，已经成立和正在筹建的保险示范区，应该立足于什么样的基础之上进行发展。

姚庆海：创建保险示范区最近引起了各地政府高度关注。去年，福州市委市政府领导专门邀请我们去福州考察，我们提出了福州创建国家保险创新示范区的一些建议。最近天津、武汉、新疆喀什，还有很多地方，包括我们青岛的市北区等等，都在创建保险创业实验区。说明什么呢？说明各地党委和政府把保险作为经济发展的新动力、服务民生保障的新方式、服务实体经济的新渠道和资金汇聚的新领域。下一步需要保险业研究如何为区域经济发展创新发展服务、为政府职能转变服务，提出方案。为民生保障服务。刚才朱云来总裁对这些问题给我们很好的建议。保险业自身首先要清醒，我们不是包打天下，一定要给我们的世界带来保障，为老百姓营造一个好的生活环境和发展环境。保险业要提供更好的服务，为企业服务，为老百姓服务，为养老医疗服务，为实实在在生活服务。

于华：刚才刘区长谈了很多。想把这个提问机会转给刘区长。

刘大川：请教一下姚会长。我们在具体实际工作中，碰到两个具体问题。第一个是保险业的发展与区块链的结合问题，这是一个技术问题，也是一个发展的重要方向问题。在保险业发展过程中，其应用的现状和前景是什么？第二个是保险和实体经济的结合问题。我们有一个大健康的产业园，现在保险和大健康产业的结合，因为这个回收期比较长，社会性也比较强，关于保险与实体经济的结合，比较成功的模式是

* 于华，时任《中国保险报》总编辑。

什么？

姚庆海：刘区长演讲中对市北区创新探索有很大的关注，保险运用和科技的结合，应该说是目前保险创新的主要驱动力。科技应用的场景，应该说在保险业是最为丰富的。保险服务于各行各业，服务于人生的全过程，生老病死，服务于各种场景的风险保障。保障就是个风险兜底，没有风险兜底，我们的生活生产，都难以顺利进行。从这点上来说，风险管理技术，尤其依靠科技创新的成果，比如说区块链、大数据云计算、人工智能。人工智能和区块链是现在最受关注的领域。区块链和人工智能的基础都是数字化，都是信息化，都是数据的加工运用，大数据的汇总。保险就是产生于大数据基础之上的。大数据需要数据的标准化，数据库，数据模型，数据的挖掘，数据的模型化。这点上，分布式的区块链技术，使保险和各个生活场景结合。信息的贡献，降低了信息采集、加工、分析、应用的成本，使信息更加透明，信息得到共享，就是说是信用验证成本降低了，降低了社会交易成本，使保险的可保性条件增加了。改进可保性条件降低了信息不对称，这样使保险在一些场景中，以前不可保的现在可保了，使生产、生活、服务创新各个领域，保险创新的产品更加丰富。这样推动寿险和财产险，把天气指数、气象指数、灾害指数、农业生产指数变化和保险结合起来，保险和资本市场结合起来。保险和技术创新的结合，将使保险服务经济社会有更大的空间，保险将发挥让我们的生产生活更加美好的作用。

刘大川：很多后续问题，会请姚会长给我们做指导。

姚庆海：我们和人保王和总裁最近发布了保险区块链应用的中英文白皮书，还和复旦大学发布了保险科技的白皮书，有十个保险应用的场景。昨天我在清华大学和剑桥大学举办的金融科技和法律论坛上发表了保险科技与法律演讲，比如未来无人驾驶、自动驾驶的法律问题和道德问题，这是个风险选择问题。如我的汽车在路上，如果自动驾驶的汽车刹车失灵了，是撞人还是撞上建筑物等，这是风险选择问题。所以保险未来要和道德、法律紧密结合。

于华：刘局长已经把青岛的保险行业做了充分的介绍，建议从监管层面就市北区实验区的探索，当面给出一些建议。

刘智夫：刚才我说到这次保险分论坛得到了各方面的大力支持，尤其是市北区政府方面。当前正处于保险发展的历史机遇期，刚才许多嘉宾在发言中都提到了这个话题。尽管现在保险从规模等许多方面来讲，距离其他金融行业，距离大家的需求和期望，还有一定的差距，但从经济环境、社会环境、人民需求、消费理念等等方面，包括科技的发展，都对保险发展提供了一个非常好的机遇。刚才很多人也谈到了，全国各地非常重视保险，包括咱青岛市和市北区对保险非常支持。为什么会有这样的一个好的环境？我觉得保险相对银行、证券来讲，有其独特的价值。保险是一种财务安排，拥有财富管理的内涵，能实现财富的保值，增值。刚才云来先生也提到，财富管理跟你的健康本身上是没有关系的，但健康很多问题跟财务状况、收入水平都有一定的相关性。简单来说，我认为在财富管理未来发展过程中，保险凭借其独特的功能和价值，具有不可替代的作用。我希望借着这个机会，能够与地方的经济发展紧密配合，与人民的保障需求、政府的管理需求、企业的资金需求等方面更好地结合，与当地政府建立更紧密的合作关系，这样能够共同对保险市场发展起到良好的助推作用。

于华：最后一个问题给殷晓松。您能不能具体建议一下靠什么才能真正吸引来更好的公司和更好的人才。

殷晓松：德华安顾人寿是 2013 年下半年成立，中方股东是山东国投，代表山东国资委作为出资方，外方股东是德国安顾集团股份公司和德国安顾人寿保险股份公司，是慕尼黑再保险集团百分之百控股的，专注于直接保险和健康保险的全资子公司。成立三年多以来，德华安顾人寿在经营上始终坚持“两保一长”的负债原则。我们的全部精力聚焦在个险的发展上，个险新单标保超越了大多数公司开业三年时的业绩。在分支机构的拓展上，我们与其他外资公司不同，我们是广泛开设三四级机构，向纵深发展，这一点更像中资公司的打法。与此同时，结合时代变革和科技的发展，我们着重推进数字化经营，我本人也做过数字化方面的创业尝试，运作了中国第一个保险比价平台，后来因为各种因素没有继续做，但这个经历，为公司推进数字化提供了一些借鉴。

作为一名保险从业者，我认为一些有重大突破的机会，需要政府的扶持。比如说健康险的医疗控费，比如说长期养老护理标准，一旦有突破，会对相关产业的发展产生重大影响。保险科技这个方面，AI、VR、区块链、生物科技对寿险是非常重要的，如果能重点进行扶持，有可能会抓住真正突破性和颠覆性的机会。作为一家寿险公司，总部设立在山东，我们有一个非常完善的精算队伍和数字化技术队伍，以及外方股东的全球化视野和技术支持，也希望有机会可以和青岛市、市北区政府开展全方位的合作，为财富管理中心和保险试验区建设做一点贡献。

于华：谢谢，最后两个问题留给台下的参会嘉宾。

提问：提两个问题。第一个问题问殷晓松，您提到人才的重要性，希望我们区提供基础性，来了就能用。您需要人才的铺垫还是需要人才政策，对创业有一个服务。政策的话，您需要什么样的人才，对什么比较看重。第二个问题请教姚庆海会长，不是一个问题，我汇报一下，我们区有一个对外经贸大的校区，是一个校区不是研究院，有办学资格。我们在这个过程中，决策需要人才的支持，有没有这样的机会通过您的牵头或资源，能把高素质的办学放在这，或者其他一些高校进行保险业的人才进行前瞻性培养。

殷晓松：我能深切地感觉到市北区政府的务实。我作为保险行业的从业者，有关科技人才引进的问题可能很难回答。中关村最初是互联网企业的发源地，人才不仅是给钱的问题，创造一个信息交换、技术交流和拓展视野的平台非常重要，越是领先的地方越是能吸引人才。对于传统的保险公司或者保险中介企业来说，青岛的宜居条件摆在这里，给关键人才的税务优惠等支持政策，可以吸引并留住人才。对于科技公司来讲，对于资本是有重大需求的，不仅仅是需要创业扶持金，在融资方面提供更好的机会和连接渠道，也是非常重要的。

姚庆海：组织部的问题非常好，体现了市北区区委区政府和组织部对人才的重视，对人才发展机制的重视。我们保险学会觉得这一点责无旁贷，应该大力支持。我们最近建立了地震洪水台风、火灾、汽车碰撞、生命科学和基因工程等科技创新领域的风险与保险实验室，实验室是保险科技创新的重要基础支撑。有很多院士，包括大数据专家、参加北斗设计的院士参与我们实验室的建设。我们希望通过汇聚各行各业的创新专家为经济社会发展服务，希望调动科技实验室的力量，包括与中国社会保险学会建立商业保险与社会保险创新实验室，引入到支持我们市北区创建保险创新示范区。同时调动高校的资源，我们保险学会不仅仅是保险机构参加，所有有保险系、保险专业的高校都是我们的会员，国家的、国际的保险机构，国际保险的高端智库，学会都是我们非常好的战略合作伙伴。包括中国保险报，中国保险学会共同建立了中国保险家智库。如果市北区有兴趣，我们把这些资源整合，在市北区落地服务市北区的保险业发展，服务市北区的经济社会发展。

于华：今天出席论坛的嘉宾和几位专家，给大家阐释了保险实验区的探索与创新这个话题。我们已经作出了一定的探索，尤其是市北区。我们希望保险实验区在全国不断地涌现，不断地探索，能够成为中国保险业发展的重要动力，能够成为中国保险报道的主要观点之一。我们也希望市北区尽早作出应有的示范效应，让更多区政府、市政府关注这一点，更加重视这一点，推动中国保险业的发展。

第十一章
金融聚集区差异化发展之道

金融聚集区对推动金融产业乃至区域经济快速发展都有着重要意义。当前中国多个城市都致力于打造区域金融中心或者金融聚集区，但区域金融中心辐射范围限于行政管辖范围内，且同质化发展非常严重。国内外金融聚集区在发展过程中有哪些探索和经验，这些对青岛发展金融聚集区有哪些借鉴？如何突出地区核心优势，打造辐射更广的金融聚集区？如何吸引金融机构落地与金融人才的汇集？

推进青岛金家岭金融区实现差异化发展

黄应胜*

我们今天迎来 2017 年青岛·中国财富论坛，共同探讨财富发展的新全球化这一主题，很荣幸在这样重要的时刻，与诸位专家、学者共聚一堂，探讨金融聚集区差异化发展之道，研究金融科技，助推财富管理新变革。

作为本次高峰论坛的承办方，我代表青岛市崂山区委、区政府、青岛金家岭金融聚集区管委会向远道而来的各位来宾表示热烈的欢迎，期待各位嘉宾围绕金融聚集区的差异化发展畅所欲言，也对我们青岛金家岭聚集区的发展提出宝贵的意见。

崂山区位于青岛市东部，辖区陆域面积 395.8 平方公里，常住人口 43.6 万人，近年来我们着力推进青岛金家岭金融区、青岛中央创新区、崂山风景旅游度假区、崂山湾国际生态健康城建设，致力于打造宜居宜业的现代化山海品质新城。2016 年崂山区实现地区生产总值 550 亿元，增长 8.5%，区级一般公共预算收入 131 亿元，增长 10.1%，总量列山东省第二位。

2014 年 2 月，经国务院同意，设立青岛市财富管理金融综合改革实验区。三年多来，青岛财富管理金融试验区不断发展壮大，2016 年青岛地区生产总值突破万亿元大关，金融业增加值占地区生产总值的比

---

* 黄应胜，时任青岛市崂山区政府副区长。

重达到 6.7%，已经成为拉动青岛发展的支柱产业。

青岛金家岭金融区是青岛财富管理金融综合改革试验区的核心区和聚集区，承担着探索形成财富管理发展的新模式和新途径，构建具有中国特色财富管理体系的重要任务。金家岭金融区规划面积 23.7 平方公里，核心区面积是 4.3 平方公里。近年来，金融业增加值年均增长 20% 以上，2016 年金融业增加值占地区总值的比重达到了 15.2%，我们已经累计建成金融及配套楼宇面积 570 万平方米，5 年内将达到 1000 万平方米；我们出台了加快金融产业发展的优惠政策，累计落户金融机构及类金融企业 595 家，致力于打造金融业的政策高地和青岛新金融中心。我们与剑桥大学嘉治商学院、中国金融四十人论坛、上海财经大学、山东大学、青岛大学等机构建立了战略合作关系，成立了财富管理学院，加大对财富管理高端人才的引进和培育力度，青岛金家岭金融区初步形成了以核心区为引领，以创智区为支撑，以后台服务区为保障的良好发展格局。

今天下午的两场高峰论坛的主题分别是金融聚集区差异化发展之道和金融科技助推财富管理新变革，具有很强的现实意义和鲜明的时代特征。我们也非常荣幸地邀请到了国内外金融领域的各位专家和领导，大家都是金融界的大咖，具有一流的专业水准和高屋建瓴的视野，我们也相信通过本次高峰论坛各位嘉宾的远见卓识，必将为我们提供一场精彩绝伦的思想盛宴，必将给我们深刻的启迪和帮助。

打造金融中心有五大关键要素

曾丽春*

我是贝恩全球合伙人，主要给企业、政府做战略、组织架构、运营模式、业绩提升等方面的管理咨询。我自己已经做了将近20年的管理咨询服务，现在担任贝恩公司在大中华区的金融服务业的联席主席。过去十几年来，我们致力于研究全球大的金融中心，他们的业务模式，他们成功的关键要素，而且也帮过很多金融中心做战略梳理。今天在此想跟大家分享几个看法。第一，金融中心有三大类型，三大业务模式。第一个类型是大家都很熟悉的全球化的金融中心，比如说纽约、伦敦；第二个类型是比较大的区域性金融中心，比如说迪拜，过去十几年来快速发展起来的区域金融中心，它的定位就是在香港和伦敦之间的一个窗口，是在一个非常特殊的地理位置上打造出来的金融中心。第三类就是一个非常专注型的金融聚集区。这种类型的金融中心又分为两种，一种是基于某种行业，比如说私人银行业中心，其实新加坡原来的定位也是很清晰的，就是一个财富管理、资产管理中心，还有一种是细分价值链上的定位，比如说像孟买，其实它是一个后台处理外包中心，是一个以基础设施为基础做金融聚集的，所以有三种不同的模式。

纵观所有模式，要想成功打造金融聚集区或金融中心，有五条关键要素：第一要有清晰的愿景和目标，只有很清晰的了解自身优势和劣

---

* 曾丽春，时任贝恩公司全球合伙人、大中华区金融服务业联席主席。

势、自己的特长以及市场需求，才能把自己的愿景和目标勾勒得很清楚，同时要积极对外讲清楚愿景和目标。愿景能落实需要政府的支持，很多时候需要政府投资并引入种子企业，把最标杆的企业引进来，这是第一个，要有愿景和目标。青岛定位很清楚，要做财富管理，就要不断向大家宣扬愿景和目标，把它勾画清楚。

第二个关键要素，是我们需要非常良好的监管环境和相应的优惠税收政策。比如说很多金融中心，他们要么有一个一体化的监管中心，可能一家监管当局出台统一的监管政策，有的哪怕有不同的监管中心，但是比较透明和统一的体系，让金融机构和商业机构有章可循。另外还要配以相应的税收政策，刚才讲了迪拜，他们是零税收，这是很多其他地区可能无法比拟的非常优惠的政策。

第三个关键要素，是一定要有人来执行战略。不管做什么，最后都要落实到人。所以我们要想把金融聚集区做好，一定要吸引到高端优质人才。怎么做呢？第一，要么离优质高校很近，比如说像纽约，像一块吸铁石把所有的人才吸引过来，伦敦有自己很好的 MBA 商学院。还有一个例子是新加坡，定位做财富管理之后，跟很多财富管理机构联合做了一些项目，相当于培养高端的财富管理人才，另外把 INSEAD——法国著名的商学院分校建到新加坡，所以人才是很重要的。另外一点是要把这个城市的生活质量提高，新加坡很长时间都是被认为是亚洲最宜居的城市之一，所以要有相应的生活质量，空气质量，交通便利，相应的配套学校，还有基础设施等等。这些都是吸引人才的一个很关键的成功要素。

第四个关键要素，就是要有相应的生态环境和商业设施、基础设施。比如说你想做金融想做财富管理，其实上下游，包括审计，包括税收、律师行业等，都必须得吸引过来，相当于把整个金融生态体系打造起来，所以不仅仅是吸引金融机构，周边的行业也要吸引过来。还要有良好的做商业的环境，便于做商业的指数要高。另外一个是基础设施要有，比如 IT。

第五个关键要素，还要有营销团队。埋头做不行，要不断对外宣扬我们的目标愿景是什么，为了达到这些目标和愿景，我们有什么举措。有很多 PR 和媒体聚焦宣扬。

如果这五个要素都做好了，就可能成功打造金融聚集区。最近也看到 2017 年最新的全球金融指数报告，对全球 100 家金融中心做了指数分析，全球最有名的四家，就是伦敦、纽约、新加坡、中国香港，这是前四家。如果看中国大陆，其实也有 5 家在前 10 名，上海、北京、广州、深圳，也恭喜青岛进入前 50 名，现在是第 38 名。预祝青岛能够成功。

金融聚集区需要把股权投资作为核心要素配置

宋　斌*

无论股权投资，还是金融服务，都需要一个家，需要一个好的载体。在过去三年内，放眼望去，大江南北，全国可能出现了不下百家金融聚集区。这种竞争带来一个非常残酷的现实，继续走老套路，遍地开花，是不是金融聚集区很好的发展方向呢？我们的答案是，一定要走跨越式的路，才能走好这一步。

我们可以从几个维度来看这件事情。第一，我们曾经为不少金融聚集区做过顾问，从规划角度有很多的感受。第二，作为股权投资基金协会，对此做过大量行业分析与评价。第三，因为我所供职的云月（LUNAR），本身就是运用国际金融资本，以产业的方式，投资企业，控股经营，深入运营，提升价值，帮助企业发展，也在投资与金融服务方面有很深的体会。从这三个视角来看这个事情，最大的感悟就是，金融聚集区的体现，不应该仅仅停留在地理概念上，而是应该形成在金融服务、金融投资、金融发展的行业生态的建设上。行业生态建设好了，才能使得各种不同的机构都住下来，心情好、生活好、工作好，而不是像候鸟一样飞来飞去，点名报到而已。同时，我们任何一个区域性的金融聚集区，还真的不能够关着门办。如果仅仅是一地一市的金融聚集，必

* 宋斌，时任云月投资执行合伙人、中国/北京股权投资基金协会执行副会长。

然越做越小。一定要胸怀大志，把金融大省的重担担当起来，对周边省份的虹吸现象非常明显。中国不可能建立一百个金融聚集区，我想全国有十个就不得了。青岛作为北方金融重镇，有很好的潜力，我很看好。

如何进行差异化竞争呢？首先一点，金融聚集区不是主体，金融服务不是孤立的，所服务的对象一定得是产业，一定得是企业，一定得是实体经济。这个关系摆正了，才能发挥更大的作用。其次，金融聚集区应该是产融结合，以金融撬动更多更大的产业。第三，在金融聚集区结构化的设计和运作过程中，我特别提倡把股权投资作为核心要素来配置，并不仅仅因为我是做股权投资的。我们应该找到自己细分行业的优势，以行业的龙头企业，加上真正有专业性，能控股经营，善于深入运营的金融投资机构，配合外围成体系的金融服务资源，共同把地方打造成为一个产业型的金融聚集区，所以我提倡中国的金融聚集区，前面加“产业”两个字，产业金融聚集区，这才是一条可以走通的路。

在这个过程中，我们还需要有几个关键词的组合。第一，我们讲的是产业结构优化调整，一个地方发展经济，时髦要赶，工作也要做。衣食住行，吃喝玩乐，健康生命，高尚生活，消费升级潜力非常大，金融聚集区应该服务于这些可以持续发展的产业。其次，作为一个区域性的金融聚集区，还应该把民间资金、资本与产业结合起来。我们今天论坛的主题是财富，就是如何把民间的各种资金，形成有效的形式，达到高效的投资。那我想金融聚集区做母基金，应该是题中之义。母基金在中国人民富裕过程中，提供科学、合理、安全、风险收益匹配的金融收益方面，能够大有作为。第三，“一带一路”走向世界，我们必然要在全世界范围内实现中国梦，因此我们做金融聚集区的时候，在支持产业发展的时候，还要把国内的金融资源与国外的金融投资渠道对接，二者结合起来。如此我相信，中国金融聚集区一定会逐步完善发达起来，会脱颖而出，越来越精致，形成产业金融共同发展，金融服务于实体经济，投资使得百姓财富增长的好局面。我们共同期待它的实现。

金融界和监管者必须保持良好沟通

William Purpura*

我是从做金融衍生工具行业中起家的，先是在芝加哥，然后是在纽约。这两个地方，主要是美国的财富聚集区。芝加哥慢慢变成了衍生工具和期权中心，纽约变成了股市和其他产品的中心。我们在芝加哥有交易所，这些都成为各个领域的交易中心。

财富在哪里？就美国而言，最富有的地区是纽约，另外还会有芝加哥、旧金山和洛杉矶。财富和人口的迁移是相互的，随着美国人口历史的发展，形成了一些大大小小的财富中心，比如说休斯敦、达拉斯等。在这个过程中，人口发展、人口变迁发挥了巨大作用。具体的市场在哪里呢？举一个具体的例子，很长一段时间我都在伦敦担任黄金交易师，实体黄金的交易枢纽就是伦敦，伦敦有很长的黄金交易历史，所以伦敦就成为了全世界实体黄金的交易圈枢纽。

我们现在发展到什么情况了呢？如果你谈中国的情况，首先要问市场在哪里？上海、深圳，财富在哪里？财富在全中国流动，所以财富管理在这种财富聚集地区有很大市场。马丁昨天晚上和我在外面吃饭了，我跟他说在青岛也是财富聚集区，在青岛也存在很多财富。

另外一点，就是人才在哪里？在纽约，投行聚集财富管理的人才，这些投行的经理人，他们都是名校毕业的，比如说哈佛、耶鲁、沃顿商

---

* William Purpura，时任纽约商品交易所理事会主席。

学院，都在美国东部。如果你想为摩根工作，必须要有来自哈佛、普林斯顿的教育背景。波士顿因为有哈佛，所以有很多管理人才存在。所以你要看交易市场在哪里，财富在哪里，人才就在哪里。

好，现在谈中国。中国各个大学发展也越来越成熟，比如说MBA，金融管理的项目，比如说北大、上海交通大学的金融管理专业等。我之前和一些人聊天的时候，他们告诉我，青岛也有这样的计划，准备打造一流的金融管理专业，所以青岛也在路上了。此外，人口越来越流动，所以你要想吸引专业人士，必须要打造一个很好的生活就业环境。上海可能是中国最大都市化的城市，所以能够吸引国内国际人才，和纽约是差不多。在美国，大多数年轻人都希望去纽约。这是我第三还是第四次来青岛，青岛的生活质量很高，这会是一个卖点，能够吸引人才来到这里，发展财富管理行业。

另外一点很重要，美国传统来讲是经纪人公司汇聚地，财富都集中在这些公司。比如说在纽约，大部分的股票都在股票交易所进行，大部分股票交易所的成员是股票经纪人；在芝加哥，是期货的中心，所以大多数的期货期权都在芝加哥，所以管理期权的经纪人也都在芝加哥。现在财富中心分散到更多地方，因为人口流动性变大、移动通信也越发达，财富中心变为了手机，只要你打开手机上网就可以管理财富。所以科技和通讯方面的基础设施也要做得很好。你不仅要吸引财富，同时还要让大家知道，如果要想管理好财富，必须来到这里，所以必须要把基础设施做好，这样才能很好与世界各地沟通。我在上海有一个交易黄金的公司，我能够在纽约实时与上海公司沟通，异地通讯障碍完全没有了。所以青岛要在科技信息基础设施方面加大力度。

还有一点，财富会集中在一些大银行，像伦敦、纽约、芝加哥的银行，你需要对银行系统有信心，并且方便使用。而现在，金融业务可以实行虚拟交易，很多可以在网上实现。所以你必须要清楚，建立一个传统金融中心的时候，你要意识到新的科技将带来什么样的冲击。比如说腾讯公司的微信，全中国甚至全世界都在使用，这个网络是非常惊人的。类似这种技术赋予了即时发布、即时通讯的便捷，并且开辟出新的支付方式。所以建立财富中心的挑战是，入驻的财富管理企业必须要高度意识到这种新技术。

来青岛安家落户，进行资产管理的人，必须要对科技发展非常熟悉，要知道如何应对科技的发展。税收也是一个非常重要的因素，鼓励性的税收政策非常重要，只有这样才能吸引人才，吸引业务。举一个芝加哥的例子，伊利诺伊州也就是芝加哥所在的州，现在想施加交易税。在今天这个时代，CME 的主席说我们全世界都有服务器，你要是敢加税，我们就跑。所以就像刚才说的，现在一切都是移动在线进行了，不一定非要是实体的，只要提供电信通讯就可以了，什么都可以变成便携性的了。青岛的特点是生活质量比较高，如果税收降下来，可以很好吸引外来人才和企业。

另外一个是监管环境。在金融服务方面，有时候本地的政策可能不是特别管用，因为业务是发生在全国层面或者全世界层面的，所以我建议各位和银监会、证监会好好合作，和管理期权期货的监管者、监管机构好好合作，让他们清楚，我们必须要对监管者有信心。因为在美国和中国，个别时候业界和监管者合作其实并不好，有时候会突然出来一个政策，就麻烦了，所以双方之间必须保持良好沟通。

另外一件事也很重要，那就是必须要有创新性，必须要考虑另类投资，并不仅仅是股市、债市等等，但是不能做得太过火，如果做得太另类，会把监管者吓倒。同时也不能忽视另类投资，另类投资是一个非常有效的补充。我来自芝加哥，最开始期货波动性比较大，创新性比较强，所以我们开始了期货的交易。黄金也是一个比较好的另类投资，如果环境合适，能够为你增加价值。

我想青岛的潜力是巨大的，如果做好规划，就一定能够把不同的业务吸引来。我也祝愿青岛能够成功，从个人角度来讲，我也愿意有机会再回来，我非常热爱青岛，它是我非常喜爱的城市。

过度监管可能会影响技术发展

Martin Maurer*

我是瑞士外资银行协会的 CEO。所谓的外资银行协会，代表了不同的银行，之所以设立在瑞士，是因为它有一定的吸引力，除大环境外，还有作为金融中心的排名也是非常重要的。瑞士在全球金融中心里面排名是比较高的。要想获得较高的排名，你必须要在几个方面做好。首先是金融中心拥有的金融机构的数量，这需要很多年的发展，有的地方像卢森堡、都柏林，他们在资金方面比较强劲，投入大量资金建立金融中心，进而去吸引更多资金；在伦敦有强大财富管理经验，或者说是投资管理经验。因此你要有自己的特色，我会与大家分享一些我们的经验，这最终也会与政治因素有关。金融机构会挑选在哪里驻扎，会根据不同国家、地区的特点，比如欧洲。

我们的对财富管理的理解是个人把资金给予财富管理机构，相信机构能够帮助其管理未来的经济，希望 5 年、10 年以后会拿到比这多的资金。这里不仅是投资风险和回报的因素，这是美国人的思维方式，我们更注重服务和与客户的关系，客户与投资人的信任关系。投资者的资金可能很多也可能很少，我们要了解他们的投资目标，然后决定是投资债券还是想投资其他基金，比如有人 60 岁投资，想在 10 年之后拿到本金和一些回报；有的想几年就致富，想拿这个钱去建企业。所以说在这

---

* Martin Maurer，时任瑞士外资银行协会 CEO。

方面，财富管理人还有投资者在最先开始就要他们彼此了解，投资者了解财富管理者的能力，财富管理者了解投资者的目标。还有就是要注意保密，负起责任，你要尽职，并告诉投资人财富在发生着什么，有什么新的进展，这是财富管理的一些基本的职责。

另外时间也很重要。做财富管理的时候，执行要非常果断。投资者如果发一个指令，你要有很快的执行能力。如果你同意做什么事情，就要做得非常精确，按照指示来做，按照协议来做，如果你不确定，你要问投资者“你希望我做什么”。有时候，投资者会给你一个指令，但是你认为风险太高，你要给他进行风险提示。你要把这个负面的信息告诉他，这样才能建立起信任关系。建立信任关系的过程非常复杂，是要花费一定时间的，而且需要很多的沟通，来来回回的沟通。尤其是投资者可能会改变计划，你要随机应变才可以。

再有就是报告和文件的归档。不光要执行，还要把执行结果做成文件进行存档，这也是金融服务的一部分。还有就是在建立整个生态系统方面，生态系统的建立，人才非常重要，你要吸引人才，培养人才，通过人才才能建立好的生态环境，才能够通过人才建立起非常好的关系。不光要好的交易商，还要有非常好的咨询师。作为一个金融服务集群区，不能说推销，但是要做品牌建立，比如说瑞士，瑞士银行已经成为一个非常好的品牌了，卢森堡也成为一个优秀品牌。希望青岛将来也成为一个品牌，大家听到青岛，就知道它是一个财富管理中心、财富管理聚集区。老百姓对地方政府的政策也非常信任。人们有信任，说这里的人说话算数，承诺都会做到，这样会成为一个高质量的品牌。你不光要吸引财富管理者，还要需要吸引各方面的专家，比如税务方面的以及其他辅助服务方面的。我们在瑞士，有做很多的对冲，客户跟金融机构，他们可能会有不同的观点，最后就要求进行仲裁，因为像在瑞士，就会对这些投资的争议，金融争议会有仲裁所。

最后一个是技术。我们要从传统模式转到一种新的技术模式。将来你们吸引的客户可能来自很遥远的地方，他们也会来青岛，来开立自己的账户，因为对你们的品牌有信心。但是遥远的客户在青岛开账户以后，要进行网上交易，给你们发指令，所以你们要有技术进行网上执行。还有文件与合同的存储，区块链技术为其安全性提供了绝佳的机会，没有人可以更改或删除这些文件，但是客户可以看到这些文件，银行也可以看到，这些财富相关的文件是高度安全的，当你对一些条款不确定时，可以随时查看。

昨天我们谈到监管者，有时候可能会存在过分监管的问题，可能会影响技术的发展。我觉得政府要考虑到这一点，要保证技术的解决方案，能够给他们松绑。另外就是信任，信任需要时间来建立。一旦有了信任，你的整个金融服务才会有持久力，这就是我的经验。

对 话

殷铮[*]：大家思考的时候，我想提几个我觉得比较有意思的问题。一个就是曾女士刚才有讲到全球50大金融中心的排名，我一直挺好奇，如果真的有金融中心集中度这么一个排名，在过去的5—10年，是不是集中度在降低？因为如果说集中度是由人才来决定的话，照理说应该是越来越集中的，但是科技使得我们的集中度可能在降低。所以科技对金融行业有巨大的影响。

William Purpura：从开始到现在，确实看到科技发生了很大变化，科技简直把我的工作都弄得不被人需要了，人们可以在网上执行在网上交易，不需要来我的办公室。刚才马丁提到很好的一点，你想要吸引财富管理者，必须要有很强的吸引力，让他们信任你才行，你不能排挤任何人。但是如果你以前形成了一个金融聚集区，吸引人才可能就容易一些了。因为后来者立刻就能看到这儿已经聚集了很多人。所以他们就对你有一个初步的信任。建立这些金融区的设计者必须要考虑到，传统的面对面的财富管理形式，已经令你无法接触到全部的客户了。由于科技的发展，现在整个世界已经变得不那么有人情味了，也就是说很多事情不是面对面进行了，大家全都是在线上进行。如果你仍然坚持面对面的管理模式，那么只能接触到一部分客户，当然这是一个正面的事情，因为面对面是可以培养深厚感情和深厚关系的。这就是我刚才谈这个科技的情况。另外，人才的质量还是非常重要的，是极其重要的，你想要把你一辈子赚的钱交给这个人管理，这个人的质量是必须世界一流才可以。

宋斌：关于技术对金融未来发展的影响，可以有一百个理由足够悲

---

* 殷铮，时任英国世代投资合伙人、亚洲股权基金创始成员。

观，也可以有一百个理由足够乐观。悲观在于，人的经验总结、数据分析优势在消失。我相信“机器人投资家”出现，它可能是世界上最聪明的，因为我们已经看到世界上最聪明的围棋机器人。乐观在于，我们真正的金融服务和投资，不仅仅是为了钱服务，而是为了人服务。一个活生生的人，他的家族、家庭、个人，生活的安排，财富的安排，理财的需求，以及家族资产的配置，也是一个非常人性化的、动态的，需要很多智慧来帮助才能解决的问题，所以依然需要人对人、面对面的沟通。而对法人机构而言，一个真正的企业家，一个有理想的人，建立一个企业是有自己的目标和使命的，因此所确定的战略决定它的路径，路径决定方式，方式决定需求，进而需要资本与资本相关方的支持，这也是需要人和人、面对面进行交流的。所以，我认为在将来，我们简单的金融投资，市场交易型的证券投资，会越来越简化，虽然最终我不认为它会消失。由于整个信用经济的发展，整个知识信息平衡的到位，会越来越萎缩，但是个性化的需求，支持某一个企业、某种产品、某种商业模式、某个地区发展的这种金融投资，代表了资金和智慧合力来发展，会越来越发展壮大。中国在这个阶段，有一个在全世界弯道超车，出现优秀的资产及财富管理机构的好机会。谢谢。

殷铮：谢谢两位的精彩分享。刚才宋主任讲的这一点我感同身受。金融是一个信任的行业，信任则是人与人之间的。刚才马丁讲到，人才很重要，代表人对他的信任。瑞士的银行业，在人与人之间的信任方面有足够的经验可以分享，不知道 Martin Maurer 是否愿意和我们分享这方面的观点。

Martin Maurer：我觉得建立信任的基石，就是要和对方深入交流，然后建立起深厚的关系，以他的名义来做事。对方必须相信你，当他把钱给你之后，可以转身离开，十年之后再回来，他的钱、他的财富还可以运转，必须要达到这样的程度才称得上信任。最开始的时候，你必须要和这个人坐下来谈，告诉他基准在哪里，必须要和对方讨论，优势在哪里，劣势在哪里，缺点在哪里。要谈缺点，因为投资并不仅仅直线上升，也会往下走。双方必须同舟共济经过上下波动，才能够继续让客户信任你，信任你的投资决策，进行更有风险的投资。但是正如我刚才说的，必须一开始和客户达成共识，让客户信任你。

殷铮：谢谢，我们把目光转向台下，看有没有问题，或者有想法交流都可以。

提问：我是青岛金融行业的从业者，同时也是一个创业项目方，我现在工作的地方是财富管理行业，我创业的项目也是互联网金融创业项目。作为一个创业者，我一直在关注青岛市的发展，但是我感觉对初创性项目的关注度不够。就像刚才曾丽春曾总说的，金融区这一块对一些企业的培养，我感觉是不到位的。第一个问题就是对于青岛本地或者是新入驻的金融相关企业的帮助，该怎么做一些工作？第二个问题，金融方面的三个城市的比较，一个是杭州，重庆，还有青岛。杭州因为现在是做金融科技，杭州相对科技方面比青岛有优势多一些，包括阿里巴巴代表的科技型企业为主。重庆这个城市，我前段时间和一个投资人接触的时候，希望他能给我介绍一下本地的投资人，他说重庆企业对互联网企业关注度比较高。所以想请问，三个城市比较，青岛这个城市之后该怎么做？

殷铮：谢谢您的问题，看一下嘉宾有没有谁想先回答的？

曾丽春：我先说几句，大家有更精彩的可以补充。你讲的第一个问题，就是青岛应当怎样扶持当地企业，尤其是一些还在初创期的，应该做什么样的扶持。第一点，我刚才讲的要打造金融中心，有监管和优惠政策，一个非常重要的理念，就是应该一视同仁。所以要把场地扫平了，大家都是一样的，所以如果有什么措施，一定是本地企业或者外地企业，一定是同时去扶持。刚才讲到了，我很喜欢宋总刚才讲的，金融聚集区聚集起来有什么目的，一定是要做事情，扶持产业的。所以扶持当地企业更应该是最终目的，引来金融服务业来服务这个产业的，所以这个目标是一致的。

宋斌：讲到支持初创企业，似乎有一个惯性。我走过很多城市，感觉政府对于初创企业，特别是初创企业的年轻人，应该管他吃饭，但只管吃饭，不管发财。管吃饭是指给他一定的场地和运营补贴，给他一个期限，检验他的技术和能力，检验他的坚持和忍耐能力。但是对于他的发展和发财，是需要政府通过引导基金的方式，以及与金融机构合作的方式，引进市场化、专业化的机构，进行优选培育，这是选优淘劣的过程。

殷铮：我也想补充一点，因为之前我在美国工作，美国西岸这几个地方都是孵化器，特别知名的地方，有在西海岸的，在伦敦也有很多的先进的孵化器的企业，我觉得对初创企业，政府也可以考虑是不是可以有机会学习一下国外先进的经验，比如怎么运营一个可以对初创企业有很大扶持的孵化器，他们除了对企业的办公场地有支持之外，还有很多软性的支持，比如说经验的支持，给予建议。这也是一个很好的概念。第二个问题，刚才您提到三个城市的比较是否有区别。这个我想可能要请教在座的嘉宾，宋总您是不是有一些经验可以跟大家分享?

宋斌：其实你只讲三地的比较有点不公平，我觉得应该做一个五六个城市的比较，比如东北把沈阳讲出来，讲重庆也应该加成都，你讲杭州也应该讲南京，也别把广东落掉。每个地方的产业基础不一样，所以发展渠道也不一样，更重要的是文化禀赋不一样。青岛是礼仪之邦，而且山东是有 9900 万人口的可以自我发展的大省，有山、有海、有平原，有着丰富物产，而且整个辐射北方的功能也很好。所以青岛有条件成为北方的产业金融服务中心。而像杭州，本身当地没有太多自产的资源，但是辐射能力很强，由于人具有吃苦精神、赶场精神，走到哪带到哪，再把外面各种资源带回来，使杭州能成为江南很重要的中心。而重庆，最大发展机会在于位于长江上，重庆与武汉之间，可以扮演不同的角色。而从位置及深度上来讲，可能武汉更要领先一些，不同地方，各有千秋。

曾丽春：不一定非要跟它们比，一定要找到自己最有特色的东西并打造出来。为什么这样说呢？第一，中国的财富市场实在很大。过去十年，中国的私人财富翻了五倍，现在是165万亿的私人财富。高净值人群，如果讲财富管理，最最高端的私人银行客户，这个人群现在已经到了158万，比过去10年翻了三番。所以这么巨大的财富，是越来越多元的，地域越来越均衡。如果回顾过去十年来的发展情况，一开始可能大家都理解，沿海城市、北上广、江浙一带，再后来环渤海地区、山东地区，优势已经超过沿海城市，后来又有西部经济发展推动，所以很多产业慢慢移到成都、重庆，这块也发展起来了。过去几年由于房地产增值又快，这个没有关系，每个阶段都有它的特点，没有关系，基于环渤海的体量，也可以打造起来。

殷铮：昨天与马丁和威廉姆吃饭的时候讲到，中国有几十个金融中心，会不会太多？我记得马丁跟我说，不多，我们瑞士这么小的地方就有两个，瑞士才是你们二线城市人口的几分之一，所以也不多。所以我想是不是请马丁讲一下，日内瓦和苏黎世，是不是有一些区别，他们是怎么制造差异化的？是不是可以给中国各个金融聚集区有一些借鉴的意义？

Martin Maurer：首先来说，苏黎世跟日内瓦语言不同，一个地方说德语，另外一个地方说法语。日内瓦受法国影响比较大，还有受中东影响非常大，所以官方语言是法语，这是历史导致的。我觉得这可能不适用于青岛了。但是除此以外，还有私人银行的做法，苏黎世、日内瓦还有整个欧洲，各有各的特色。不同的银行服务于不同的团体，因此你可以打造这种差异化，包括在风险承受方面。伦敦是高风险、高收益的金融中心，而瑞士是长期投资低风险的投资之地，更是谨慎投资者选择的投资地。富有人群会选择伦敦、瑞士、迪拜，根据他们的需求选择，上海可能变成伦敦这样的金融中心，当然也可以模仿苏黎世或者日内瓦。当然也要取决于市场的需求，投资者都需要什么，就为他们打造一个什么样的金融服务中心。

殷铮：听众还有什么其他问题？

提问：我是来自青岛金融机构的人员，现在遇到这样一个问题。苏宁银行近期开业，实际上我们其他金融机构和这些老牌互联网金融机构之间，存在一个巨大的信息横沟，面临这些信息横沟，金融机构甚至银行机构，如何面对原有的冲击？如果时间允许，纽约和瑞士对信息方面的态度，也请谈一谈，瑞士毕竟是全世界保密最严谨的国家和地区。谢谢。

殷铮：谢谢，关于信息保密以及如何掌握信息的问题。看看嘉宾有没有谁想先抛砖引玉？

宋斌：中国由于互联网以及微信的出现，占有大量的信息，使得金融零售业面临很大冲击。但这是一件好事情，说明传统金融业，原来一直昂着高贵的头，没能俯下身来服务。国务院最近也在抓普惠金融，实际内外有相应之处。对于企业服务，以及高净值人员的服务，并不只要有信息就可以满足他的需求，也无法做到准确性服务。所以互联网目前是无法替代高质量、复合式的精准服务，这个路要走得更长。

殷铮：刚才有问到关于信息保密的问题，请 Martin Maurer 给我们分享一下您的经验。

Martin Maurer：要讲起来，话就长了。很多年以前，银行不允许与任何人讨论自己的客户。现在这项准则仍适用，除非有法律规定允许，或者客户赋予银行此类权利。所以银行不能告诉另外一家银行说这个人是我的客户，或者客户的资产信息。如果有欺诈或经济犯罪，银行可以根据法律把相关信息交给相关政府部门，他们决定是否起诉，且可要求与银行进行信息交换，税务信息尽管比以前公开了，但这也仅限于银行和政府之间，而不是银行与银行之间，尤其是媒体和个人。法律有很严谨的保密条款的规定，但是银行有义务在法律规定的某种条件下，把这个信息提交给政府。从这个角度来说，保密性更开放化了。

William Purpura：从公司内部来讲，非常重要的一点，就是要有一个合规部或者是法律部。守密是非常重要的，但是如果牵扯到执法问题，有义务向政府提供信息。金融服务公司是非常看重合规的，随着青岛在财富管理进一步的发展，你们在合规方面，还有法律人才方面，还有法律队伍方面，也要有同步的进展。

殷铮：谢谢各位的精彩发言，还剩下几分钟的时间，我们请黄会长来给我们发言吧。最后一个问题请黄会长来提。

提问：有两个问题想请教。大家知道瑞士是金融中心，第一个问题，瑞士这个国家，是如何打造财富金融管理区的。第二，金融机构如何实现从财富实物到金融财富的过渡。

Martin Maurer：瑞士是一个非常小的国家，有非常多的出口贸易。因为有出口，所以他们就需要进出口金融服务。一开始我们的银行服务、金融服务，就是以这些出口商、进口商为服务对象的。从 50 年代开始，我们开始强调财富管理，当地人有很多养老金，他们希望有人来带自己来管理养老金。瑞士没有政府提供的养老基金，但是有个人养老基金和私营养老基金。私营养老基金的私人银行业务和财富管理结构是差不多的，所以银行家很容易就转到了养老金管理行业。对他们来说，这个转型是很容易的，而且有很好的外国客户。另外还要考虑税收，70 年代对此进行了广泛讨论。另外还有很多外国银行也来到了瑞士，建立起自己的网络，比如说德国银行和荷兰银行业来到了瑞士。我们整个作为金融中心来说，其实并不大，只是比较专业而已。这就形成了一个良性的循环。因为你专心做它，所以有专业的知识和传统等等，比如像过去十年间情况比较艰难的时候，我们还是能够熬过来。另外适应性也是非常重要的。

殷铮：受益匪浅。马丁讲到全球私人银行的历史，他找到了一个非常特殊化的小的密匙，可以在这里建立非常良性循环的系统，找到自己的特色，建立自己非常有标志性的目的。今天下午的分享，对我们来讲非常有启示，对青岛建立金融聚集区也很有启发。尤其将来对人的重视越来越多，是不是一个好的生活环境更重要，对人的服务更重要，所以青岛这么一个美丽的城市，对我们来说是一个很好的契机。希望青岛金融聚集区能够成功。

第十二章

金融科技助推财富管理新变革

随着金融科技的飞速发展并融入金融行业，人工智能、征信、区块链、云计算、大数据的前沿科技手段全面应用于金融领域，传统金融模式正在面临一场革命。如何利用金融科技在财富管理行业占得先机，是金融机构未来业务竞争的重点方向。特别是智能投顾等新兴服务平台的兴起，对规避利益冲突和道德风险、引导投资者进行理性科学的资产配置有积极的作用，如何树立行业标准和监管指引，是其健康发展与走向成熟的关键。

发展金融科技要适度监管

陈九霖*

金融科技不是将来进行时，而是现在进行时，对于财富管理模式，将会带来很大的冲击。这里谈谈我的观点：

第一，金融科技使得投资人有了更多选择，有了更多更方便的投资和财富管理的模式。举例讲，原来我们办理银行业务都要跑到银行去，或者跑到其他金融机构，现在通过手机就可以搞定了。

第二，对于未来空间来讲，如果拓展得好，现在可能不像以前那种小范围、甚至人与人之间面对面的交流空间，而是打破区域限制，全国乃至是全世界的财富管理模式。不只是中国走出去的一种财富管理，也可能是中国吸引外国机构到中国进行财富管理的模式。

第三，对于金融机构和财富管理机构来讲，也是一个新的突破。如果这些金融机构，金融科技应用得好，对于降低成本、少用人员、提高效率，或者进行产品营销和多种产品形式的设计，都是一个很大的改进。

第四，对监管机构来讲，可能增加了监管的难度，因为它是新的科技。但是，我现在看到，包括我投资以色列数字货币项目的时候，发现金融机构和监管机构做得非常前瞻。国内好几家监管机构跟我的以色列公司都进行过充分沟通、交流与接触，发现他们的技术非常先进。

---

* 陈九霖，时任北京约瑟投资有限公司董事长。

同时，如果处理得好，监管也是比较方便的，在网上就可以监管很多内容。

第五，现在的这种金融科技，在道德、法律、监管和机制层面上，都会带来新的挑战。这种挑战，如果我们过早干预，可能会阻碍它的发展。如果处理不好，会带来很多负面影响。因此，我个人建议，在目前这种情况下，基于这种新生事物的发展，从无到有，需要更加完善，从 0 到 1，从 1 到 N 的过程，不要干预太多，可以划定一些红线，设置负面清单，只要不影响或者不带来系统性金融危机，就不需要过度地干预。

第六，我认为当前有很多人对金融科技有点夸大其词了，动不动就用颠覆这个词，好像是过不了几年传统银行、传统金融机构都不需要了，都是所谓的未来科技。我在金融市场或者在商业市场上，摸爬滚打近 30 年，发现很多变化并不是人们想象得那么大。过去 20 年也好，30 年也好，一提到未来发展，大家眉飞色舞。但是，10 多年前用过的金融工具，在国外用过的，今天国内都没有用到。举例讲，20 年前我在新加坡收购一个公司，所用到的股票凭单，今天中国市场上还不存在这种产品。我们一直在谈，中国现在是世界第一大石油进口国和能源消耗国，但是，我们在世界上的石油话语权，只有 0.8%，还赶不上印度尼西亚，印度尼西亚的话语权还有 1%。最近，我国开了一个上海期货交易所，要进行原油期货交易，大家再次眉飞色舞，好像马上要控制全世界了，成为世界龙头老大了，我看言之过早。我觉得，在未来较长时间内，还将处在一个现代金融和传统金融交叉使用、同时并进的一个时代。

金融科技是一种防守反击

杨晓灵*

前两年互联网金融很热，现在金融科技很热。金融科技和互联网金融，应该并不是一回事，有差异。互联网金融更多的是科技企业、初创企业、非金融企业，利用科技的手段，打入金融领域，更像是“野蛮人”来敲门，当然这并不是贬义。金融科技更多的是指传统金融企业利用科技工具，来实现业务模式的创新和流程的再造。金融科技是传统金融企业的防守反击。

2008 年，马云讲过一句话，“如果银行不改变的话，我们就去改变银行”。这句话引发了业界轰动。这是 2008 年讲的，事实证明这不是一句空话，这十年变化还真大。用数据说话，每年阿里都会发布全民支付年度账单。在 2016 年账单中，支付宝已经拥有了 4.5 亿的实名用户，过手金额达 5.6 万亿，其中移动支付占 70%。最值得注意的一个现象，移动支付占比北上广深反而不如西藏好。西藏移动支付占比在 90% 以上。以我个人为例，我原来一直身上带钱包，从今年 3 月份开始，我就想实验一下，能不能不带钱包出门。半年来，完全没问题，包括这次来青岛，我也就只带了手机。

大家是否还记得，10 年前上海一家互联网公司，组织过一场互联网生存大赛。在上海的一家五星级宾馆，把房间内的东西都撤掉，就一

---

* 杨晓灵，时任中国太平洋保险集团首席数字官。

个床板，只给你互联网货币，就想试一试，能不能生存一个星期。这是 10 年前很轰动的一件事情。我想，在今天，如果再组织互联网生存大赛，可能不是你在互联网能不能够生存，而是你离开互联网能不能生存。

今天，我们的很多工作、生活都已植入了互联网。本次论坛的主题是财富，但这个专题是金融科技，与财富管理分开，我觉得重心是在科技上。其实，现在科技的重心或者主要内容，应该是数字化。那什么是数字化？数字化只是一个标签，一个抽象的标签，可以贴很多不同的标签，而本质是讲新技术的应用，是科技的应用，包括大数据、云计算、人工智能、移动互联等等。这一波的科技浪潮非常汹涌，而且数字化的浪潮可能比互联网浪潮来得更加汹涌。

智能投顾需加强监管

杨　东*

我跟杨总看法一致，认为金融科技对金融的改变是革命性的。我们人大金融中心和蚂蚁金服、京东、腾讯都有合作。将近五六年来，我对他们如何从互联网企业做金融，有非常深入的研究。我们认为金融科技对金融的改变，是一个逐渐推进的或者是分布式的，或者是一种跟监管有紧密关系的过程。我记得三年前第一次参加财经和青岛的财富论坛，就讲金融类产品对财富管理的影响，今天更加具体讲到金融科技对投资理财行为、财富管理根本性的改变。

哪些科技对金融影响大些？一般是ABCD，人工智能、区块链、大数据和云计算。区块链也被认为是对底层技术进行的基础性的根本改变。我们发现，财富管理过程中，离不开云计算、大数据和人工智能，因为要智能化的投资底层的服务，既要对资产端有非常大数据的技术分析，同时对资金端、对投资者这一端，也必须有非常技术化的大数据分析手段。而传统的，我们去看美国式的金融产品创新，都是基于长链条的资产池的创新，脱离了实体经济，带来了美国金融危机。真正这一波互联网金融创新，更多意义上要站在资金端，就是投资者这一端，就是模式不仅仅是分散成小块，更多是给普通投资者，一万块钱和一千万，都能分解到一千万份、一万份的资产当中，一个违约，不会带来整个的

---

* 杨东，时任中国人民大学金融科技与互联网安全研究中心主任。

损失。更重要是在资金端，资产管控是最最重要的。所以财富管理的核心是迎接这样一个科技驱动的、技术驱动的创新，是这个时代最明显的特征，也是金融科技能够发挥更大作用的地方。

时间关系，具体关于人工智能以及智能化管理、风险预测等就不多讲了。金融科技最根本的改变，是模式发生了根本的改变。今天上午，也介绍了在中国智能投顾方面相对比较落后，虽然有余额宝，有其他普惠领域的互联网金融技术驱动，但是在场内市场，一级市场，在高净值市场当中，科技手段怎么用，目前的确还没有找到非常好的方式。比方说股权众筹，场内智能投顾，包括场外智能投顾等等，都没有完全非常明显的模式出来。尤其是 P2P 被银监会监管之后，好多开始做场外的资产管理，但是中国可能会后发的赶上美国。因为美国在智能投顾方面是最发达的，我们在这方面很落后，但可能在场外的非标方面后来居上，改变美国的智能投顾模式。这是我们比较有后发力的，有科技力量驱动的金融创新模式。

国内智能投顾行业现在发展也非常多了，尤其是随着大量互联网金融崛起之后，非标类、场外资产的智能投顾方式，也越来越多。包括昨天我还参加了证大和财经网的活动，我们发现很多开始向高净值的客户推荐场外的资产管理模式，而不是投资保险、投资证券，非标场外的一些资产也能够得到很好的方式。当然，这个问题最重要的是法规问题，传统的智能投顾，主要是场内证券的监管，包括智能投顾和证券投资行业的监管、银行业监管，都聚焦在场内资产投资。这方面，是当前美国的智能投顾概念和中国最大的不同之一。也导致很多违法违规理财的模式出现，这是很多 P2P 平台转型做智能投顾平台，在还不具备风险管控能力之下，向普通投资者推荐了一些高风险的资产的原因之一。包括最近一年多出现的种种事件，都暴露出互联网平台和高风险金融结合后的一些风险。

从监管方向来说，证券法也好，证券投资基金法也好，目前对证券的概念界定都非常狭窄，主要是场内的证券的范畴。而对场外一些投资额度、投资份额并没有纳入到证券概念当中，包括江苏，一些地方的金融监管部门也说，怎么能够规范传统金融机构和互联网平台开始合作的趋势。这个过程当中，在目前缺乏法律法规监管的情况下，我们必须按照金融需要保护和技术驱动的监管方式，来加强对投资者的保护。包括对智能投顾的准入和备案方面，监管控制方面，都需要强调一个备案制的事中、事后、技术驱动的监管方式。因为大量的资产投向场外非标资产利益驱动是本能的，无法去阻止。所以这种情况下，更需要我们去探讨同美国智能投顾的准入与监管有所不同的一种方式。这里面也有必要吸取 P2P 行业的教训，加强账户管理，特别加强投资者教育和保护。

这方面现在相关监管部门，也在做一些监管尝试。当前证券法，相关一些法律法规，都在做一些突破。我特别强调一点，除了智能投顾之外，现在还出现互联网在线的资产管理，特别是以资产管理为名，将客户资金和各类金融资产交易匹配，把一些金融的、非金融机构的，地方交易所、小贷、保理等相关组合起来，放在互联网平台上进行销售。这样一种新型的互联网资产平台，也是当前一个比较重要的业态，也是跟财富管理关系比较紧密，也是容易爆发风险的一个地方。所以这样一些还不具备智能投顾的技术手段也需要我们加强管控，包括产品成立、销售、后续的管理、信息披露、消费者保护等方面，都需要加强监管。

除了美国智能投顾的法定监管之外，我们可以借鉴一下英国监管思维和理念，来加强对互联网资产的管理。另外，可以在区块链方面加强互联网端的可追溯、可追踪，更好保护投资端的理财安全。这方面我们最近也做了一些研究，包括也出了一本区块链法律监管的书。时间关系，简短向各位汇报以上不成熟的观点，请大家多批评。

中美金融科技处于不同发展轨道

张自力*

作为一个基金公司，在金融科技里面我们怎么做一个先行者和实践者？2009 年以来，科技公司对整个美国的股市和经济推动都占主要地位。大家都看科技公司，例如谷歌、亚马逊、苹果这样的公司，在美国市场估值是最高的。而这些金融公司实际上都在寻找一些突破，当然在高度监管的环境下，其实就把自己定位为科技公司，你可以看到他们公司科技员工占比越来越高。在海外，我们说的金融科技是非常全面的，主要是对信息、对资产的了解上，比如高盛做了一个系统，完全替代人工来进行证券研究，与投资者进行互动，全自动化的、用大数据的方法，挖掘资产定价规律。也有独立出华尔街，异军突起的公司，实际在智能投顾上面，尤其是在资产配置上面，进行了很多代替传统的人工投资咨询业务。因为在海外，市场透明度和市场的多样性，给投顾业务创造了很多机会，所以这样的公司成长非常快。

金融科技在中国发展非常不均衡，在某些方面绝对处于世界领先地位。像刚才杨总讲的，像微信、支付宝等等。支付原来在银行体系里不是一个最前端的领域，而恰恰在这个领域里，互联网公司获得巨大突破，中国比世界其他国家更早进入无现金社会。美国包括现金、支票、

---

* 张自力，时任嘉实基金董事总经理。

信用卡，还没有完全走进非现金、无现金社会。中国走入无现金社会，完全靠互联网技术驱动，二维码技术，获得大家广泛的认同。给整个金融业界带来非常大的冲击。以后不需要 ATM 机器，也不需要运钞车，实际对整个资金在社会中的循环，造成巨大的冲击。在这个领域，中国走在了前列。因为互联网公司对广大消费者数据的收集，实际都比海外要先进。所以，中国可能在某些科技金融方面，比如说像个人征信、中小企业征信方面等可能获得最大的发展，也能够落地。在海外比较发达的金融交易工具方面我们则是刚刚起步。嘉实作为一个基金公司，有 18 年的历史，我们实际上有很多应用，比如说中国的债券、股票等方面，有非常深入的研究，所以我们的布局，相对来说，还是想在我们有能力的范围里做这个事情。

公司在布局金融科技方面，在三年前创办了金贝塔公司，建立一个社交化平台，给大家展示，告诉大家什么样的股票，什么样的组合，比较有效，让大家可以去研究的，我们把自己的能力做了输出。我们还创办了一个互联网公司，叫“信谁”，信息非常多，在互联网智慧和噪音非常多的社会环境里面，我们的社交网络非常全，到底哪些经济师，哪些经济学家，哪些市场上，哪些发言人，他们在投资上的观点能够得到大家的认同，比如说谁说房价涨、房价跌，都会做一个历史上的测算，给一个信用评级。这实际上帮助广大投资者正确去理解每一个个人的信誉问题。这里面可以说有较为突出的中国特色。

在中国，想做到智能投顾业务，相对来说困难是比较大的。我们的底层资产非常少，比如股票、债券，一些大宗商品，在海外这个产品，金融产品非常多元化，是非常公开透明的，流动性非常好的市场。对于智能投顾而言，中国确实很需要去研究底层资产。比如说资产配置，我们可能没有几个资产可以配置，就是配置股权债券非常少，而且他们很多不是内在价值驱动的，比如说中国资产是一个资金驱动、政策驱动的，如果一个智能投顾方案，比如说像今年算法算出来的东西，实际有很大的局限性。我们底层资产给大家配置的时候，实际非常不成，所以在这个领域，智能投顾可能是一个发展方向，但是否对财富管理有非常好的落地作用，有待时间的观察。美国和中国处在不同的发展轨道里。

金融科技 3.0 的浪潮已经到来

郑毓栋*

PINTEC 集团成立不长时间，是一家芯片级金融科技解决方案服务商。我们专注于大数据处理和金融科技研发，为金融机构和商业机构提供最高效的智能金融解决方案。我是这个平台负责智能投顾的 CEO，公司主要从事智能投顾服务，智能投顾是市场上非常火的话题，自从招商推出魔羯智投之后，很多机构希望能在这方面有所发展。

讲到今天的主题，非常火，为什么？因为它是一个比较慢的行业，以前美联储有一个主席，他在 80 年代讲，过去 30 年，金融创新做得最好的是 ATM 机，其他没有什么创新。第二个原因，金融科技这个领域，虽然慢，但没有停止过。分两波浪潮，第一次浪潮，金融科技 1.0，实际是金融数据电子化时代，那时候用数据库的形式，把许多纸质信息用电子媒介迅速存储下来，这样导致很多金融机构后台流程的更新，节省大量后台的时间，增加了后台自动化处理。这是上世纪 60 年代、70 年代的。

2.0 时代，是跟客户有关的，是一个中介的消除或者跳过中介，美国人最早把电话交易股票，转向网络交易股票，国内有很多这样的公司推出网上银行，像天天基金网，它的技术是互联网应用的一个推广。

我们认为，目前金融科技发展到 3.0 阶段，如果过去在存储上和媒

* 郑毓栋，时任 PINTEC 集团璇玑公司 CEO。

介上做了改进和创新，3.0 则是深入本质和核心去探讨。比如说智能信贷业务，中国有几亿没有被信用卡覆盖的人员，但是他们的需求非常少，可能只是一两千元，但是如果通过大数据，准确找到他们，并且实时授信，就可以把他们需要的贷款及时提供给他们。没有大数据和云计算，是不可能做到这一点，今天我们读秒公司可以在 5 秒之内做到一笔授信。从财富管理角度来说，它能够创设资产，比如说比特币这样一个电子货币，并且有价值，能够去交易。所以这是金融科技创设资产的作用。它还有风险定价的能力，比如说在保险领域，我们看到今天在美国出现了互助保险，如果大家都很健康，如果大家去买健康险，旧的模式是跟另一个人出同样的价钱，但是现在把一群人组织起来，你如果很健康，可以不用付那么多保费。还有智能投顾，金融科技在资产配置上去取代传统的客户经理。

所以今天的金融科技，已经达到金融的核心，我们称为这是金融科技 3.0 的浪潮，我们作为一家创新企业，本身非常兴奋在这个领域。刚才各位讲到很多不足之处，比如说资产不足，标准化不足，但是这个浪潮是存在的，而且是不会扭转的。

对 话

袁满*：时间比较有限，我就按照刚才提问的顺序。先请杨总您讲一下。

杨晓灵：我是数字官，就讲数字化。金融企业的数字化路径到底是什么？数字化很复杂，是一个系统工程，按照我们的经验是五句话。第一句话，企业的数字化战略，是要用产品讲话的，这个产品指的是软件，数字化应用产品。第二句话，数字化应用产品三大基石，其实就是数字化终端作为基石产品，三大基石指的是C端、B端和E端。第三句话，要用数字化终端来倒逼整个企业供应链的再造，因为在做数字化终端的时候，对中后台、对整个供应链会有不同的要求，倒逼供应链再造。第四句话，在做数字化战略的时候，主要应用大数据、人工智能、移动终端，以及云计算这样的技术引擎。第五句话，企业的数字化战略，一定要融入主营业务，通过数字化战略，能够实现去层级、去中介、去行政化，真正形成生产力。这就是企业的数字化战略的路径。

我们主要做四件事情：第一，数字化终端，把客户关键里程集成到数字化终端，因为数字化终端的客户体验最好，运营效能最高。第二，供应链再造，就是中后台的再造，要实现前中后台的融合和端到端的交互，能够充分支持数字化终端。第三，无论是数字化终端，还是中后台整个供应链的再造，都需要强大的计算能力的支撑。评价或者说衡量一家企业的信息技术发展水平，主要看三个东西，一是信息技术IT的治理结构，二是自主研发和创新能力，三是基础建设，包括计算能力和网络覆盖。同时，计算能力包括两部分，一个是服务器集群，一个是数据中心的建设。比如金融企业主流配置方式，是两地三中心、同城双活异

---

* 袁满，时任《财经》杂志助理主编。

地灾备。这样的计算能力才能支持和确保数字化战略实施。第四，敏捷开发机制，过去的开发模式是瀑布式开发，一个核心系统、一个项目可能要做几年，这已经远远不足以支持现在应用爆发的时代需求。所以现在要做迭代式开发，或者瀑布式和迭代式双模开发。

袁满：非常感谢杨总的精彩发言，都是干货，如果大家一时反应不过来，可以回去看财经新闻。

杨东：涉及金融科技的技术手段，中国和美国最大的不同，就是我们的底层资产比较少，标准产品比较少，中国传统的金融不发达，金融机构不发达，金融产品不发达。所以反而是给这几年的互联网金融创新，留下很大的发展空间。到了这个阶段，问题就来了，怎么能够把更多标准化产品设计出来，这里面核心问题就是对个人的画像，个人大数据基础上的画像和对企业的画像。为什么中国大量的智能投顾去做非标资产，因为非标资产融资需求更多、更大。所以科技手段能够应用起来，发掘更大的创新潜力。这目前已经有很多案例了，包括我跟蚂蚁金服、腾讯等都有很多的合作。大家知道前段时间非常遗憾，央行没有给八家机构发牌照，这个事情我们也在研究，我非常理解。必须依靠大数据、区块链、云计算等技术，不管叫不叫征信，但是的确信用的评价评分是为金融服务，提供了可参考的依据。第二，还有一个企业投资方面的，陈总刚才为什么对智能投顾和金融科技不是特别感兴趣，或者不是特别看好，我理解，他是做投资的，理财和借贷不一样，投资发展更高，但是有一些都是为中小企业提供画像，如果中小微企业有画像之后，可以有更好的股权定价。所以云计算、大数据也能够解决股权定价问题，这是有可能的。就是非标的个人资产和中小微企业尽可能标准化，尽可能给它定价，这是可以做的领域。目前在债券投资，在未来的股权投资也会有越来越多的发展。不管怎么样，在风控领域、基础资产的丰富、智能化风控手段应用等各个方面，金融科技对传统金融风险的防范模型，是一个巨大的改变。我刚才也讲了，我们能够从支持资金端的风控来进行技术驱动，能够更好保护投资者这一端风险的匹配，因为原来风险匹配只能给高净值的人提供更多的资产管理方式，但是通过技术手段，现在也能够为普通的投资者提供更多的资产匹配。资产匹配的技术化推动越多，风险管控越强，最终推动智能化资产端标准化产品和风控的结合，真正实现财富管理时代的大爆发。

袁满：陈总，您真的对金融科技公司不看好吗？国内有没有您看好的企业？

陈九霖：可能是他们没有理解清楚，也可能是断章取义。因为一开始我讲了我投了两家这类企业。从大环境来讲，真的有一种观点，这种观点认为金融科技的发展很快要颠覆——注意这个词——要颠覆传统的金融，或者说，银行这类金融机构不复存在了。我认为，在今后可预见的较长时间内，传统金融和现代金融还是同时并进，金融科技可能会用来改善、完善传统金融，这是我的一个思路。作为一个投资人，我看了很多内容，比如说，当时搞小额贷的时候，搞 P2P 的时候，多少投资人跟风去投，结果都死了。同样，对于科技金融的内容来看，我们还是抱着乐观的心态，但是，在行动上，我觉得还是谨慎为好。中国有一句话说得很好，“早起的鸟儿有虫吃”，我再加一句，“早起的虫儿被鸟吃”。我们一定要看到，在马云的阿里巴巴诞生，正在做得风生水起的时候，有多少家像马云的企业早已死去，而且，不被人所知。所以，我通常说一将功成万骨枯。我的中心观点，未来在较长时间内，还是传统金融和现代金融交叉发展的时期。

郑毓栋：我们希望做早起的鸟儿，而不是做早起的虫子。区别鸟儿和虫子非常核心的事就是监管，因为你刚才也问了，监管一句话，可能鸟儿就变成虫了。

讲一下在整个行业里面到目前为止的一些想法，很多机构在风生水起地做，2015 年开始，有些慢慢监管收紧了。这是非常好的事情，因为金融本身是非常难做的事情，从财富角度，关系到很多人的身家，本身就应该是一个严格监管的一个东西。我们看到像在美国、英国、澳洲、新加坡，都是先有监管法，才有相关的业务出来。目前为止，我们觉得国内在立法上，可能突然又进入了一个停滞期，就是到底现在现存的业务往前做，从现有的法律来说是有一些缺失的，但是监管往前推动的意愿和步伐也可能在目前这个阶段是不足的。具体来说有哪些缺失了？第一是信息法，就是使用这个信息，我们知道其实不管在财富端还是信贷端，如果要做到智能，需要使用大量数据和信息，包括从两个角度，之所以能在3—5秒钟判断一个人的授信情况、信用情况，是我们接了大量的数据公司，得知用户的数据，在得到用户授权的情况下，得到用户的数据。因为从数字的角度，今天我们看到一个投资人，我们能不能给它画像，从现有的科技角度是可以画像的。基本上我们可以说，我们知道这个人有钱还是没有钱，住在什么地方，有没有孩子，有没有房贷。这些数据其实在整个市场上都是有的，但是在什么样的情况下，我可能去使用这些数据，在什么授权情况下，这样才能更好去给客户做一个画像。因为智能投顾，最近不仅仅是一个投资，是针对这个客户情况的资产配置，需要知道你的收入水平，需要知道你的负债状况，这些数据除了客户主动告诉我，有没有其他方法能够让机构获取，这是目前整个情况来看，没有一个法规和法律去规定的做法。

第二方面，智能投顾。美国有一个投顾法，他们在跟客户签订账户管理协议之后，是可以帮助客户操纵账户，是合法授权的，可以提取管理费作为报酬，我们国家没有一个投顾法允许机构帮助个人进行账户管理和操作。你唯一可以做的是像金融产品，所有人把钱放在一起进行操作，但这是个性化，不是智能，是一对多，并不是一对一的。所以，这是另一个从监管角度，我们认为比较阻碍整个投资智能化的步骤。

袁满：非常感谢现场各位观众的聆听，大家如果有问题可以举手，我们争取可以提一两个问题。

提问：有一个问题想问太平洋保险的杨总，二次费改后，互联网科技被认为一个对未来车险发展比较重要的一个趋势，您跟BAT公司这块，金融科技的费改，有助于费改以后，利润改善的你能聊一下吗？

杨晓灵：二次费改更多的是出于对消费者的保护，应该更超前的来看待这个问题。我举一个例子，在座各位，无论几次车改，即使是二次车改后，车险目前的定价模式还是从车。就是你开的这部车，根据车的特征来定价的。未来，进一步颠覆，可能是从人的角度。现在还做不到，目前的保险条款都是从车的。怎么从人的角度来定价？就是用你的行为来定价，你开什么车不重要，你怎么开车更重要。

我们再往前想，无人驾驶汽车发展速度已经很快了，可能以年为计算单位。假如无人驾驶汽车普及之后，无论从车还是从人，都会被彻底颠覆掉。无人驾驶基于算法，厂商的算法决定了事故率。举一个例子，大部分小孩跑到运行铁路上玩，只有一个小孩觉得比较危险，跑到弃用铁路上玩。这时候列车来了，你是扳道工。这时候你往哪里扳呢？这个风险是扳道工临时的决定，如果无人驾驶车是算法决定事故处理方式，当初这个厂商在写这个算法的时候，碰到这个难题怎么处理？是撞一群小孩，还是撞一个小孩？这个才是最根本颠覆性的东西。

提问：今天智能投顾谈了很多，所以想问一个问题，智能投顾用一个什么样的定义比较合适？像刚才张总提到专业的智能投顾的系统，本身具备给这样的专业机构提供一个能力，如果面向个人投资者，相信这是一个靠谱的智能。从国内，从招行有智能投顾之后，这个概念的确比较火，但是算法很重要。这些智能投顾背后那个算法是怎么做出的，怎么评价？从个人投资者、消费者，在应用智能投顾的金融机构里面，怎么样评价这些东西，是真的可以信赖的有智能的背后，还只是一个概念，甚至有可能被有些机构作为一个营销推销的手段，这是一个问题，请回答一下。

张自力：智能的定义，我觉得这也是一个演进的过程，人工智能按发展程度可以分为弱人工智能和强人工智能，弱人工智能实现的是初级的归纳作用，提高效率，而强人工智能具有推理功能。还有超级的人工智能，这都是在人工智能整个领域里面进行继续发展的一个方向。当然，市场上也有很多，我们叫伪人工智能，只是包装了一下，实际上里面可能没有太多的人工智能。这里面可能还是有专业性的区别。随着计算机科学和脑科学的发展，应用在金融领域，我们在探索过程中，肯定是会越来越智能化。不能完全说依靠机器，尤其在做投资决策的时候，人机相结合，是非常重要的。

我还想补充一个事情，对中国，场内资产、底层资产质量不好，可能像这种大规模的应用，比如说有蚂蚁金服的数据，中国股票为什么波动非常大，情绪因子非常大，也就是为什么非标资产大家喜欢做，基本可以锁定了，所以没法有这么强的流动性。智能化投资，尤其在给客户画像，就是我们智能的手段，可能对客户的了解，比客户对自己的了解还要多，这个地方智能化绝对是可以做到的。就是它比你自己还了解你，这样做出来的投资方案，可能会比自己做的投资要好。慢慢的，投资者就不愿意自己参与这个事情，在美国也是一个过程，就是散户的消灭，不说消灭，就是说去散户化，这个智能投资会做出比较多的贡献。

郑毓栋：你到底想给客户达成什么样的结果，智能投顾的兴起，目的绝不是帮散户成为巴菲特，也不是成为最厉害的一个投资高手。如果所有散户都拿 α 回报，那谁贡献负 α 呢？大家都在强调一个 Smart β 的概念，目标是打败情绪化的自己，在中国是七亏二平一转。第二个目标是打败理财经理。在中国，很多客户经理年纪非常轻，专业度也不足，佣金跟交易量是挂钩的，所以他的目的是鼓励你多做交易，而不是帮助用户获得好的市场回报。所以智能投顾的目标，其实很简单，就是打败情绪化的自己和理财经理这两群人，这两群人不难打败，从市场长期回报来看，就可以达成。

如何看待智能化，第一能不能达成千人千面个性化的投资需求，也就是说你的投资和别人的投资是不一样的，如果你是一个保守的人，A股涨跌跟你没有什么太大的关系，如果你是一年之后要用钱的人，不应该把资产投入到A股里面。基金经理是不会管你这一点的。第二点，比如建议你交易的时候，某些资产可能买不到，会不会让你及时做交易的调整，比如说在智能投顾实践过程中，会遇到建议客户三天后购买港股，但是三天后香港可能出现台风导致交易所关闭，类似这样的异常的情况，作为智能化的交易，如何把交易完成，也是一种智能化的体现。我个人认为，智能有很多种，有强智能，有弱智能，在交易上都有智能化的方式体现。

第十三章

健康产业，未来财富驱动力

继机械化时代、电气化时代、计算机时代和信息网络时代之后，健康保健时代已经到来，健康产业具有带动整个国民经济增长的强大动力。在欧美发达国家，健康产业增加值占GDP的比重超过15%，而在我国仅占4%—5%，发展的空间极其广阔。未来10年，我国将形成一个万亿级的健康产业市场。然而，我国健康产业规模与发达国家差距较大，仍然处于起步阶段，如何解决健康产业在产业布局和市场化发展的深度问题，需要从政策以及产业结构方面做出调整，并且进行适度的金融产品创新，使其符合健康产业发展的需求。如何开展创新，也是当前需要探讨的重要课题。

即墨县域经济竞争力山东第一

李　黎*

即墨地处黄海之滨，隋朝建城，陆域面积1780平方公里，海岸线183公里，区位交通优越，历史文化悠久，产业基础雄厚，是半岛蓝色经济区建设的领军城市。在中国社科院发布的《中国县域经济发展报告2016》中，即墨县域经济竞争力居山东省第一，全国第九位，是长江以北地区唯一进入全国前十强的县级城市。近年来，我们抢抓海洋强国、“一带一路”等重大战略机遇，加快构建现代产业体系，海洋科研、纺织服装、市场商贸、汽车产业等产业较为发达，通用航空、大健康、新材料、旅游会展等产业发展迅速，着力打造国内有影响力的科研教育新兴地、先进制造业聚集地、商贸物流集散地、区域文化承载地。同时，高度重视金融业健康发展，大力引进风投、创投资本和财富管理等新型金融机构，全市已有118家企业登陆资本市场，各类金融机构发展到120家，为经济发展注入源头活水，增添持久动能。我市被评为山东省金融创新试点市，荣获山东省金融生态环境建设模范奖。

中国财富论坛是国际性的财经领域高端对话平台，是权威性财富管理前沿高地，作为全国唯一以财富管理为主题的金融改革综合示范区，青岛已成功举办了两届财富论坛，这次分论坛在即墨举办，充分体现了各级、各界对即墨发展的肯定和信心，也必将有力拓宽即墨与行业专家

* 李黎，时任即墨市副市长。

交流合作的财富之路。我们将充分吸纳先进理念，为国内外企业和朋友来即墨投资提供优质高效服务，也真诚期望与更多金融和财富管理界的专家、学者、企业家朋友们在重大基础设施、财富管理平台、大健康产业、特色小镇产业等领域开展深度合作，共创美好发展未来。

健康管理将是未来医疗领域的大机会

王 杉*

根据《国务院关于促进健康服务业发展的若干意见》（国发〔2013〕40号）中健康服务业的定义为：医疗服务、健康管理与促进、健康保险以及相关服务，以及涉及药品、医疗器械、保健用品、保健食品、健身产品等支撑产业。健康管理是健康服务业所涵盖的一系列领域之一。

人口近14亿的我国，健康管理面临的许多机遇和挑战，关于老龄化，大家必须要注意的一点是，我们国家花26年的工夫完成法国走了115年的老龄化过程。到2030年，据现在的估计，65岁以上的人将达到总人口的17.3%。我国平均期望寿命由刚解放的35岁提高到76.34岁，其中医疗服务实际上对平均期望寿命影响所占的权重其实并不大，只有8%。而行为与生活方式，也就是我们今天要谈的健康管理，对于平均期望寿命值的延长，有较为关键的作用。而达到60%，也就是说我们的医疗机构和医疗服务体系不仅仅是关注患病的人群，更要关注到慢病人群以及我们俗称的亚健康人群，乃至健康人群的健康维护，这是全人群、全方位、全生命周期的健康呵护。

目前的健康维护，有组织的，也有个性化、散养式的管理方式，最核心的就是近来国家高度重视的整合型医疗卫生服务体系（IDS，Integrated Delivery System）的建设，即将各级、各类医疗健康保健机构有

---

* 王杉，北京大学人民医院原院长、教授。

机结合在一起。同时，这也给市场带来了机会，就是合资领域，将来PPP的模式在各类医疗机构之间构成IDS。这就会形成包括医疗服务链、健康管理链等在内的一系列服务链条。当今一谈到医疗健康，人们就会把重点关注在医院上。这一观念将来一定会有变化，医院的围墙一定要打破，要跟健康管理有机结合在一起。

信息技术裂变式的发展，为医疗健康生态的重构提供了机会。近些年来，特别是人工智能在医疗领域里面的应用引起了广泛重视，也包括投资领域的重视。我们看看2030年整个健康中国的规划，核心就是医学模式的转变。过去的医学模式是生物医学模式，胃出了毛病、肝出了毛病，只关注胃或肝等一个脏器。而到现在则要建立一种关注人体包括生物、心理、社会、伦理等多方面的全新的医学模式。

健康管理有许多方面需要我们去投资，并建立相应的体系、标准、规范。从个体来讲，一个健康的人体管理至少需要涉及六个维度。有我们过去熟悉的躯体维度、心理维度、社交维度，还有“健康中国2030”指标里面所提到的环境维度，也包括心灵维度，心灵也是健康的一个重要方面。健康产业有它自身的系统和规律，尤其互联网时代，比如说个人健康档案，以及电子病历等一系列提供了可以共享、互联的机会。只是理论上，我们还面临很多挑战。

传统意义上讲，人一旦得了疾病或身体不适，一定要去医疗机构。而在互联网时代这一概念将有所变化，人们可以在自然的生活状态下进行疾病和健康数据的采集、分析，乃至干预，就是所谓的实景医学，真正的互联网技术使得医院的围墙打破成为可能，使居家照顾也成为可能。比如说呼吸睡眠暂停、打呼噜这样的疾病，可以回到家里进行数据采集、干预和诊断。我们过去所担心的镇痛药可能危及生命，使得很多晚期肿瘤病人在痛苦中了此一生的状态，借用现代技术也可以让其回家。对于新生儿以及孕妇，整体也可以做到全流程、全过程、全人群的管理。借助互联网技术，慢性病管理患者的依从性也成为可能。

过去通常所说的医疗，其实包含不了所有健康管理的内容，还涉及运动、饮食、心理、音乐、康复、美容等多个方面，在2030年之前是需要大家仔细思考的，是要达建立全生命周期、全方位、全人群的健康管理服务体系的目的。有一个核心观点，就是各种技术、手段、方法的技术提供商和服务商（如：移动网络运营商、移动网络技术和设备供应商、移动终端制造商、IT软硬件供应商和系统集成商、金融投资人、保险公司、公共健康医疗机构、银行、私有健康医疗机构、医药公司、医疗保健供应商、研究中心、政府及非政府组织和解决方案提供商等）是为医疗健康服务者（医生、护士、药剂师、技术员、营养师、康复师、健身教练……等）和被服务者（患者、亚临床、健康人群）服务的，这些提供商和服务商都将是蓬勃发展的朝阳产业，但是它们颠覆不了医疗健康服务者和被服务者两个人群之间的关系，如果试图代替两个人群中的任何一个，都将是不成功的模式。

今年4月，国家卫计委就互联网医疗相关管理办法征求意见，我个人认为这是具有里程碑意义的。任何业态发展如果没有规矩，将会造成大量浪费，尤其在医疗领域，受损的一定是病人的利益。现在非常高兴，国家已开始关注互联网技术在医疗领域里应用的法律地位。

关于健康促进，同样也面临着一系列挑战。大家一定要关注，不管是人工智能、大数据，还是云计算，都需要基于国内大数据的循证医学证据模型，才能有利于健康管理。同时，对于刚才所提到的一系列健康管理新设备的标准和安全，也需要进一步规范和研究。更重要的是，在发展过程中，第一时间应该关注数据安全和病人隐私。

总体来讲，在互联网时代，移动技术、大数据、云计算、认知技术等这些最先进的技术应用，一定会促进医学和健康管理的发展，一定会促进医疗健康保健体系的建立，一定会促进医疗健康质量和安全的进一步提升。

我们在这个领域里应该跟世界同步，与互联网技术的时代同步，找出我们的优势和特点。一定会在某个时段，对于中国乃至世界人民的健康，做出我们国家的贡献。

医疗大数据是未来的发展重点

邢立萍*

王院长提到了大健康管理的重要性，大健康管理发展过程中，互联网医疗也是很重要的一环，而且这里面有很多新技术的应用，包括王院长提到了大数据、数据安全等等。那么技术的创新、技术的应用，在医疗行业、在大健康领域有哪些体现？总结来说，就我们普华永道，分成了三块，智能医疗设备、大数据和精准医疗。

这些技术将为对传统医疗行业提供强大助力。这会改变很多服务模式，但不会改变医生的核心团队，还有患者这个终端，两端不会变，只是过程通过技术手段去解决。从整个行业趋势来说，智能医疗设备在不同环节都有应用，包括在预防、诊断、治疗和康复辅助领域。在不同领域，我们看市场的发展趋势，通过市场和经济数据来印证整个行业发展趋势。从数据上可以看到，增长得非常快速。

事实上，整个新兴技术不光是在治疗领域，更多是从大健康管理角度发挥巨大的作用。我们把这方面的应用分成了不同阶段，预防、诊断、治疗、康复，哪些是健康管理，哪些是医疗级的，并进一步细分。我们从数据层面和行业分析的角度去看，包括每个领域的细分，有一些我们有相对成熟的产品，有一些是需要新技术的出现去改变这个行业的格局。还有一部分属于早期产品，但未来可能是市场的热点，这个也是

---

* 邢立萍，时任普华永道中国医疗健康行业管理咨询合伙人。

给行业感兴趣的投资人，或者说想进入这个领域的资本，更多的帮他们寻找该领域的潜能。

再看一下医疗大数据。从概念上说，大数据是医疗行业未来的发展重点，包括诊疗数据、健康管理数据，如何将其有效结合，更好地挖掘和应用。再看一下数据层面，我们列出了2017年全球的市场整体发展预测，不光是全球的发展预测，还有对于中国市场的预测，这些数据告诉我们市场规模、潜力和增速都是非常巨大的。医疗大数据分成几大类，包括临床业务，以及与医疗息息相关的，包括付款、定价，可能付款、定价、保险会有直接的关系。第三类是研发，根据这个预测模型可能会影响，包括临床数据的影响，包括一些药品的研发和后面我们会讲到的精准医疗。第四类是一些商业模式，因为有数据，根据数据可以更好地寻找商业模式。最后是公共健康管理，这就囊括了大健康所有的领域。每一个场景展开还有更多的细节，包括数据的应用、口径和标准。当然，这里不可能忽视的就是数据安全。

下面谈一谈精准医疗。精准医疗是最近几年在行业内讲得很多的话题，精准医疗市场规模和发展都存在着潜力的巨大。国内精准医疗已经有了一些应用，而且有些已经获得了CFDA的审批。当然，从整个行业的发展来说，还处于一个前期阶段。

就医疗支付发展趋势而言，仍然无法回避应用新技术，而通过应用改变业务模式、服务模式。从支付平台来说，未来一定是更加整合，更加一站式的从患者角度更好地服务患者，减少他们的精力耗费。数字化不可或缺，包括信息数字化、支付数字化等等。整个支付体系的现状我们不过分赘述了，更多的是展望未来。从未来的发展趋势来说，流程一定会更加简约，而且在这个过程中可以更好地通过平台去除支付风险。医保、社保以及商业保险，都要打通支付跟医疗服务的链条。

刚才跟各位分享了整个行业的发展趋势，那么这些领域的发展趋势能否成为未来的投资热点和国内资本的投资方向呢？我们把投资市场按医药、医疗器械和医疗服务分开，整体从行业的投资并购发展趋势来说，并购金额一直是持续增长的，当然总额的增长在不同领域还有所差别，包括交易数量和交易金额。

从整个趋势来说，最近这几年我们也在关注海外并购，并从海外寻找优质资源，这跟国内企业走出去也是非常契合的。当然，这个数据如果再分享到新兴技术创新领域，硬件行业的投融资相对来说偏谨慎，这也跟行业发展趋势有密切关系，与整个研发周期和经济周期相关联。

医疗大数据在资本圈始终很活跃，而资本活跃度也是按照不同的投资融资数据罗列的。精准医疗其实就要更细分了，具体的精准医疗领域和相关的投资案例可以帮助我们借助统计分析的手段找到蓝海。总的来说，在医疗大健康领域投资热点是持续升温的，这个过程可能对于不同的细分市场有所不同。未来技术的创新肯定是这个行业模式变更的主要原动力和推动力。同时，国内市场和国外市场的活跃情况和具体情况会不尽一致，对于大健康和医疗行业有兴趣的投资人或资产管理者，更多的还要找寻适合的投资标的和行业发展，同时找到适合您的蓝海。

商业健康保险领域空间非常广阔

朱恒鹏*

目前，人们经常提到健康产业这个词，从刚才王院长和邢女士的演讲中大家体会到了，健康产业的核心其实还是医疗。因此，如果不触及医疗业务的健康产业，恐怕很难说它是一个真正意义上的健康产业。

我认为健康产业发展有三个关键词。第一是服务。刚才王院长的PPT正好给我做了一个铺垫，他提到了一个很关键的数据，就是对于人均寿命的提高，行为习惯占到60%以上，这个数据在国内开始深入人心了，去年健康大会上总书记也讲到这个词。这对我们来说就很有意思，为什么？传统上一致认为在救死扶伤方面，在提高寿命方面，在改进健康方面，医疗的作用非常大。医疗这个行业为什么越来越受到关注，而且我们发现发展水平越高的国家，老百姓和政府越重视医疗行业，医改越成为这个国家的主题。

30年前，中国人从来没有把医疗作为一个大问题，正像有些人经常会讲，说现在不如过去，还是计划经济好。其实医疗问题都是经济发展起来了以后，丰衣足食以后，才变得越来越重要的。王院长的数据告诉我们，好医疗好像不重要，但是以前我们又觉得很重要。我个人研究医改已是12个年头，宏微观的数据都是如此，微观上我们也见了很多，医生救死扶伤。我想说，医疗的本质是什么呢？服务。

---

* 朱恒鹏，时任中国社会科学院经济研究所副所长、公共政策研究中心主任。

我们知道，到医院去，躺着进去，站着出来，这是我们希望的结果。但到了医院，大量情况是躺着进去，躺着出来。好多医生说患者不理性，老百姓要求太高，治不好病他就打我。其实不是这样，中国人都知道一句话，生死有命。医生最多是尽人事，健康和生命是听天命的，老百姓都懂得这个道理。我们也听说过好多故事，即便患者没有治愈，他离开的时候对医生仍然感恩戴德。也就是说能够治好，能够治愈当然很好，但是如果不能治愈，也能够让患者对你心存感激，这是医疗行业一个很关键的特征。所以，我还是强调医疗就是服务。

从这个角度我们可以知道，中国今天健康产业发展和医疗的关联是什么。我们把一个本来是服务的行业做成了好像不是服务，是一个简单的投入和产出之间的关系，我投入了人力、物力、财力，花了钱就要得到一个确定的结果，这个行业不是这样的。我们现在的医疗行业忽略了一点——它是一个服务行业。我估计王院长仍然持这样的观点，王院长知道我这个人说话比较直率，国内公立医院的院长和医生大部分拒绝承认医疗行业是个服务行业。我曾经讲过课，有些老大夫站起来反对，我们怎么能成为服务行业，我们怎么能成为端盘子的？医疗的本质特征真的是服务，这点我不能展开讲，但是我想把这个话说在这里，就是说做健康产业，服务是一个核心。

前面王院长及邢女士讲的精准医疗，这都是从技术上来讲，我们希望在提高健康、提高寿命方面越做越好，但是普通医疗服务的发展历史告诉我们，普通医疗服务的贡献是相当慢的。让人走得有尊严，让人走得不那么痛苦，这个作用就非常大。

第二个关键词是创新，为什么讲创新？刚才靳丽萍介绍我是医改研究专家，说全了就是医改政策研究专家。

上世纪 80 年代时流通体制改革很难，百货公司曾经是老大难，但是国美、苏宁出来了，百货公司就不难了，愿意改就改，不改就死。国美、苏宁作为民企，也曾经很牛，但是淘宝、京东的出现，国美、苏宁相对衰弱了。中国电信，在座的诸位肯定还有印象，当年的工程电话公司非常强势，电信业改革总体都推不动，然后移动电话来了，电信业不改不行。中国移动、中国联通又成了垄断者，也很牛，然后由马化腾的公司发明了微信，中国移动、中国联通现在降低为网络提供商了。移动通讯的定价问题谁都推不动，今年“两会”期间李克强总理宣布，我们今年取消漫游费了。大家听到这个消息的时候什么感觉？取消不取消无所谓，我们早就不打电话了。这就是创新。

第三，今后的创新是互联创新，平台创新。一个比较合理的医疗服务体系应该满足三个条件。看病方便，按今天的要求就是在一个小时的车程内找到我放心的医院和医生。第二是费用合理，就是我担得起，当然不是越便宜越好，便宜不一定有好货。第三是服务要可信任。可信任的含义当然包括质量要好，躺着进来站着出去是质量好，但是躺着进来躺着出去是不是质量不好？不一定。我们知道你尽心了，医疗本身就有这个特征。当然，医疗服务体系也不是中国人简单认为的卫生院、二级医院、三级医院，我们今天搞公有制政府必须要管，但搞成了简单的好像就是三级医院。器官移植手术必须是三甲医院，三甲医院不能低于500张病床，我们知道要做移植手术都得大设备、大量医生。但是国际上一些脑外医院只有五六个医生、20张病床。

今年国务院出台了文件，提出建立分级诊疗体系。三甲医院的院长带领三甲医院，再带着几家二级医院，理论上是社区能看的给社区，社区看不了的给三甲，二级医院适合的给二级。听起来挺有道理，但是我相信王院长体会得到，即便是我作为一个政策研究者，也能体会得到，让我去当一个三甲医院院长我绝不会这么干。去年我和一个大三甲医院院长谈话，他说，我作为医学专家，坚决支持分级诊疗，三甲医院太大了，大量的不该三甲医院做的业务都在做，我们百分之六七十的业务都不该专家做，我们大量时间陷入在头疼脑热的疾病上去了。北京的三甲医院连狂犬病疫苗这样的业务都做，这是第一句话，从一个医学专家，我坚决支持分级诊疗。第二句话，作为一个三甲医院院长我坚决反对分级诊疗。上一个院长把我们做到3000张病床，收入接近30亿，4000

名员工人均收入22万。我接过院长以后，50%的门诊推下去，50%的手术推下去，大家的收入没增反降，大家还不吃了我？现在三甲医院，这句话王院长也许不爱听，一定程度上成了咱们国家的祸害了，它本来应该干疑难杂症、危急重症、教学科研的，可是现在1万张病床，它要不和社区抢阑尾炎手术，它怎么活下去？它利用三甲医院的牌照，收入高，形成了对它来说的良性循环，吸引好医生，带来好患者，医保资金又拿过去，赚的钱越多，吸引的医生越多。作为一个医改政策研究者，我认为现在医改并没有到位。

对于中国健康产业发展来说，希望不在传统的组织模式医院上，而是在一些新兴的医疗服务模式上。比如说爱尔眼科，很有意思，在其他疾病方面民营医院大部分竞争不过公立医院，但在眼科方面，爱尔眼科几乎打败了所有地级市医院。原因很简单，眼科的服务是低频的，认品牌，眼科服务是标准化流程，质量可控。还有其他的，我刚才说互联平台，迪安诊断，这个公司发展很快，这个公司现在和大量的县医院联合起来，我认为它的发展很大，足够多的检查数据，再加上现在的算法，未来其实不可限量。而这样的专业检查机构的发展，很可能对未来小型医疗机构，特别是各级诊所的发展，会起到极大的促进作用。因为我们知道今天支撑大医院发展的除了好医生以外，就是大型设备，很多县医院发展起来不是因为有了好医生，而是买了好设备老百姓就认了，但是那些设备浪费得很厉害。

我最后的结论是，健康产业未来肯定有发展前景，15%的GDP份额我是相信的，中国这种大国需要发达的健康产业，这个产业不仅仅给老百姓带来良好的服务，它还能促进技术进步。美国的医疗费用很高，但是美国的医疗技术、医药技术也是全球最强的。对于中国来说，是去投资公立医院，还是去发展新兴医疗服务模式？这个方向的判断非常关键，就像我屏幕上说的这个话，首先是做正确的事，然后才能把事情做好。

健康产业发展的希望在新兴医疗服务模式

顾　昕*

我今天主要讲的问题就一个核心字：钱，也就是我们今天财富论坛的主题：财富。我现在想问一下大家，刚才三位所展示的，尤其是王院长和邢女士展示的，有很多产品，很多链条，很多业态，很多技术，但在座的各位，你们愿意为这些东西付钱吗？对于健康产业的发展来说，这才是关键所在。比方说精准医疗，大家要付多少钱来买这种医疗服务呢？比方说大数据，是谁来付钱让基于大数据的哪一个产品发展壮大？这才是关键中的关键。

国家制定的方案和规划，给我们展示了非常美妙的前景和蓝图，健康产业将在 2020 年达到 8 万多亿。那么，2016 年有多少钱？实际上，如果仅仅用卫生总费用来考察，2016 年的总盘子仅 4.2 万多亿。两三年后就能翻小一倍，达到 8 万亿，这可能吗？说实话，有点悬。当然，再往后还有 16 万亿、25 万亿、30 万亿诸如此类的数字，这些数字大家看起来心潮澎湃，尤其是在座的有好多投资者。

我们的市场前景是不是那么广阔，心里要打一个问号。但是，我们要注意，健康产业的总规模并不是用卫生总费用来刻画的。刚才几位介绍的很多内容，比方说健身，这显然不在卫生总费用的数字之中。还有现在的养老业，无论是以什么样的业态产生，是居家养老、社区养老还

---

* 顾昕，时任北京大学政府管理学院教授。

是机构养老，还是现在新兴的医养结合，现在都没有列入到卫生总费用所涵盖的范畴之中。我个人的观点，也许健康产业的总规模是有可能达到 8 万亿的，它取决于我们的统计口径，现有的卫生总费用的统计口径比较狭窄，同健康总费用不是一回事。

总而言之，健康产业无论如何是一个大的产业。今天，我国卫生总费用占 GDP 的比重是 6%，这个数字在世界各国当中属于中下水平。这么一看，我们未来还有发展的可能。咱别中下，好歹中一下，再保不齐变成中上，这个数字也会提高。假定从 6%提高到 8%，甚至 9%，那么即便是狭义的卫生产业的规模也不小了，更不必说广义的健康产业了。总之，这个前景的具体预测数字，不那么好预言。

能说清楚的事情是，这个数无论多少，归根结底要老百姓来掏。让老百姓掏钱有两种方法。一种是让老百姓直接从兜里掏钱，直接付给服务机构。刚才朱教授讲到了医疗机构是服务机构，这是不错的，其实健康产业的构成都是服务机构。服务机构要用一些产品来服务民众，前面诸位演讲者提到的各种产品，其实是健康服务的上游。健康产业，归根结底，还是最终的健康服务。最终的环节最重要，老百姓的钱要跑到那里去。简单说，老百姓得掏钱，必须掏钱购买健康服务。只有这样，健康服务的提供者才会去购买诸位演讲者提及的那些产品。这个链条非常清楚。老百姓掏钱，这是一种掏钱方式。

第二种方法，由财政掏钱，总之得弄出这 8 万亿来。两年后，这不是开玩笑，我们的财政能弄出这么多钱来吗？即便能弄出这么多钱，还要看这些钱最后流向何方，比方说医疗占多大比重？现在有一个流行的说法，即医疗对健康促进只起了 8%的作用，占比不大。那好了，这个比重非常小，贡献度非常低，这似乎说明医疗机构对于健康产业来说重要性不大。但这个说法，也是有问题的。事实上，财政用于卫生和健康的支出，大部分流向了医疗机构。

现在除了医疗，其他的健康服务，比方说健康促进和保持健康，谁来掏钱？没听说政府为此而掏钱，这些服务就很难通过政府财政来买单。政府当然可以致力于全民健身的推进，这不是卫计委的事，这是体育总局的事。问题是，在全民健身上花的钱在整个体育产业中占了多大比重？恐怕又没多大比重。政府在推进全民健身上花的钱，其实都是大健康的钱。既然政府在全民健身上已经花了钱，请问各级政府怎么进一步促进全民的健康呢？

大家知道，广场舞在中国最流行，但是广场舞的特色是什么呢？说白了，老百姓不怎么掏钱，那是最便宜的，大家伙在一块健身跳舞。而且广场舞不单有健身作用，还有社交作用，空巢老人的子女都不知道哪去了。现在整天宣传让子女回家看看，但是说白了，子女怎么可能整天回家看看呢？那老人怎么办？就要促进他健身，同时促进他们社交，社交有心理学的作用。刚才王教授提到了，我们健康产业不仅仅是医学、生物学，还有社会心理学的层面。但是，我今天要说的是钱的事。促进健康是所有人都乐意的，但很多百姓不乐意掏钱，所以健康舞、广场舞这种形式就非常流行。

不管怎么说，钱的事非常重要。不说清楚这件事，所有有关健康产业发展的议论都是空话。这个问题，用学术术语来说，就是健康产业的筹资体制问题。筹资体制的事情，归根结底，最重要的是要搞一个保险制度，把这个钱汇聚出来。我们现在扪心自问，有这么多健康服务，这么多医疗服务，那么多新奇的技术和产品，那么多新颖的服务业态，但我们有多少人为哪些服务掏多少钱，这是关键中的关键。

健康服务，不管哪一个服务，有一重大特点，即我们的需要是明明白白的，但需求却不一定有。每个人都需要健康，年纪大了需要更多的健康服务，如果我们生了病还需要医疗服务，治病之后还需要康复服务。你的需要 100%有，但请问你的需求是什么？需求和需要不是一回事，需求是你愿意掏出多少钱来满足那个需要，这才是麻烦的事。健康服务的重大特点就是需求不确定性。在座的每一个人问问自己，究竟要掏出多少钱去购买这些健康服务？不清楚，至于说服务者给你们做到什么程度，才能满足你们的需求和，也说不清。这个叫不确定性，需求的不确定性。

第二个特点叫信息不对称性。当你的需求确定了，要去购买健康服务了，但究竟购买多少才合适？你完全不清楚。你花多少钱购买，购买到什么程度，质量怎么算好，怎么算坏，说实话没人清楚。即便是健康产业业内的人，例如从事医疗服务的王院长，但换一个较细的行当，换一种类型的健康服务，他也不清楚。在这样的情况下，健康服务怎样才能提供呢？全世界没有例外，都是靠健康保险。健康保险要么由国家来弄，要么由商业来弄，或者两个组合起来。在不同国家，医疗体制或健保体制不同，这两个组合的模式是不一样的。

总之，国家主办的健康保险，只能支付基本的医疗服务。换句话说，那些高精尖的，这创新那创新的，恐怕是不太基本的；或者服务特别好的，比方说我们去寻求某种康复服务、健康服务，我们希望住单间。您正康复呢，七八个人住一个屋，还有好多护工，还有很多探望的人，请问你能康复好吗？我们的需要，明摆着是要某种单间服务，但这需要钱。这个钱，我们国家办的医疗保险，即公共的医疗保险，没有办法满足这个需要。有需要，但很难满足。

尽管无法满足很多老百姓的需要，但国家办的医疗保险是重大的一块，绝对是要把它办起来的。怎么办？通过医疗保险还是健康保险？医疗保险也好，健康保险也罢，都有不同的模式，今天不细讲。通过社会医疗保险还是某种意义上的全民健康保险，还是干脆搞全民公费医疗，哪个模式好哪个模式坏，今天不论好坏，但是一大块。

另一大块是商业或者民办的健康保险。中国目前的现状是卫生总费用有 4 万多亿，有 2.5 万多亿花在医疗上。国家办的全民医疗保险即公共医疗保险每年的支出在 1.3—1.4 万亿左右，这之间的差额有 1 万多亿。中国有没有民办的健康保险？民办的不一定是商业的，也有可能是非营利性的。就算商业的吧，商业的健康保险其实还有 1 万多亿的发展空间。请问当今中国的商业健康保险的规模多大？告诉大家，2016 年全国商业健康险的支出只有区区 1000 亿，大家能想象吗？所以钱的事才是最关键的。

简单地说，健康产业大发展需要把钱的事搞定。国家办的全民医疗保险，这是一大块，将来会继续发展。它里面有很多问题，咱不细讲，今天不是专门讲医保的专题。总之它还在发展，财政还要继续出钱来促进全民医疗保险的发展，这是国家办的保险。但是，我们民办的保险呢？商业健康保险的市场发展空间还是非常广大的，而我们现在连十分之一都不到，还有百分之九十的广阔空间。所以，在这一点上恰恰是我们未来的投资者和商界的人士可供开拓的领域，具体的投资点非常众多。

当然，商业健康险有一个麻烦。健康险要面对老百姓，让大家买保单。同时要面向公立医院，也要面向民营医院，或者面向更多样的健康服务提供者，怎样付费。而保险机构的关键是第三方付费，即老百姓和服务提供者之外的第三方埋单者。这个埋单者最重要的工作是给服务提供者付费，而这个费用怎么付，里面的学问非常多。

商业健康险的发展，市场是广阔的，但我们现在还面临一些政策的约束、理念的约束，还有一些技术性的约束。关于技术性约束的学问，在中国的高等院校们都没有得到很好的发展。我告诉大家，在全国，没有一个高等院校的保险系能发展出商业健康保险的专业。今天我来到即墨市，看到酒店对面就是山东大学青岛校区，建了很多很高的宿舍楼，看着心潮澎湃。这个学校，如果能发展我刚才说的那个专业，那中国的健康产业才有广阔的前景。健康产业的发展任重道远。

对 话

靳丽萍[*]：我先提一个问题，几位嘉宾都讲到了互联网信息技术的发展给业态带来了变化，有一个网友问在日趋严格的政策监管之下，互联网医疗服务的空间到底有多大？特别是刚才王院长也提到这个问题，现在互联网医院的管理办法正在征求意见，其中有一些是针对准入门槛提的，包括什么样的机构有诊疗资格，现在希望再深入阐述一下相关的监管政策到底对未来会有什么样的影响？

朱恒鹏：我非常认可王院长和邢女士的观点。我个人这几年对互联网医疗持非常大的乐观态度。对于中国来说，技术进步和商业模式创新带来的是弯道超车的机会。刚才王院长讲的更像是持续性创新，王院长讲的更准确的是"医疗 + 互联网"。"互联网 + 医疗"其实是反着来的，我们今天体会到的微信、支付宝对传统行业的颠覆是"互联网 +"，王院长讲的传统医疗利用大数据，利用 IT 技术，这是"+ 互联网"。对于中国来说，"互联网 +"包括互联网医疗是个机会。中国人现在普通老百姓没见过支票什么样，中国人拿到卡还没几年，现在拿着一个手机走遍天下了，这就是互联网一个巨大的威力。互联网医疗也会这样，但是医疗与零售，包括支付相比，确实有一些不同，但是在解决信息匹配方面是有优势的。简单讲，我认为互联网医疗对中国是下一个爆发点，这是第一个判断。

第二个判断，对中国今天的政策环境。互联网医疗其实在国务院层面上，总理讲双创是很典型的。但是在部里层面上，即互联网医疗卫计委最近的征询意见还没有放开。我可以为卫计委做一个辩护，具体的监管者怕出风险，这个我们能理解，这个是政府部门的行事逻辑，不同的

---

* 靳丽萍，时任《财经》杂志执行主编。

位置会有不同的思路。希望地方政府能够恢复到 80 年代那个精神，大胆地闯，大胆地试，因为咱们有一个很重要的经验，即因地制宜。去年我给李群书记的建议不是发展简单的健康产业，我说建议在青岛出个政策，凡是医生在青岛互联网注册，都可以在青岛多点职业，使得交易量集中在青岛。就像支付宝，每年数万亿的交易落在杭州，这是很高的收入。

王杉：我回应一下。其实无论是顾昕还是朱恒鹏教授，我是长期关注他们的观点，也是同意他们观点的，其实医改是改政府，这个改政府是改政府的政策。我更倾向于“医疗 + 互联网”，为什么？不管什么技术，它用来促进医疗的发展，有个核心点就是说不管什么样的创新，如果危及到医疗质量和病人安全，它一定是有问题的。这是一个核心观点。不管是“医疗 + 互联网”还是互联网医疗，一定是在保障病人医疗质量和安全的前提下进行创新，这是第一点。

第二点，刚才顾昕教授讲到了支付，其实“医疗 + 互联网”的下一个爆发点是在国家给付制度的探索上。给付制度的创新才能促进“医疗 + 互联网”的发展。因为到今天为止，真正的互联网医疗的商业模式，还不成熟。其实很多人从技术细节上已经做了一系列的探索，该出现的问题大家也知道了一些。美国是把远程诊疗付费的一系列体系建立以后，最近两年它的远程服务对于整个医疗服务体系带来的益处和经营量也上去了。我们到今天为止，互联网服务允许收的是 800 块人民币，这里面还涉及好多利益相关者如何分账。但是单单这一收费价格不足以促进“医疗 + 互联网”的，而且在新的形势下需要顾教授更加关注这个领域。刚才你说你不关心，其实那是个核心的点，还是谁付钱，付什么样的钱，而是能不能保障病人的安全和医疗质量。

顾昕：我说一两句，互联网医疗是现在全中国特别关心的，尤其是卫计委发出的监管征求意见稿后，大家的关心程度更大了，因为监管文件的基调被大家认为是“卡”。我一向对卫计委的很多政策持批评态度，但是这个政策我想提醒大家仔细看一看，它究竟卡了什么事。说实话，政府对跟互联网有关的诸多事情，想去卡，实际上是卡不住了，因为说白了卡的人也不明白他卡的是什么。互联网发展太快，很多人都不明白。你能说业内的马化腾他自己明白吗？他也未必明白，这就是创新带来的磨砺。监管条例究竟卡的是什么？它主要卡的是远程医疗服务，这个医疗服务可以简化为两种事，第一种是开药，第二种是做手术。但做手术不可能远程进行，一定要到现场去做。

王杉：稍微增加一点，最新的远程也可以。

顾昕：现在技术上有创新，这个我不大懂，技术创新很有魔力，远程都可以做手术了。基本上，医疗服务简单说就是三件事：开药、诊断、手术。现在主要卡的是这三件事，尤其是开药，开药者在网上必须跟某个特定的医疗机构联系起来。这意味着，互联网上的服务行为，必须同实体机构的服务挂钩。大家知道，互联网跟医疗的结合，除了刚才的三件事以外，其他方面结合的点简直太多了。刚才邢女士介绍的那么多，其实空间还非常大，政府要不要管，如何管？这是其一。

第二，刚才说的纯的医疗服务，开药、诊断和手术，以后在互联网上都有发展的空间，这就是刚才王院长说的。但关键在于，支付制度怎么建立，即谁以何种方式给这些基于互联网的服务付费呢？假定这个支付制度，无论是国家的医保还是商业保险，是按人头付费，实际上就好办了。参保者缴费了，参保了，由他自主选择服务的提供者，这个服务提供者究竟是采取面对面的方式提供服务，还是互联网式的远程提供，这是服务提供者跟这个参保者之间的选择。如果保险按人头付费，那么这个参保者就成为这家服务提供者的永久客户。在这种支付模式下，如果服务提供者枉顾医疗的质量，胡乱给他开药，胡乱给他诊断，最后倒霉的是服务者。

说白了，支付制度非常重要，它能建立一种激励机制，让服务提供者改善其服务。服务得越好，服务提供者赚钱反而越多，这才是整个公共政策尤其是医改政策应该追求的目标。而我们现在的医改政策，却整天让服务提供者走所谓的“公益性”路线，而“公益性”三个字包含的意思是让他们干了活还挣不到钱。这怎么促进这些服务发展起来呢？而把利益机制搞清楚，让服务提供者给我们提供良好的服务，他们反而挣钱最多，这才是最最关键的，才是需要我们大力探索的问题。

靳丽萍：好，我们给现场开放一个问题吧。

提问：我想问一下朱老师和顾教授，在健康保险中出现的双逆向选择的问题，你们有没有好的解决方案？然后我还想问一下王教授和邢女士一个问题，我最近看了一篇论文，关于癌细胞扩散的论文，癌细胞扩散的速度已经远大于T细胞的平均追赶速度了，你们觉得在未来的技术条件下，我们的技术还有那么乐观的前景吗？

顾昕：刚才这位先生提的问题非常具有专业性。商业健康险的市场机制运作一定会出现所谓双向逆向选择问题。这个问题，说白了就是投保的人，越健康的人越不大情愿投保。保险的提供者，保险公司最希望的是投保人最好都是健康的，越健康越好。这就麻烦了，健康的人不愿意投保，乐意投保的人都不大健康，保险公司为了赚钱，那就要被迫提高保费；保费越提高，结果这个逆向选择的现象就越严重，导致投保者由不太健康的人所集中。这件事是任何一个国家都不能完美解决的。所以医疗保险也好，健康保险也好，纯靠市场机制没有办法实现全民医保。美国靠商业健康保险来支撑医保体系，但没有办法实现全民医保。所以，政府要参与保险，要推进全民医保，道理就在这。

中国的商业健康保险不那么发达，现在支出才1000多亿，我们现在要发展这个，面临的重大问题就是双向逆向选择，健康的人群不乐意投保，怎么办。办法其实非常多，虽然都不能完美地解决问题。第一个办法叫团险，政府有很多政策鼓励集团购买商业健康险。第二个办法是把商业健康险和好多健康管理服务联系起来，这样百姓投保之后再去购买健康管理的服务，包括健身服务，都可以打折，这样对年轻人就有吸引力了。第三个办法，健康保险公司有可能跟医疗机构结合起来，形成一体化的机构。比方说医生集团，这个是通过市场机制形成的，但医生集团如何同健康保险结合起来，还大有文章可做。总之，如果我们把市场机制放开，在整个过程中就会出现一系列的创新，在这个创新过程中，健康保险、医生集团跟互联网怎么结合起来，各种可行的商业模式众多。唯有如此，才能吸引现在年轻的人群、健康的人群投保。当然，不可能百分百吸引过来，但至少比以前更多。以前才 1000 多亿，现在把它发展壮大，可能性还是有的，而且我认为具有比较好的发展前景。

朱恒鹏：你这个问题，刚才顾教授已经回答得很全面了，我补充几点。

第一，我们并没有说发展商业健康险就不搞社保了，我们还有社保托底，全民都必须参保，这是第一个，所以所谓的双向、逆向选择的问题就不用太担心了。

第二，当我们说双向、逆向选择的时候，其实隐含了一个前提，赢利性的商业保险公司会挑保户，但是国际上私人健康发展过程中有大量的非营利性组织。中国发展政府保险是逆着来的，实际上社保最先都是由穷人开始的，德国的工人先搞户主基金会。解放前，农村就有类似的户主基金会，这种自发的私人保险没有逆向选择的问题。这类组织的发展在咱们国家既有历史传承，也是人类共性。我们现在对非营利组织不太信任，但其实非营利组织是一个现代国家很重要的维稳力量。

第三，关于商业健康险，刚才顾教授也讲了，在这个过程中会发展出各种模式，你放心，即便是唯利是图为了赚钱的商人，他也会想办法去解决这个问题。我们在今天已经看到了，年轻人不是不愿意买综合性健康险吗？我针对美容的，或其他，这部分逆向选择的问题也不那么严重。或者还有一些大的保险公司把健康险和寿险、养老险捆绑在一起，对年轻人也有吸引力。我想只要让商业组织自己去探索，这些问题很大程度上可以得到解决。你刚才说的双向、逆向选择，是理论推下来的结论，在现实中并没有那么严重。

邢立萍：我先从我的角度回答，替王院长抛砖引玉一下。刚才我在分享技术创新的时候，提到了精准医疗。精准医疗在具体的领域里面，在治疗领域专门有一个免疫细胞，这里面的免疫细胞治疗更多也是针对肢体的细胞情况，还有免疫细胞跟癌细胞之间斗争比例关系个性化地制定解决方案。我觉得很多问题还是笼统的，它是基于一些数据模型算出来的，或者基于一些数据统计的，但是其实很多时候是没办法考虑个性化的东西和个体的东西，这是一方面。

另一方面，我本人是乐观的，因为技术的创新气势超越我们的想象。包括最近这一两年，你看很多技术，迭代更新非常快，我相信这个过程技术应该可以赶上，或者说在某种程度上，我认为它是可以超越这个疾病谱的发展过程。从整个大的趋势来看，包括癌症都是可以治愈的，很多细胞培植或者干细胞移植可以解决很多问题。

王杉：邢总已经把基本理念、概念都回答了。刚才这位先生提到的关于肿瘤转移和肿瘤免疫，是涉及肿瘤诊断和治疗的两个重要方面，它既有联系，但也不是相互替代的关系。肿瘤的转移是影响肿瘤病人愈后疗效的重要方面，每个肿瘤，哪怕同样一个，比如说胃癌，不同的人转移的潜能可能都是不一样的。如果谁能够发现对所有肿瘤转移的细胞能够尽早发现的技术，那就了不得，现在不敢奢望，哪怕是对于某种肿瘤的早期转移能够早期诊断出来，那就非常值得去投。

第二个，关于免疫也一样。免疫既可以针对某种肿瘤免疫，也可以针对所有肿瘤细胞免疫治疗。现在期望的，哪怕它对于某种肿瘤的某个类型还有比较好的疗效，都值得去投资。

靳丽萍：由于时间原因，我们的问题就到这，我试着简单总结一下这节的主要观点。一是我们面临的健康大产业的市场潜力非常巨大。第二，现在看起来技术创新、商业模式创新、市场的创新速度远远超前于政策和制度创新。第三，我们寄希望于未来，在制度变革上也能够有所突破，使得这个市场真正地健康，而且持续。

第十四章

特色小镇的实践与产业多元化

过去一年，特色小镇已在全国遍地开花，但是存在产业支撑能力不足、金融支持不够、财政投入依存度极大等问题，缺乏持续稳定的资金来源和成熟的产业资源配置体系。产业是特色小镇的魂，小镇发展的核心不在于房地产开发，而在于产业运营；金融支持是特色小镇的血液，只有充分运用各种金融支持手段，才能实现特色小镇建设资金来源渠道的多样化、投资方式的多样化。金融可以通过优化市场结构、提高资源配置效率来促进特色小镇的发展；而特色小镇的发展又可以通过产业平台的扩大，促使市场主导型资本形成机制的建立。

特色镇发展要有产业但不能只有产业

沈　迟*

今天我主要讲六条：

第一，特色镇建设是新型城镇化的重要内涵之一，特色镇的小镇是新型城镇化的生力军。新型城镇化主力军还是城镇群，城镇化的特征是和经济发展特征相匹配的，它不可能脱离经济特征去形成所谓的城镇特征。当前，我们在产业转型，在创新创业，在供给侧改革过程中，应该说是需求催生了特色镇的发展，以此满足社会和市场的需求。

第二，特色镇和过去的重点镇、中心镇不一样，就城镇本身来讲，特色镇不是一个新鲜事物，很多年前就在培育，近年来从浙江开始总结了一下特色镇的形成和发展。它和过去中心镇不同在于，它不是建制镇，强调的是产业根基。原来的中心镇有很重要的公共服务功能；而特色镇强调的是产业，要有产业发展。但也不是所有的产业都能够支持特色镇。

第三，现在特色镇的发展是政府引导、市场主导、企业推动，不是政府包办代替。这一点我想很多地方很明确，但也有部分地方政府动作很大，动辄准备投入上千亿去打造所谓特色镇，这可能会出问题。

第四，特色镇发展要有产业支撑，但不能只有产业。特色镇不是产

---

* 沈迟，时任国家发展和改革委员会城市和小城镇改革发展中心副主任、总规划师、规划院院长。

业园区，既不是工业园区也不是农业园区、旅游园区，或新城新区。它既要有产业，也要有人居环境。我们知道，中国有很多小城镇都有上千年历史，特色镇的营造基本在既有小城镇基础之上发展壮大，有其特色产业，但更需要人居环境。很多曾经辉煌的产业随着技术的进步灰飞烟灭了，信息技术的发展，新电子技术的发展，使过去的像录音带、胶卷这些东西已经被颠覆性地取代。不敢说现在特色镇的产业就能够千秋万代传下去。但是不怕，千年城镇，流水的产业，城镇把它的产业发展基础、人文环境做好，不管将来产业有什么变化，这里总是能吸引到产业和人才，这样特色镇的建设才是有价值的，才有可持续的。

特色镇要营造宜居宜业的环境，需要与大城市、新城新区差异化发展。比如说特色镇不像新城新区那样，有很宽阔的街道，有很大的广场，或许街道窄些，短些，才有特色。建设密度可能很高，同时成本较低，一个模式不太可能适应所有的特色镇，发达地区有发达地区的模式，不发达地区有不发达地区模式，低成本只是一个共同的特点。

第五，相同产业会给特色镇形成不同作用。不同位置的特色镇，同样的产业起的效果也不同。在发达地区，城市群中间，或大城市的周边地区，都是特色镇发展的拥有最肥沃土壤的地区。一个产业在此能够迅速形成支撑，形成特色镇。如果同样的产业，它的区位不方便，比较偏僻，可能它就支撑不了这样的特色镇。最典型的旅游业，我们在特大城市边上，可以打造一个旅游业，可能我们没有特别突出的资源也能很成功地运营起来。可是如果比较偏僻的话，就很难支撑了。当然，也不是说远离特大城市就完全没有特色，但除非有非常独特的资源禀赋，还有一定规模的产业来支撑，才可能形成。

最后一条，特色镇发展的初衷是想解除行政级别等级化、层级化因素形成的束缚而提出来的。我们不应行政级别低，甚至是非镇非区的地区，提出发展特色镇。而是应该扶持、培育特色镇，将此作为小城镇来发展，并努力探索产业转型升级、供给侧改革新的发展平台路径。通过这样的特色镇，建立一个产城融合发展的发展平台，同时也是一个市场化的过程。如果选择的产业有偏差，或者说本身经营过程有偏差，或者扩展规模、发展的阶段没有很好把握，走偏或走过了，或者走不到位，都有可能使特色镇建设带来困难，难以为继。发展建设特色镇，一定要理性对待，不要一窝蜂地往上走，要尊重客观规律，顺势而为，因势而为。

特色小镇的定位、产业与空间

戴　军*

首先，谈一下特色小镇的定位。关于特色的选择，可以从以下几个方面来考虑：一是区位。在美国讲到特色小镇时，更多的是谈美国格林尼治基金小镇，它的区位优势非常明显，靠近纽约，还有其他优势，因为美国科技和金融业非常发达。我们再借鉴浙江，在浙江看到的几个特色小镇，它都有区位优势，都是围绕着杭州附近，杭州大家都知道，是浙江省经济发达的城市，产业基础非常好。

二是要从资源优势的角度来思考特色小镇的问题。资源优势无非分成两类，一类是人文资源，一类是自然资源。人文资源，比如说四川有李白，还有很多这样的人文资源。当然也有很多是自然资源，自然资源比较好的我们也可以列举很多地方，比方说桂林的阳朔，这些都是自然条件非常好的。

三是要考虑产业资源。我们在广州做过一个项目，广州“互联网+”小镇，这个小镇就是在广州的一个电子产业园区，原来腾讯、优酷等都在那里起家，所以做一个互联网小镇非常轻松，有这个基础。

这是三大资源。从这些资源入手，可以发掘小镇特色。这些很多是显性特色，显性特色给我们带来的是品牌和形象。比方说这个地方有温

---

* 戴军，时任欧盟小镇联盟（ERTS）秘书长、荷兰NITA设计集团亚洲总代表、中国总部总裁。

泉，有茶叶，做陶瓷等。如何才能找到隐性资源呢？我觉得要从特色发展的路径和背景入手。如果能抓住特点，其特色区别于其他，同时也可以具备持久的活力。

其次，谈一下产业。特色产业可以分两大类，第一大类的特色产业可能是一种原发性产业。它是历史优势形成的，比方说黑龙江的五常大米，地区自然条件好，再加上长期栽培形成。这样的例子很多，尤其是在欧洲，很多都是自发性产生的。国内也有，比方说在赤水河边的酒产业，它有延续性的，这种延续性的产业是原生的。当然有这样的产业发展是最好的，但这些产业多数集中在传统产业，传统手工业或者农业。现在工业发展更多的不是原发性的，很多都是偶发性的。像基金小镇，地方环境好，离纽约又近，很多有钱人到那住，避离大城市的喧闹。大家说在这里搭建一个基金小镇吧，做了一些基金，因为它的发展，更多人陆续来了。这种偶发性的因素，首先要掌握的是搭建一个良好的环境和空间，让大家有很好的环境、很好的居住条件，这样可以吸引大家。

第二，招商引资。很多小镇为了发展，把他们家乡的人，还有其他的名人，或者金融企业的人，或者是产业发展比较好的人，吸引来了。这是一个好事，不是不能发展，但我要强调怎么把这个特色植入到产业里面。外来产业不可怕，但是需要我们植入，不仅仅是文化，更多的是与特色结合。

最后谈一下空间的问题。

讲到特色产业肯定要讲特色空间，特色空间的营造对于特色小镇建设非常重要。梦想小镇之所以成功，实际上是给它营造了非常好的空间，包括营造一个能够给创客带来团结力量的空间。空间打造好了，就可吸引很多外来人。这种环境、生态、居住条件好、配套设施良好的空间，应该是首选。如果有了这样的空间，自然会有人才来。反过来说，有了人才也会自然发展出一些项目。我刚才讲了，有一些偶发性事件，甚至有些政策偶发性的事件，包括发改委的政策支持，这些都是政策偶发，很容易促进小镇的经济发展，不需要着急。

第一，空间的营造。刚刚沈主任也讲了，小镇要有尺度感，这种空间营造，在城市化建设过程中，已经感觉到高楼大厦对我们产生的心理压力。现在不光是城市病，还有环境污染、交通堵塞问题，更多的是社会问题。怎样营造这样的尺度感？尺度以小为宜，这是一个原则。当然不仅仅是尺度问题，还有归属感、存在感，你怎么样营造归属感、存在感？我们现在造房子只管造，造完了以后很多都是欧洲小镇，很多都是美国小镇，讲起来都很响亮，我们都被强迫移到美国去了。你要给大家营造的氛围是让大家有存在感，当然还有很多交流空间，让大家能够更多地交流。

第二，我们要互联。互联是特色小镇的一种出路，所谓特色小镇，就要抓住特色小镇，一是讲特色，特色不是全面，我们不能把特色小镇建成小而全的孤岛，我们要把特色小镇做成一个一个的特色。这一个一个的特色要想生存，它就必须得互联。德国的巴伐利亚州现在形成了高科技和信息产业最多的地区，这些都是以小镇为主的，本身小镇空间非常好，大家会去那居住。

第三，我们要利用好互联网的手段。现在的发达地区有很强的通信能力，但是不发达地区，我们首要打造的基础设施，即更多的是网络基础设施，因为网络是一个扁平化的东西。我们面临的时代就是一个区位转移的时代，过去的区位优势和将来的区位优势正在发生转变，大家要抓住这种转变带来的机遇，这种机遇就是要做好自己的环境，做好自己的空间，下一轮的转移不是以产业为主的，我们不是乐业安居，未来是安居乐业取代乐业安居，所以每一个小城镇的发展，都可以走特色小镇的路，都是有前景和希望的。

特色小镇的金融支持

詹向阳*

利用这个机会，我讲两个方面的情况。一是简要地介绍一下特色小镇所获得的金融支持的基本情况；二是对于如何进一步完善特色小镇发展提供金融支持，提几点建议。

关于金融支持特色小镇建设的现状。

加快培育特色小镇，是“十三五”规划提出的重要发展任务，对于转换发展方式，推进新型城镇化建设，破解城乡二元结构，实现城乡一体化发展具有重要意义。特色小镇发展进程中，国家在金融方面提出一些要求，要求金融给予特色小镇建设支持。这些要求就包括创新投融资机制，推进政府和社会资本的合作，利用财政资金撬动社会资金，共同发起设立特色小镇的建设基金，这是一个层面。

在国家层面上还有政策，就是要设立国家新型城镇化建设基金，这个基金倾斜用于支持特色小镇的开发建设。同时，国家提出来要鼓励国家开发银行、农业发展银行、农业银行和其他金融机构加大金融支持。最后还有一个层次，就是鼓励有条件的小城镇通过发行债券等多种方式拓宽融资渠道。

第一批特色小镇 200 个，实践一年多来，特色小镇的金融支持在现实中主要是两条渠道。一个是发改委等有关部门支持符合条件的特色小

* 詹向阳，时任中国金融学会副秘书长，中国工商银行原金融研究总监。

镇建设项目去申请专项建设基金，以及中央财政承诺对工作开展比较好的特色小镇给予适当的奖励。从具体落实情况来看，关于特色小镇建设项目申请专项基金，实际上在国家发改委专项建设基金的第十九项，也就是新型城镇化当中就有特色镇建设这样一个子项。在新型城镇化专项建设资金的其他几个子项目中，也有和特色小镇建设相关的，分别是国家新型城镇化试点地区的中小城市、全国中小城市综合改革试点地区和少数民族特色小镇等等。这是一条渠道，国家级的。

第二条渠道是银行支持渠道，这个也是大家比较关心的问题。据我们了解，这一年多来或者说近年来，国家开发银行、农业发展银行等这些政策性金融机构都相继出台了支持特色小镇建设的金融产品和服务方案。据国开行自己的统计，到目前为止国开行已经支持了 439 个相关的小镇建设项目，国开行发起成立的中国特色小镇投资基金也在 2016 年正式启动了。农业发展银行对建设特色小镇的响应也是比较早的，他们在 2015 年底就推出了特色小镇建设的专项信贷产品。

除了政策性金融机构以外，商业银行也积极响应支持小镇建设的国家要求。在 2017 年 1 月和 4 月，住建部分别同国家开发银行和中国建设银行签署了共同推进小城镇建设战略合作框架协议，将联合建立小城镇项目的储备库，优先提供中长期信贷，重点支持特色小镇包括各项基础设施、公共服务设施以及小城镇的产业发展等各类配套设施建设。商业银行当中的大型银行，比如说工商银行，也积极地参与了国家第一批试点的特色小镇项目的信贷支持，目前仅工商银行浙江省分行对五个特色小镇项目的审批贷款就已经达到了 77.4 亿元。

但是我们也同时看到，目前金融支持特色小镇发展的实践当中还存在诸多困难和问题，突出表现是两个方面。一是社会资金参与特色小镇建设的积极性到目前为止还没有充分调动起来，这当然既有一些小镇项目本身质量不高、缺乏特色、预期投资回报率不理想的原因，也有相关金融工具和融资模式不成熟，缺乏可操作性的因素。二是许多特色小镇的项目存在比较严重的类房地产开发的性质，这样导致在融资过程中受到各类金融监管政策的限制，无法得到银行等金融机构的有效支持。

对特色小镇下一步的发展，从金融支持的角度，有三点建议：

第一，要统筹政府、政策性银行、商业银行、社会资本等各类融资主体，建立起政策性与商业性金融互为补充，多层次的立体化融资机制。

从政府的角度看，政府的资金主要是起到引领性、杠杆性的作用，主要通过税收优惠、专项补贴或奖励、牵头发起设立特色小镇产业基金、提供财政配套基金等方式，鼓励引导金融机构和社会资金参与到特色小镇的建设运营中来。

政策性金融机构、政策性银行，应该侧重为小镇项目前期的基础设施、公共设施等建设提供长期性的贷款融资支持。而商业银行，应该按照市场原则，侧重于为特色小镇建设和运营提供全方位的综合化金融支持，这就包括信贷支持服务，也包括因地制宜开展债权融资、股权投资、基金、信托、融资租赁、保险资金等综合融资服务。

还有一个层次就是各类社会资本。我们认为各类社会资本可以通过认购特色小镇产业基金、专项债券、股权和信托投资计划、PPP 模式等各种广泛途径，来参与小镇建设和经营活动，分享发展成果和收益。

第二，要通过加快债券市场发展，加强对特色小镇的金融服务。一方面可以积极探索特色小镇建设的专项债券，基于特色小镇的特许经营权、收费权、购买协议等的资产支持证券等创新性债券融资工具，全面拓展特色小镇的建设方、运营方和经营方的直接融资渠道。另一方面，还要积极鼓励和引导银行、保险、基金等机构投资者加大对特色小镇相关债券产品的投资力度，增强相关债券产品的流动性，促进市场机制在特色小镇资金配置中发挥更大作用。

第三，特色小镇的金融服务要突出创新引领，提高对特色化、差异化金融需求的满足能力。做好特色小镇建设中的金融服务，就需要满足运营模式、行业特征、资金需求等高度多元化背景下客户的个性化需求。比如说，商业银行在向特色小镇的客户提供信贷支持的时候，在抵质押方式上就有很大的创新空间，包括特许经营权、景区门票收费权、知识产权、碳排放权等这些无形资产在一定的标准和条件下，都可以作为信贷的担保品。此外，银行还可以积极探索以创投基金、股票基金等开展投贷联动等多样化合作，为小镇的创投型企业提供更为灵活和高效的金融支持。

最后需要强调的是，金融支持特色小镇发展必须充分尊重市场化原则，讲求风险和收益的匹配。无论是银行信贷业务，还是债券、股权、信托、产业投资基金等各类直接金融业务，只有基于特色小镇本身的良性发展，才有可能实现可持续的金融服务模式。

特色小镇建设不能遍地开花

茶洪旺*

我准备讲三个问题。一是特色小镇概念的辨析和定位怎么看。二是特色小镇产业多元化应该怎么发展。三是当前特色小镇发展中需要注意些什么问题。

先讲第一个问题：特色小镇概念的辨析和定位。

2016 年，中国特色小镇发展势头很迅猛，我们批准了 127 个国家级特色小镇，当时申报的有 159 个。2017 年又增大了力度，推荐名单是 300 个，是去年推荐名单的两倍，应该说近一年来特色小镇发展很快。无论是国家、地方政府或者各部委，对特色小镇建设都针对性地给予了支持性的政策，一些地方政府还纷纷动员房地产企业开发小城镇，目前一些房地产大亨，比如说万科、恒大、万达、碧桂园等等都涉及小城镇建设。此外，很多上市公司也纷纷涉足特色小镇建设。2017 年，中国特色小镇建设进入一个井喷期，面对这样可喜的局面，我们必须清醒地看到一些特色小镇发展会出现的问题。比如说部分特色小镇建设，有些地方急功近利，依靠政府部门打造政绩小镇，有些特色小镇房地产化明显，有些地方建设特色小镇重形式轻灵魂，这样一来，特色小镇的“特”就不明显了。所有这些问题的出现，都与我们政策上的初衷是违背的。下面我就特色小镇的概念和定位谈谈个人的看法。

---

* 茶洪旺，时任北京邮电大学区域经济与产业发展研究中心主任、教授、博导。

现在特色小镇的概念炒得很热，但到底什么是特色小镇？这个概念并不明晰。尽管住建部提了一些，但是提得不是很明确。怎样来认识特色小镇这个概念？我看了一些国内外的资料，根据中国的情况是不是可以这样看？特色小镇必须具有明显的产业定位、文化定位、生态定位、旅游定位、功能定位，五位一体。这个特色小镇既不是行政区划上镇的含义，也不是产业开发区和产业区的概念，它是非镇、非区、非园的，它没有什么行政级别。

中国需要发展特色小镇，但并不是所有的地方都适合发展特色小镇，也不是所有的企业都能做好特色小镇，更不是在短期内就能打造出成功的特色小镇。所以特色小镇建设我们不能东施效颦、遍地开花、一哄而上、盲目发展。刚才有些专家也谈了，特色小镇的发展定位极其重要，定位决定成败，所以说我们在特色小镇发展思路的制定上，首先必须要有精确的定位。第二，要有科学规划。第三，精准特色产业的选择。再一个，要有灵活多样的体制机制支持。

特色小镇的本质特点是什么呢？特色小镇的本质特点在于“特色”，其魅力也在于“特色”，其生命力同样在于“特色”。特色小镇的本质特点可以概述为：特在资源和区位、特在历史文化、特在产业、特在形态（建筑）、特在运营机制。

第二个问题：特色小镇产业多元化应该怎么发展。

我重点讲对特色小镇产业化的认识。今天下午的论坛主题是特色小镇的实践与产业多元化，怎么来看这个问题？特色小镇的产业多元化应该是在宏观层面上认识。从国家层面来说，发展特色小镇的产业要多元化，要防止出现“千镇一面”的产业同质化恶性竞争。但是从微观层面上来说，从一个具体的小镇来说，特色小镇不宜过分强调产业多元化，重在特色引领，个性回归，在特色上做文章，在小而精、小而美上下功夫。一个特色小镇面积三到五平方公里，一般不超过十平方公里，在这样一个狭小的范围内，它能够扎堆多少产业呢？我们不应该寻找主导产业多元化，而应该寻找主导产业链条上的业态多元化。

发展特色小镇涵盖的内容十分丰富，要将传统优秀文化和现代文明融合在一块。我国特色小镇要有明确的特色产业定位，定位基于当地最有基础、最有特色、最有潜力的主导产业，具体来说，我想应该从两个方面下功夫。

第一，在深度挖掘和广度拓展上，在历史文化、自然景观的产业价值上下功夫，突出特色产业定位的核心，特色文化产业化，特色资源产业化。假如特色自然资源、特色人文景观不能产业化，特色小镇就失去了不可持续发展的基础。

第二，要在新兴产业导入上下功夫。可以根据自己的地理情况、技术情况，导入一些战略性新兴产业，抢抓产业内的高端产业，使特色小镇成为高端产业发展和高级人才聚集的重要载体。特色高新产业有利于提高当地的经济发展竞争力，只有这样，特色小镇的发展建设才能实现富民强国的宏伟蓝图。只有这样，特色小镇才能成为具有世界影响力的特色小镇。要紧紧抓住三个方面，历史文化导向、自然景观导向，同时要加上战略性新兴产业引领，但是新兴产业导入一定要根据各个地区的产业资源情况、地理区位情况来决定。

放眼世界，在发达国家像英国的莎士比亚镇就是特色文化，类如这样的历史文化，中国多的是，关键在于如何打造。再一种是高新技术产业导入的特色小镇，比如说剑桥小镇、美国的硅谷，此类案例国外很多。中国假如能够像发达国家那样打造近百个具有高新技术竞争力的特色小镇，那么中国的经济实力就会很强大了。

我认为，特色小镇建设不仅能够传承中华文化，提升中华文化软实力和中华文化国际竞争力，而且又要有助于提升我国的产业竞争力。世界上发达国家具有国际竞争力的产业都不是聚集在大中型城市，而是聚集在特色城市。他山之石，可以攻玉，我们可以回过头来看看发达国家是怎样用几年、几十年、上百年发展特色小镇的。

特色小镇的发展要尊重三个规律，经济发展规律、城镇化发展规律和市场经济规律。罗马并非一日建成，中国的特色小镇建设千万不要急于求成，它是历史文化积淀到一定程度，特色产业发展到一定程度，经济社会发展到一定阶段的产物。国外许多特色小镇产生和延续并不是偶然的，而是经过数十年甚至上百年演变而自然形成的，因此我国的特色小镇建设不能盲目地追求快出成绩与数量，要根据当地特定的人文、地理环境、突出的产业特色优势，建设一批成熟一批，顺势而为，不能赶进度，更不能运动式地建设特色小镇。

我们应该用十年磨一剑的耐心来建设特色小镇。特色小镇是独特的，独特在某种程度上是不能复制的，或者说也不可能复制的。时下，我们一些省份开口就要打造一百个省级特色小镇，我们看了很多，不说具体的省份了，再加上国家计划到“十三五”末期，要建设一千个国家级特色小镇的话，我们算了一笔账，31 个省市自治区，再加上新疆建设兵团，几乎每个省区就三十多个。再加上每个省、每个市的特色小镇，我国的特色小镇数量之大，面积之广，大家可以想象。所以这样急于求成的目标，你说它符合经济社会发展规律、城镇发展规律、市场经济发展规律吗？面对这个热潮要进行理性思考。在中国，每当一种新兴事物出现就会一哄而上，好像这成为社会发展过程中的一种“规律”，一哄而上的背后就是一哄而下，所以我们要严格尊重经济发展规律、城镇化发展规律和市场经济规律，脚踏实地、顺势而为，久久为功，保证特色小镇建设的可持续发展。

最后讲第三个问题：当前特色小镇发展中需要注意些什么问题。

自 2016 年，随着我国城镇化进程不断加快，一大批形式各异的特色小镇和小城镇纷纷涌现。为了避免特色小镇建设盲目刮风、遍地开花以及“特色小镇病”的产生，我就当前特色小镇建设实践中的问题谈谈看法。

一是警惕发展中可能出现四种的隐患：定位同质化，千镇一面，要坚决摒弃“千镇一面、一哄而上、盲目造镇”的做法；有小镇无特色：人为造镇，建筑、镇容、产业无特色；有地产无小镇，唱“空城计”，没有文化和产业载体；有小镇无文化：无根发展，缺乏文化灵魂；政府引导代替市场主导。

二是走出误区：走出把特色小镇等同于特色小城镇的误区。特色小城镇与特色小镇比较：创建形态不同，前者是建制镇，后者是“非镇非区非园”的聚落空间；项目主体不同，前者面向政府，后者面向企业；创建辖区不同，前者是建制镇辖区面积，后者是面积一般都不大于10平方公里。同时，要走出把特色小镇等同于产业园区建设的误区；走出把特色小镇等同于景区建设的误区；走出用地产化思维建设特色小镇的误区。

建设产业型特色小镇，要坚持运用产业化思维来打造，但一定要摒弃地产化思维，不能用地产化思维来布局，国内外成功的特色小镇案例来看，没有哪一个特色小镇是通过房地产形成居住区和产业园区发展起来的。

对 话

杨永恒[*]：刚才四位嘉宾分别从不同视角对特色小镇在建设开发中的问题做了阐释，下面看谁有问题可以直接给四位嘉宾提出来。我先提一个。在特色小镇建设里面，参与的有政府，也有社会资本方，也有开发企业、运营企业。问一下沈主任，在多重主体参与的情况下，怎么处理好政府，包括社会资本方，也包括运营方，还有包括其他主体的关系？

沈迟：这个关系从文件上已经说得很清楚了，刚才詹老师也讲得很清楚，特色小镇的资金有政府引导，政府引导该做什么事讲得很清楚。作为社会资本，你要投资当然有风险，你要做这个特色小镇，你去投资，去打造这样的平台，你觉得这个故事讲得是不是圆满？你这个投资，它的风险和收益是不是相匹配的？现在遇到更多的是民间的投资方，他们要投资到特色小镇，也到我这来咨询。我就说，你先要把被投资的情况，除了资源环境禀赋搞清楚，这个产业究竟怎么样，能不能支撑你打造那样一个特色镇？市场有什么样的期望值，你根据这个去分析，去投入。

杨永恒：在特色小镇开发中也面临一些新的问题，比如说丽江、阳朔出现了一些特色小镇开发中对传统文化、建筑的破坏。问一下戴总，怎么处理好商业开发跟文化保护之间的关系？

戴军：我们的教训已经很深刻，城市化发展让我们看到了很多地貌文化的丧失，为了快，把本来有的山铲平了，原来有的河填起来了，还有好多建筑都被拆掉了，这种教训是非常惨重的。这种地貌文化，如果我们再不去关注，或者再不关注一些传统建筑，如果再去大拆大建，或者是再快速地发展，文化就会出现一种断层。

---

* 杨永恒，时任清华大学公共管理学院副院长、清华大学 PPP 研究中心主任。

其次，民俗民风的文化。我们讲起来民俗民风是长期形成的，但是很多民俗民风也需要发展，也需要跟时尚、时代对应。但是我们大家恰恰要注意继承和传承的问题，传承发展更重要的是要有一个度。

在这里可以讲两个例子。荷兰有一个小镇叫羊角村，那个地方很偏，当时是一个很落后的地区。因为土地长期不开发，很肥沃，大家挖泥炭，形成了这个小镇。现在这个小镇非常火，国内很多人都知道，最美的小镇。在这个羊角村里，到现在为止，因为当时没钱建，或者是那个地方建道路很困难，又由于土地肥沃，比较难以做基础设施。但是今天这么发展，仍然保持着没建的道路。而来这旅游的人非常多，现在只有通过水道进去，这就是保护得非常好，一个非常好的例子。

再讲一个好的例子，讲民俗民风传承的问题。法国葡萄酒大家都知道，实际上葡萄酒的发展也不是法国的，但是葡萄酒之所以能够发展到今天，我认为它融入了法国人的一些品格。它有很多仪式，很多品尝的方式，也很好玩，我们在发展现代文化时应该在这方面多做一些考虑。

杨永恒：还有一个问题想问一下詹秘书长，因为刚才讲整个政策体系里面既有政策银行，也有商业银行，也有社会资金。社会资本习惯了赚快钱，但是在现在很多特色小镇建设当中，很多项目一个是建设周期比较长，另外一个是回收期也长，投资量也大，这就跟社会资金的追求有一些矛盾。您觉得当社会资金要参与到特色小镇建设中来的话，它应该怎么样摆正心态？应该使用什么样的策略？

詹向阳：我简单回答一下这个问题。大家都知道金融资本的重要性，金融作为经济的血液，在任何一项建设事业当中都脱离不开金融的支持。但想提醒大家注意，从银行的角度去讲，作为商业银行，对于开发性的投资，它的进场是比较晚的，对于特色小镇这种长期的、回报率比较低的项目，最好是国家的建设基金和政策性金融机构的开发性信贷的支持。那银行就没有责任了吗？大家理解一点，银行的钱是从哪来的？银行的钱是在座诸位们的存款，你们当然是期望银行连本带息要还给你们的，没有人说是我把钱送给银行。所以银行在投资、信贷上是非常保守的，非常谨慎，因为我们是替存款人运营资金，请大家理解这一点。大家一说资金首先想到向银行要贷款，但是当你的项目没有一个明确状态的时候，到银行是贷不来款的，因为它一定要有可靠的、稳定的资金回流。

当然，对小镇建设，资金不要光考虑银行和国家，还有社会资本，而且我们小镇也应该创新，以小镇为主体进行债券发行的创新，以小镇为主体的，当然这就需要你有一个很好的规划。同时，我认为像小镇的特许经营权，小镇的门票收费权，这些东西都可以作为资产来发行资产支持证券，提供作资金支持，发行债券这条路是可以走得很宽的。当然请大家区别政府平台的债券。

对于社会资本来讲，主要是要提供给他们平台。比如说刚才说的基金、债券，这都是社会资本加入进来的非常好的机会，完全只靠 PPP 模式也是不行的。我觉得债券这条路可能是一条比较现实的路，就是这样。

杨永恒：最后一个问题想问一下茶教授，茶教授的演讲当中提到了一个很重要的话题，不是所有的地方都适合搞特色小镇，也不是所有企业都适合做特色小镇。还讲到一个定位的问题，确实很多地方面对定位的难题，导致千城一面。说白了定位就是你的选择要有所为有所不为，到底怎么样根据我们的资源禀赋来选择特色小镇的发展方向。在小镇的定位的时，最主要关注哪些问题？怎么来选择定位的方向？

茶洪旺：刚才杨教授提的主要是定位吧？特色小镇的定位一定要抓住它特的本质特征，没有特色就没有优势，特色决定定位；定位决定出路。首先要根据它的区位空间、历史文化、自然资源状况、人才集聚状况等特色优势来定位。我在前面讲了，特色小镇的发展的产业类型有两种，一种是挖掘历史文化和人文景观，把特色文化产业化，特色资源产业化。再一种是把战略性新兴产业导入小镇，但能不能导入战略性新兴产业，这就需要根据它的区位优势（包括它的交通条件、地理位置优势）和教育科技发展情况来综合考虑。定位必须建立在对这个地域小镇充分了解的基础上，这就需要做认真调查研究，科学决策。

另一方面，我们要注意弘扬特色文化的产业发展，虽然它有利于增加老百姓收入，但是对于当地政府财政收入不会太大，这个规模也不会太大；其次导入战略性新兴产业，可能未来的收益很大，但是又有一个问题，其收益滞后，时间比较长，那急功近利就变得无效。鉴于此，在小城镇产业定位的时候，尤其是政府部门，一定要考虑怎样处理好长期和短期的问题。

杨永恒：不知道现场有没有哪位观众要提问？

提问：各位嘉宾好，我想问戴秘书长和沈主任一个问题。刚才听戴秘书长讲小镇的远景和欧洲的比较，能不能麻烦两位介绍一下小镇和欧洲对接的一些实际进展情况？并且想麻烦戴秘书长展望一下现有小镇和欧洲对接以后有一些什么样的工作可以开展。

戴军：你讲到欧洲小镇和我们小镇发展的联系是吧？特色小镇的发展，有三种模式。一是美国模式；二是浙江模式，实际上浙江模式很多跟美国模式有点相似；三是欧洲模式，我站在欧洲小镇联盟的角度来说欧洲模式。

欧洲模式和美国模式区别在于欧洲很多小镇是镇与镇发展起来的，它是生长出来的，它完全是种子发芽产生的。学生物学的都知道，种子发芽是最好的一种状态，它可以在这个土壤扎根扎得非常深，可以利用欧洲传统的历史和文化，以及它的自然资源，扎根去汲取营养。当然，我们也不排除美国或者浙江的这种模式，我们叫嫁接模式，或者移栽模式。学生物学的知道嫁接移栽快，但是它有风险，这个我一讲大家就知道，它容易死亡，或许会有水土不服的可能。但是它一旦成功了，很快。所以站在经济角度的话，可能更多的希望美国模式，因为这个快，赶快把经济搞起来。如果把眼光放得远一点，我倒是更多地赞成采取一些比较冷静的方式，怎么样把环境、自然资源利用好，把环境空间营造好，产业是瞬时自然，或者是等待机会，我们只要有资源在，它就有可能会转换成产业，它也就可能会转换成项目，这个就是短视和长视的问题。

杨永恒：特色小镇确实是现在全国上下都非常关注的话题，各地也在开展大量探索，但是我的感觉，实践肯定走在前面，现在没有一些现成的模式可以照搬，需要我们一块努力。

这里面有几个话题需要讨论，一是怎么样做出特色。刚才几位专家都讲到定位问题，如果这个找不准，后果非常严重。怎么处理好开发跟保护的关系，处理好短期和长期的关系，这是未来要关注的话题。二是怎么样把这个事做好。这个事是个好事，确实对下一步推进城乡一体化，包括促进区域的发展、公共服务下沉，都有好处。但是如果说没做好，最后带来的后遗症包括长期的负担是更大的，要平衡好这个关系。最后一点，一定要因地制宜，资源禀赋有哪些，区位的问题，一定要根据各个地方的特色情况来决定它的发展定位。也包括国家发展政策上的，包括趋势上的展望，讨论给大家很多启发。这个论坛搭建了一个很好的平台，让大家更好地理解特色小镇发展走势，更重要的是让大家一起来参与。

后 记

发展与风险并存

张燕冬*

转眼，已是青岛“中国财富论坛”的第四年。桌前，放着第三届(2017)“中国财富论坛”演讲嘉宾的全部文稿，很是感慨。

2014 年 2 月，国务院授权中国人民银行等 11 家部委，批复“青岛市财富管理金融综合改革试验区”，《财经》受青岛市委市政府委托来承接论坛的任务，当时论坛的名称还是“金家岭财富管理高峰论坛”，我们向时任山东省省长、现任中国银行保险监督管理委员会主席郭树清，时任青岛市委书记、现任文化和旅游部副部长李群提出建议，改名为“中国财富论坛”，得到了两位领导的认可和支持。而之所以改名“中国财富论坛”，旨在“超越青岛看青岛”，在青岛打造一个中国最具权威性和前瞻性的财富管理行业的国际性高端对话平台。

在此过程中，时任省长郭树清多次对“中国财富论坛”做出指示，要求论坛力邀 15 个以上的国家和国内的权威金融机构参会，以带动青岛财富管理金融综合改革试验区的建设；同时鼓励青岛的企业家与海内

---

* 张燕冬，《财经》智库总裁、《财经》杂志副主编、财经影业副总裁兼制片人。

外的嘉宾直接对话。3 年过去了，我们惊喜地发现，如果说首届“中国财富论坛”开创了一个较为权威和前瞻性的财富管理行业的国际性交流平台，那么第二届可谓聚拢国内外财经金融界精英，开始构建出财富管理开放的思想行动平台的雏形，而第三届则是在更为全方位的全球视野下以及专业化方向上实践思想架通行动的理念。

2017 年，全球经济形势或受全球政治变局溢出效应的影响较为深重。发达市场经济国家贸易保护主义、经济民族主义和反全球化倾向的抬头，给全球经济发展蒙上了难以预计的不确定性。各国将加大对投资和贸易份额的争夺，如何通过货币和财税政策提升本国营商环境吸引力，如何通过提升资本和资产回报率来吸引更多外来投资，将成为各国竞争的重点。中国一方面要继续推进“三去一降一补”，加强金融监管，防范金融风险，扭转金融脱实向虚趋势，让金融更好的服务实体经济；另一方面又要继续推进全球化进程，稳步推进“一带一路”和中国企业走出去战略，完善“沪港通”和“深港通”，提升中国企业全球资产配置能力，稳定人民币汇率预期，满足居民财富创造和保值增值需求。凡此种种，考验着决策者、监管层、企业界和学界的定力和应变能力。

青岛作为全国唯一以财富管理为主题的金融综合改革试验区，获批 3 年多来，在财富管理试验区探索的带动下，金融机构大批进驻青岛，形成了良好的市场聚集效益和氛围，促进了实体经济与配套产业的发展，同时也初步建立了财富管理人才培养体系和境内外合作常态机制，财富管理中心城市建设取得积极成效。而全球经济新变局、财富管理新趋势要求更具多元化和全球化视角。第三届“中国财富论坛”围绕“财富发展的新全球化时代”主题展开，从全球经济新变局和中国本土实践结合的视角出发，并与财富管理新竞合、资产布局的全球视野、金融创新与风险防控、金融科技与财富管理新途、金融回归实体经济之道，及监管新政对资管业务的影响及应对、家族企业股权保护和财富传承、资本挑战时代的股权投资方向、战略转型下的保险业改革创新、金融聚集区差异化发展之道、健康产业与财富驱动力、保险示范区的探索与实践、金融科技助推财富管理新变革、特色小镇的实践与产业多元化等话题深入探讨。

总体来看，人们越来越多的达成共识，即中国财富管理自身正在经历着深刻的转型，这种转型基于全球经济变局和中国经济转型本身对财富管理提出的新要求，以及信息技术变革对财富管理提出的新挑战，如时任中国保险监督管理委员会副主席梁涛所说：一是财富管理的理念正在深刻变化；二是财富管理的范畴正在深刻变化；三是财富管理的政策正在深刻变化。

而具体表现在财富管理的发展趋势上，显现出几大特征：一是财富管理的国际化与特色化并存；二是财富管理的普惠性与个性化并存；三是传统服务与互联网化并存；四是多元性与规范化并存；五是创新与风险并存。而贯穿其中的核心点，则是大家较为一致地认为：发展与风险并存。

金融与实体失衡，金融回归实体，是第三届“中国财富论坛”讨论较为激烈和广泛的话题。大家清楚，近20年是中国金融业发展最为迅速的时期，尤其是2012—2016年中国资管行业度过了“黄金”时代，管理资产规模的年增长率高达42.25%，其中银行的理财更是增长的驱动力，年增长高达75%。无可置疑，金融市场的快速扩张，金融科技的快速发展，为中国经济提供了快速增长的动力，但与此同时，削弱了金融服务实体经济的基本功能。正如原中国银行行长李礼辉所说：一是金融资产过度扩张，二是金融产品收益率过度抬升，势必吸引资金脱实向虚，削弱金融服务实体经济的功能。在他看来，金融与实体经济失衡的根本原因，不是金融市场化过度，而是金融市场化改革不到位；不是金融监管过度，而是金融监管存在制度上的短板。

因此，在金融发展、开放、创新的同时如何注重风险控制和监管，保持金融监管机制和制度的一致性，成为与会嘉宾最为关注的话题，而发展和创新又对监管提出了新的要求。对中国而言，这或许是永恒的话题，给大家带来的思考也将是持续的。

在此，我要代表《财经》感谢山东省政府、青岛市政府对论坛的大力支持。尤其要感谢郭树清主席在已调离山东的情况下，仍对论坛给予积极支持，感谢李群书记在调离青岛、时任山东省常务副省长时对论坛的鼎力相助，感谢青岛市长孟凡利、副市长刘建军对论坛的高度关注和支持，感谢青岛金融办原主任白光昭，副主任王锋、王锦玲，李鸣和劳琳琳处长的帮助支持；感谢人民出版社资深编辑鲁静的敬业精神和专业能力。

希望呈现给大家的《财富新特征——2017 青岛·中国财富论坛》，能带给人们新的思考。

2018 年 6 月 8 日于北京

责任编辑：鲁　静

图书在版编目（CIP）数据

财富新特征：2017 青岛 · 中国财富论坛 / 王波明 主编．—北京：人民出版社，2018.6

ISBN 978－7－01－019079－2

I. ①财… II. ①王… III. ①投资管理－研究－中国 IV. ① F832.48

中国版本图书馆 CIP 数据核字（2018）第 049886 号

财富新特征

CAIFU XINTEZHENG

——2017 青岛 · 中国财富论坛

王波明 主编

张燕冬 执行主编

人民出版社 出版发行

（100706 北京市东城区隆福寺街 99 号）

北京中科印刷有限公司印刷 新华书店经销

2018 年 6 月第 1 版 2018 年 6 月北京第 1 次印刷

开本：710 毫米 ×1000 毫米 1/16 印张：23.5

字数：326 千字

ISBN 978－7－01－019079－2 定价：70.00 元

邮购地址 100706 北京市东城区隆福寺街 99 号

人民东方图书销售中心 电话：（010）65250042 65289539